2017 좋은 방송을 위한 시민의 비평상 수상집

거울아 거울아, 이 세상에서 누가 제일 행복하니?

방송문화진흥회 엮음

이 도서의 국립중앙도서관 출판예정도서목록(CIP)은 서지정보유통지원시스템 홈페이지(http://seoji.nl.go.kr)와 국가자료공동목록시스템(http://www.nl.go.kr/kolisnet)에서 이용하실 수 있습니다. CIP제어번호: CIP2017031986

발간사

창작자는 본래 자신의 창조물에 대한 비평을 반기지 않는다고 합니다. 그러나 성숙한 창작자는 비평을 시민의 피드백(feedback)으로 더 좋은 창작물, 특히 시민의 눈높이가 잘 반영된 창작물을 낳곤 합니다. 방송에서는 비평의 중요성이 더 강조됩니다. 방송 프로그램의 작가, 연출가, 기획자 등은 전문 비평가뿐 아니라 시청자의 반응과 비평에 큰 기대를 합니다. 시청률이라는 양적 피드백뿐 아니라 비평이라는 질적 피드백에서 더 깊고 본질적인 통찰을 하게 되기 때문입니다.

비평의 미덕은 이렇듯 방송 프로그램을 만든 이들에게 시청자들이 그 프로그램을 얼마나 즐겁게 보았는지, 무엇이 좋았는지, 프로그램 속에서 무엇을 발견하였는지, 문제점은 무엇인지 등을 지적하고 전달하는 것입니다. 비평을 위한 방송 프로그램 시청은 즐거움 못지않게 피곤한 작업일 수 있습니다. 그렇지만 작가, 연출가가 숨겨둔 코드를 발견하고 연결하여 잇는 '기쁨'을 얻기도 합니다.

비평(批評)은 '사물의 선악(善惡), 시비(是非), 미추(美醜)를 따지어 그 가치를 논하는 것'이라 다분히 주관적일 수 있습니다. 그렇지만 공동체의 상식과 규범, 창조의 문법 등이 이런 주관성에 객관성의 가치를 부여하기도 합니다. 기본적으로 비평에서는 프로그램에 날카로운 분석의 눈을 들이대어 비판적 평가를 하는 것이 필요합니다. 물론 공연한 트집이나 골격에 대한 근본적인 이해가 결여된 비판은 또 다른 공해가 되고 역시 환영받지 못합니다.

'제20회 좋은 방송을 위한 시민의 비평상' 응모작들은 비평의 틀을 갖추고 관찰자이자 비판자의 자세를 유지한 훌륭한 비평문들입니다. 다만 매우 다양한 프로그램을 비평의 대상으로 삼았는데 일부 프로그램에 비평이 몰리게 된 것은 아쉽게 생각합니다, 아마도 더 많은 관심과 사랑을 받은 프로그램이라 그런 결과가 나왔다고 생각합니다. 아무쪼록 이번 '시민의 비평상'이 시청자의 생각을 제작자에게 전달하는 통로가 되어 수용자의 사랑을 더욱 많이 받는 양질의 TV 프로그램을 제작하는 계기가 되었으면 합니다

'시민의 비평상'을 수상하신 분들께 축하의 인사를 드리며 참여해주신 모든 분들께도 감사의 인사를 드립니다. 매년 공동 주최로 '시민의 비평상'에 애정을 보여주시는 MBC 관계자분들, 심사를 해주신 이인철 심사위원장님과 심사위원님들, 많은 이들이 볼 수 있도록 수상집을 발간하는 데 도움을 주신 한울엠플러스 관계자분들에게도 깊이 감사드립니다. '시민의 비평상'을 통해 우리 방송에서 더 좋은 프로그램이 제작되고 시청자의 감상의 깊이도 더 심화되길 기대하면서, 방송문화진흥회도 건전한 방송비평 문화가 정착될 수 있도록 노력할 것입니다. 감사합니다.

2017년 12월

방송문화진흥회 이사장 이완기

심사평

'제20회 좋은 방송을 위한 시민의 비평상' 응모 작품들의 전반적인 경향을 보면 지상파 방송이 방송의 주류에서 이미 밀려났다는 느낌을 줄 정도로 응모작들의 상당수가 JTBC와 tvN을 비롯한 케이블 TV 채널에서 방영되었거나 방영되고 있는 작품을 비평 대상으로 하고 있었습니다. 장르별로는 드라마와 이른바 관찰 예능 그리고 토크쇼 프로그램을 대상으로 한 응모작들이 많았습니다. 다큐멘터리를 대상으로 한 응모작은 KBS가 제작·방영한 〈순례〉와 EBS의 〈100세 쇼크〉를 비평한 두 편 등에 불과해, 응모자들을 '방송에 관심이 많은 일반 시청자들'이라고 전제한다면, 다큐멘터리 같은 교양 프로그램이 방송사의 관심 밖으로 멀어지고 있고 드라마와 이른바 예능 프로그램이 늘어나고 있다는 양적인 불균형을 넘어 방송산업 전반에서 상업적 경쟁의 강화에 따른 오락성이 득세하고 있다는 추정을 가능케 하였습니다.

응모작 가운데 장르별로 가장 많은 편수를 차지하는 드라마의 경우, 방송 프로그램에 대한 비평임에도 불구하고 마치 소설평을 읽고 있다는 착각이 들 정도로 비평의 관점을 스토리와 플롯 그리고 내러티브에 국한시킨 응모작들이 많이 있었습니다. 배우들의 캐스팅과 연기를 통한 캐릭터 구축, 감독의 연출 기법, 촬영과 소품, 의상 등 드라마 제작에 개입하는 중요한 요소들을 대부분 배제하고 있다는 것은 응모자들이 대본을 읽고 비평을 쓰지 않았나 하는 의심마저 들게 했습니다. 그리고 드라마 작품을 대상으로 응모한 사람들 대부분이 보혁 갈등, 빈부 격차,

젠더 갈등, 계층 이동, 가족 해체 등 사회적·경제적 의미만으로 작품을 해석하려는 경향을 보였습니다. 이것은 정치적·사회적 거대 담론에 침윤된 한국 사회의 특징이 반영된 것으로 볼 수 있겠지만 기존 언론 매체에 등장하는 기사나 TV 비평을 암암리에 따라하고 있는 게 아닌가 하는 의구심도 떨치기 어려웠습니다. 비평이 어떤 강박에 이끌려 클리셰로 전락하고 있다는 인상을 강하게 받았습니다. 나름대로 자유롭게 TV를 보고 해석하고 느끼는 것이 아니라 '이렇게 보지 않으면 안 된다'는 타의에 의한 관성이 작용하는 게 아닌지 염려스러웠습니다.

그럼에도 불구하고 방송문화진흥회가 20년 동안 지속해온 '시민의 비평상' 응모작 가운데는 기성 비평가들을 능가할 정도로 높은 비평적 안목을 보여준 작품들이 적지 않았습니다. 리얼리티 프로그램이 갖는 사회적 함의, 특히 불특정 다수인 피방문자 가족들의 프라이버시 문제에 대해서 언급하거나 선행 프로그램을 통시적으로 고찰하면서, 작품 그 자체뿐만 아니라 제작 과정의 문제점까지 천착한 작품, 다큐멘터리의 소재와 내러티브뿐만 아니라 카메라의 앵글과 화면의 색조 등 영상에 관련된 디테일과 그것의 상징적 의미를 지적한 응모작은 여타 작품과 차별화되었습니다.

「거울아 거울아, 이 세상에서 누가 제일 행복하니?」는 대표적인 리얼리티 프로그램 세 편에 대해 '고전적 가족 개념의 복원'을 암암리에 강조하며 우리 시대가 당면한 진정한 사회적·경제적 문제를 호도하고 있다고 설득력 있게 지적한 작품으로, 결론을 긍정적으로 도출한 관점이 참신하다고 평가되어 최우수작에 선정되었습니다.

응모작들을 읽으면서 방송 프로그램의 발전이 답보 내지는 완보하고 있다면 시청자들의 안목과 기대치는 뛰거나 날고 있다는 생각을 했습니다. 시청자들이 안목을 높이는 데는 방송문화진흥회 '시민의 비평상'의 기여도 적지 않다고 생각합니다. '시민의 비평상'이 단지 평가와 시상에 그치지 않고 비평집으로 출판되어왔기 때문입니다. 이번에도 책으로 묶어 널리 읽힐 만한 응모작들이 다수 있는 것을 다행스럽게 생각하며 '시민의 비평상'이 대한민국 방송 트렌드를 이끄는 데 중요한 지표가 되기를 기대합니다.

2017년 12월

심사위원 일동

차례

입선

최우수작

거울아 거울아, 이 세상에서 누가 제일 행복하니?

MBC 〈나 혼자 산다〉와 SBS 〈미운 우리 새끼〉, 그리고 JTBC 〈한끼줍쇼〉까지

전하림

최근 TV 예능 프로그램의 큰 흐름은 단연 '리얼'일 것이다. 리얼리티, 리얼 예능이라는 표현은 〈1박 2일〉이나 〈무한도전〉부터 사용되는 수식어였기 때문에 그다지 놀라운 이야기는 아니다. 그러나 문제는 그 리얼함의 수위가 점점 더 높아진다는 데에 있다. 리얼함의 '수위'보다는 '강도'라는 말이 더 적절할지도 모르겠다. 어쨌거나, 처음 예능 프로그램에서의 리얼함이란 미리 연출하지 않은 상황이 만들어내는 찰나의 순간이었다. 예기치 못한 상황이 큰 웃음을 주고, 예기치 못한 큰 반응을 이끌어내면서 예능 프로그램은 점차 리얼함을 살린 포맷을 추구하게 되었다. 그러면서 연출하지 않은 '자연스러운' 혹은 우발적 상황을 부각시키려는 측면에서의 리얼 예능이 주 포맷으로 자리 잡았다. 그런데 이 리얼함에 대한 갈증이 점점 더 깊어진 탓인 걸까? 이제 예능에서의 리얼함은 조금 다른 방향으로 흘러가는 것 같다.

앞서 말한 리얼리티와는 조금 결이 다르긴 하지만 타인의 일상, 특히 스타의 일상을 '합법적으로' 훔쳐보게끔 해주면서 그간 우리가 가져왔던 궁금증을 해소해줌은 물론, 재미까지 준다는 점에서 리얼리티 프로그램은 대세가 되었다. 이제 리얼리티 프로그램은 그 대상을 넓혀나간다. 우리의 욕망이 스타뿐 아니라 내 이웃의 집 안을 들여다보고 싶어하는 데까지 진출했기 때문이다. 최근 만들어지는 거의 모든 방송이 연예인의 일상에 밀착된 형태라는 점을 비롯해 MBC의 〈나 혼자 산다〉와 KBS의 〈슈퍼맨이 돌아왔다〉, SBS의 〈미운 우리 새끼〉 등이 스타와 그의 가족들의 일상을 보여준다는 점, 그리고 JTBC의 〈한끼줍쇼〉가 일반인의 집 안을 보여준다는 점을 통해 리얼리티가 다양하게 확대되고 있음을 확인할 수 있을 것 같다. 사실 리얼리티 프로그램의 이러한 변화 가능성은 이미 〈빅브라더(Big Brother)〉와 같은 포맷이 영어권을 강타했음을 통해 증명된 바 있다. 〈빅브라더〉는 조지 오웰의 소설 〈1984〉에서 모든 것을 지켜보고 통제하는 존재인 '빅 브라더'에서 아이디어를 얻어 시청자가 '모든 것을 지켜보고 통제하는' 빅브라더가 될 수 있도록 해주었고 큰 호응을 얻었다. 그렇다면 앞에서 설명한 일련의 흐름들은 어쩌면 TV 프로그램들이 우리의 '관음증적 욕망'에 응답한 아주 자연스러운 흐름이라고 할 수도 있을 것이다.

그러나 이런 프로그램들을 그저 유쾌한 리얼리티 예능 프로그램으로만 보기에는 어려운 지점이 있다는 데에서 이 글은 출발한다. 급하게 먹다 목에 걸린 사과 조각처럼 어딘가 불편한 이 지점들은 어디에서, 왜 생겨나는 걸까? 왜 이들을 그저 단순히 누군가의 일상을 훔쳐보는 것을 통해 재미를 주는 예능 프로그램으로만 볼 수 없을까?

수많은 프로그램들 중 조금 더 집중해서 살펴보고자 하는 프로그램은 MBC의 〈나 혼자 산다〉와 SBS의 〈미운 우리 새끼〉, 그리고 JTBC

의 〈한끼줍쇼〉라는 세 편의 인기 예능 프로그램이다. 타인의 일상을 들여다본다는 '형식'은 유사하고 구체적인 대상과 프로그램의 '내용'은 다르다고 할 수 있는 이 세 편의 프로그램을 선정한 이유는 이들이 모두 같은 메시지를 던지고 있는 것이 아닌가 싶기 때문이다. 분명하고 완벽할 수 없을지라도 이 의문에 대한 답을 찾기 위해 각각의 프로그램을 조금 더 자세히 들여다보려고 한다.

내가 〈미운 우리 새끼〉를 보지 않는 이유

요즘 SBS의 예능 프로그램인 〈미운 우리 새끼〉가 연일 화제이다. 방송이 끝난 직후 포털의 실시간 검색어는 늘 〈미운 우리 새끼〉와 관련되어 있고 SNS나 커뮤니티에서는 편집 영상을 심심치 않게 볼 수 있다. 그러나 이 글은 〈미운 우리 새끼〉를 보지 않는 한 시청자의 글이다. 나는 왜 〈미운 우리 새끼〉를 보지 않을까? 어떤 프로그램을 '보지 않는다'는 것은 그것이 어떤 이유로든 나에게 불쾌감을 주기 때문일 것이다. 이는 다양한 장르의 프로그램들 중 특히 예능 프로그램은 시청자에게 유쾌함을 주기 위해 만들어졌다는 측면에서 조금 더 깊이 생각해볼 만하다. 그렇기에 "왜 보지 않을까?"를 묻는 것은 한 프로그램에 대한 또 다른 분석일 수 있다. 유쾌한 프로그램이 만들어내는 불쾌함의 이유를 찾는 것, 바로 이 지점에서 의미가 있으리라 믿는다.

먼저 〈미운 우리 새끼〉는 스타 연예인의 어머니가 출연한다는 점 외에는 기존의 리얼리티 예능 프로그램과 큰 차이를 보이지는 않는다. 그럼에도 〈미운 우리 새끼〉에 대해 '신선하다'는 평가를 내리는 것을 종종 볼 수 있는데 이는 아마도 어머니 패널들 때문일 것이다. 이미 MBC

의 〈나 혼자 산다〉와 같은 프로그램 등을 통해 혼자 사는 연예인의 일상은 자주 다루어졌다. 〈미운 우리 새끼〉는 그와 차별점을 두기 위해 '노총각 연예인'으로 대상을 한정하고 그의 어머니들을 패널로 등장시켰는데 이것이 좋은 반응을 끌어내며 프로그램의 흥행을 뒷받침했다. 이 프로그램에 반드시 어머니 패널들이 필요한 이유는, "다시 쓰는 육아일기"라는 설명처럼 〈미운 우리 새끼〉가 '육아 예능'이기 때문이다. 기존의 육아 예능과는 달리 부모가 아니라 자식이 스타라는 점에서 어머니 패널들은 중요한 역할을 한다. 그런데 왜 '다 큰' 나의 자식을 또다시 키워야 하는 것일까? 이 질문에 대해 〈미운 우리 새끼〉는 어떻게 대답하고 있을까?

〈미운 우리 새끼〉는 매회 '결혼하지 못한 사람은 진정한 어른이 아니다'라는 말을 증명하려 노력한다. 나이가 쉰이 넘어도 결혼을 못했으면 그저 어린아이에 불과하다는 것은 곧, 다시 쓰는 육아일기가 필요한 이유가 된다. 〈미운 우리 새끼〉는 결혼을 하지 못한, 혹은 결혼에 실패한 40~50대 남성들의 일상을 보여주면서 시청자들에게 재미와 측은함을 동시에 느끼게 한다. 〈미운 우리 새끼〉는 출연진의 영상과 엄마들의 못마땅한 리액션, 그리고 진행자들의 농담 섞인 멘트를 일정 비율로 버무려 한 회분의 방송을 내놓는데, 그 마무리는 언제나 똑같다. 노총각은 불쌍한 존재임을 부각하는 것이다. 여기에 쓸쓸한 음악과 우울한 자막이 어우러져 효과는 더욱 극대화된다. 이때 "아이고, 얼른 장가를 가야 하는데"라며 엄마들과 진행자들이 입을 모아 이야기를 하면 화면 속의 출연진들이 보여주는 기이하고 우스꽝스러운 모습은 모두 '노총각'이라는 전제에서 해석된다. 그가 실제로 어떤 가치관 때문에 그러한 행위를 하는가는 중요하지 않다. 사회적으로는 충분히 제 몫을 다하고 있는 완연한 어른임에도 '상투를 틀지 못한' 이가 하는 모든 행위는 그저 기괴하고 철없는 행동에 불과하며 고쳐져야 하는 일종의 증상이 되어버린다.

그래서인지 〈미운 우리 새끼〉는 종종 공개 구혼 프로그램의 역할을 한다. 어머니들에게 온 세상의 여성들은 결혼이 가능한가 불가능한가 딱 두 가지로만 분류되며, 어머니들은 한결같이 아들들의 증상 호전을 위해 결혼이 필요함을 호소한다. 안타깝게도 누군가를 갱생시키기 위해 결혼을 선택하는 사람을 찾는 일은 그리 쉽지 않은 일이다. 그럼에도 불구하고 어머니들은 희망의 끈을 놓지 못한다. 노총각 아들의 문제들은 결혼이 해결해준다는 굳은 믿음에 뿌리를 둔 채로.

TV 속에서 늘 엄마의 꾸지람과 한숨, 걱정, 근심이 마치 강보처럼 그를 감싸고 있는 모습을 볼 때면 그것이 곧 먼 미래의 내 모습처럼 느껴진다. 신선함이 없는 늙은 육아예능을 통해 우울할 나의 미래를 그려낸다는 점 때문에 이 프로그램은 나를 유쾌하게 해주지 못한다. 아무리 내가 좋아하는 일을 하고, 사회적으로 분명한 몫을 한다 해도 언제나 문제아로 살아갈 것만 같은 불안감이 나로 하여금 채널을 돌릴 수밖에 없게끔 하는 것이 아닐까.

혼자라서 행복하다는 거짓말, 〈나 혼자 산다〉

2013년 봄 첫 방송 이후 '혼자 사는 사람들'을 대변하는 프로그램의 대명사가 된 MBC의 〈나 혼자 산다〉는 수많은 톱스타들의 일상을 보여주며 많은 사람들의 사랑을 받고 있다. 〈나 혼자 산다〉는 언뜻 보았을 때 지금 우리 사회의 큰 흐름인 가족 형태의 변화를 반영하는 듯하다. 그러나 먼저 〈미운 우리 새끼〉를 보며 마냥 웃을 수만은 없었던 것처럼 〈나 혼자 산다〉 역시 그저 재미있게만 느껴지지는 않는다. 그것은 대안 가족의 다양한 형태를 다룬다는 점에서 긍정적으로 읽히는 〈나 혼자 산다〉가 실은 전혀 다른 이야기를 하고 있는 것처럼 보이기 때문이다.

홀로 사는 톱스타의 일상을 통해 혼자 사는 삶에 대해 들여다보고 공감하기 위한 프로그램인 것처럼 보이는 〈나 혼자 산다〉는 사실 늘 똑같은 결말로 끝을 맺는다. '혼자 사는 건 너무 외롭다'가 바로 그것이다. 출연자가 스스로 자신의 외로움을 토로하거나, 즐겁고 행복해 보이는 출연자의 모습을 보는 진행자와 고정 패널들이 늘 안타까운 탄식을 내뱉는 것을 통해 같은 결말을 도출한다. 〈나 혼자 산다〉에서 '혼자라서 행복하다'는 것은 언제나 거짓말이 된다. 스스로가 처량해 보이는 것을 막는 포장용 거짓말이거나, 본인은 인지하지 못할지라도 함께 VCR을 보는 고정 패널들이 판단하는 거짓말이거나. 선택지는 둘뿐이다. 〈나 혼자 산다〉 안에서 혼자 사는 모든 이들은 반드시 외로워야 하고 언제나 둘 혹은 그 이상을 꿈꾸어야만 한다. 결국 지금의 삶은 미래에 있을 둘 이상을 위한 준비 단계에 불과한 것이다.

이는 특히 출연자가 여성일 경우 더욱 도드라지는데 한혜진과 이소라, 그리고 김연경 편이 그 예이다. 그녀들의 일상을 다룬 에피소드들 역시 앞서 말한 결말을 맞는데, 이 결말에 도달하기까지 세 여성의 일상을 관통하고 묶어주는 하나의 큰 줄기가 있다. '나도 여자랍니다'라는 메시지이다.

2017년 2월 방영된 〈나 혼자 산다〉 '한혜진' 편 에피소드에서 한혜진은 명절 음식을 준비하는 모습을 보여주었다. 그 안에는 매우 다양하게 이야기할 지점들이 있었다. 모델이라는 직업 때문에 식단 조절이 필수이고 그래서 음식을 준비만 하고 먹지 못하는 모습을 통해 그녀의 프로페셔널함에 대해 이야기할 수도 있고, 명절 음식을 준비하는 과정 어디에도 남성이 없다는 점에서 우리 사회의 젠더 문제에 대해 지적할 수도 있었다. 그러나 그날 방영된 에피소드에서 중요한 것은 한혜진의 '여성성'이었다. 쉼 없이 전을 부치는 모습이나 조카를 예뻐하는 모습들을 보며 MC와 패널들은 '천상 여자'라며 입을 모았다. 그러면서 무뚝뚝한 한혜진의 평소 성격을 지적하기도 했다. '한혜진' 편의 에피소드가 방영되는 내내 방송은 '걸크러시' 한혜진의 숨겨진 '천상 여자' 면모를 부각하는 데에 집중하는 것처럼 보였다. 그러면서 '톱 모델' 한혜진은 결국 프로페셔널한 모델이지만 '천상 여자'이면서, 언제든 남자와 결혼할 준비가 되어 있지만 애교가 없어 걱정하는 노처녀로 다루어진다.

〈나 혼자 산다〉에서 김연경이 손톱과 발톱에 매니큐어를 칠하는 모습, 이소라가 자신의 남자친구와 전화 통화를 하며 목소리가 바뀌는 모습 역시 비슷한 방식으로 비추어진다. 이는 비단 한혜진뿐 아니라 이른바 '성공한 여성'들을 방송에서 소비하는 가장 흔한 유형이기도 하다. 일할 때의 모습과 실제 모습 사이의 괴리를 보여주며 '사실 알고 보면 저도 천상 여자예요'라는 식의 진부한 멘트를 할 때 방송 관계자들과 일부 시청자들은 그녀에게서 숨겨진 반전 매력을 찾았다며 기뻐한다. 그녀들에게서 '쎄 보이지만 사실은 좋은 신붓감'이라는 진실을 밝혀내기 위해, 즉 혼자 당당히 살아나가는 여성을 다시 가부장제 질서 안으로 불러들이기 위해 〈나 혼자 산다〉는 쉼 없이 고군분투한다.

이처럼 그간 수많은 방송들이 '여성', 특히 혼자 사는 성공한 여성을 소비하는 방식과 그녀들을 바라보는 시선에는 언제나 결혼이라는 제도 아래에서만 행복할 수 있다는 암묵적인 전제가 깔려 있다. 그러면서 아무리 프로페셔널한 여성이라도, 그녀가 아무리 사회적으로 성공했다 하더라도 그것은 절반의 성공에 불과함을 반복적으로 이야기한다. 멋지고 당당한 여성이 되라고 이야기하면서 사실은 그런 여성들 역시 가정 안에서만 행복할 수 있다는 '진실'을 이야기하려 한다면, 〈나 혼자 산다〉를 다양한 대안 가족의 모델을 제시하는 긍정적 프로그램이라고 볼 수 있을까?

아무도 그들의 '한 끼'에는 관심이 없다: JTBC 〈한끼줍쇼〉

앞서 최근의 TV 예능 프로그램들이 점점 더 강화된 '리얼리티'를 추구하는 것 같다고 말했다. 이는 과거의 프로그램들이 보다 쇼적인 측면에서 '리얼리티쇼'를 이야기한 것과는 다른 의미의 리얼함이 점점 강해진다는 점에서 이야기되어야 할 지점이다. 어쨌거나 스타의 '일상'을 보여주고 거기에서 '친근함'을 이끌어내는 것은 이미 오랜 전통을 지니고 있다. 그것은 때로 아침방송 속의 짤막한 코너를 통해서 다루어지기도 했고, SBS의 〈잘 먹고 잘 사는 법〉과 같은 보다 본격적인 프로그램을 통해 보여지기도 했다. 스타의 일상은 언제나 시청자들에게는 궁금하고 흥미로운 대상이었다.

그러나 궁금증이 해소되면서 즐거움만 남은 것은 아니다. 그와 동시에 사람들은 종종, 그 일상에서 괴리감을 느끼곤 했던 것 같다. 추레한 모습이라며 부끄러워하는 스타가 걸친 명품 트레이닝복이라든가, 퀭한 얼굴을 가리는 방법은 간단하다며 집어 드는 명품 선글라스들, 정리가 안 되었다며 조심스레 공개하는 대저택 등이 자꾸만 '우리'와 '그들' 사이의 거리를 벌렸기 때문이다. 그리고 이제 이런 식의 괴리감은 '스타 연예인' 그 자체를 넘어 그들의 2세에게까지 대를 이어 전해지고 있다. 〈슈퍼맨이 돌아왔다〉와 같은 육아 프로그램이 인기를 끌면서 아이들이 협찬받았다는 상품 정보를 찾아 포털 사이트를 검색하던 많은 부모 시청자들이 느낀 박탈감 역시도 그 일환일 것이다.

그럼에도 불구하고 많은 시청자들이 여전히 '리얼리티 예능' 프로그램을 찾는 이유는 무엇일까? 그것은 아마도 우리가 박탈감이나 괴리감보다 더 큰 쾌감을 느낄 수 있기 때문일 것이다. 먼저, 스타 연예인이 등장하는 리얼리티 예능 프로그램 속 세상은 현실이면서 동시에 판타지라는 점에서 흥미로운데, 이 사실을 잘 아는 시청자들은 스스로를 절대자의 자리에 위치시킬 수 있었다. 절대자에게는 그만의 쾌감이 존재한다. 물론, 내가 직접 그 세계를 활보하는 것과는 종류가 다른 것이라 할지라도. TV 속의 세계가 아무리 빛난다 해도 내가 쥔 리모컨 버튼 한 번이면 사라진다는 데에서 오는 절대자의 쾌감은 괴리감과 박탈감을 상쇄시키기에 충분했다. 그런데 시간이 지날수록 이 같은 절대자의 쾌감은 위협받고 있는 것 같다. 그 이유로는 두 가지를 들 수 있을 것 같은데, 첫 번째는 시청자가 프로그램을 보는 방식이 TV라는 고정 매체에서 스마트폰과 같은 이동식 매체로 변화했다는 것이고 두 번째는 이제 우리가 보는 것이 비단 톱스타만의 일상이 아니라는 점 때문이다. 그중 두 번째에 해당하는 대표적인 예가 바로 JTBC의 〈한끼줍쇼〉이다.

스타 연예인이 사는 세계와는 달리 〈한끼줍쇼〉 속의 세계는 현실과 판타지의 성질을 동시에 보여주지 않는다. 존 피스크(John Fiske)는 자신의 책 『텔레비전 문화(Television Culture)』에서, 리얼리티 프로그램의 핵심은 그 프로그램이 만들어내는 '리얼함'에 있다고 말했다. 이때의 리얼함이란, 리얼리티 프로그램이 담아내는 것이 '그것이 실제로 일어났다'는 측면에서의 'real'이 아니라 '그것이 실제와 같다'는 측면에서의 'real'함이라는 점에서 중요하다. 스타 연예인의 일상을 보며 우리가 느끼는 리얼함과는 달리 〈한끼줍쇼〉는 리얼 자체를 조금 더 강조하는 프로그램이라고 할 수 있을 것 같다.

이 지점에서 볼 때, (물론 문을 열어주는가 하는 실질적 문제 때문에 일반화할 수는 없지만) 〈한끼줍쇼〉의 대상이 대부분 '살 만한' 어떤 가정이라는 것은 어떤 의미가 있을까? 살 만한 가정이라는 것은 때론 소박한 신혼부부의 모습이기도 하고 때로는 대저택을 소유했으나 겸손한 모습을 보이는 중년부부의 모습이기도 하다. 이는 다시 말해 누군가에게 보여줄 수 있을 만한, 그래서 갑작스러운 손님에게 따뜻한 한 끼를 지어줄 수 있을 만한 삶을 살고 있다는 이야기이다. 그러나 어떤 시청자는 비슷한 나이대의, 비슷한 삶을 살아온 타인의 모습에 자신의 모습을 비추어 보면서 상대적 박탈감이나 괴리감을 느끼기도 한다. 그 타인은 더 이상 판타지의 성격을 가진 현실에 살고 있지 않다는 점에서, 그 시청자를 절대자의 위치에서 물러날 수밖에 없게끔 한다.

만약 이들이 우리 집의 초인종을 누른다면 나는 문을 열어줄 수 있을까? 이 질문 앞에 어떤 시청자는 더 이상 절대자가 될 수 없다고 한다면, 무작정 찾아온 손님에게 따뜻한 한 끼를 내어주며 소소한 이야기를 나누고, 잊혀져가는 옛 동네의 기억을 복원한다는 〈한끼줍쇼〉의 직접적인 의도와는 상관없이 생겨나는 이 괴리감과 박탈감을 단순히 '받아들이는 개인'의 문제로만 치부할 수는 없을 것 같다.

먼 길을 돌아 한곳에서 만나다: 〈미운 우리 새끼〉와 〈나 혼자 산다〉, 그리고 〈한끼줍쇼〉

앞서 각기 다른 프로그램을 비판적인 시각에서 바라보았다. 물론 이 세 프로그램들에 불쾌한 지점만이 있는 것은 결코 아니다. 그럼에도 불구하고 마냥 재미있는 예능 프로그램으로만 볼 수 없는 지점에 대해 이야기했다. 마지막으로 세 프로그램이 하나의 전제를 바탕으로 하고 있다는 이야기를 하려 한다.

먼저, 이른바 '리얼리티 예능'이라는 공통점이 짙은 두 프로그램 〈미운 우리 새끼〉와 〈나 혼자 산다〉는 그 형식뿐 아니라 같은 메시지를 보낸다는 점에서 함께 해석될 여지가 있다. 완전히 겉으로 드러나지는 않았다 해도 그들이 말하는 바는 같은데, 그것은 바로 '고전적 가족 개념의 복원'의 필요성이다. 최근 급증하고 있는 독거 형태의 1인 가구를 보여주며 그들은 한목소리로 '혼자 사는 삶은 외롭다'고 거듭 강조한다. 그리고 외로움은 오로지 결혼을 통해서만, 즉 '고전적 형태의 가족'을 통해서만 해소될 수 있다고 말한다. 이때의 고전적 형태의 가족 개념이란 부부와 자녀로 이루어진 가족을 의미한다. 이 가족 개념은 두 프로그램에서 곧 완성되고 완결된 형태의 가족이며 모두가 마땅히 도착해야 하는 골인 지점이다. 그 기준에서 벗어난 형태의 가족은 언제나 채워져야 할 의무가 있는 네거티브(negative)한 가족이고 부부와 자녀로 구성된 가족만이 채워진 형태의 포지티브(positive)한 가족인 셈이다. 따라서 그들의 시선 속에서 대안적 가족은 결코 '대안'이 될 수 없다. 어느 미래에는 달라질 것을 전제하며 반드시 벗어나야만 하는 미성숙의 단계이기 때문이다. 그리고 두 프로그램은 이러한 믿음 이데올로기들을 더욱 굳건히 하기 위해 시청자들을 재미와 웃음으로 설득한다.

그뿐만 아니라 이런 메시지는 일반인의 일상을 다루는 프로그램에도 존재한다. 이는 〈한끼줍쇼〉에서 보여주는 가족의 형태가 대부분 고전적 형태의 가족이라는 것을 통해 드러난다. 또, 그것이 단순히 진행자의 역량이라 할지라도 〈한끼줍쇼〉 역시 자녀가 없는 부부에게는 자연스레 자녀 계획을 묻고, 그들의 미래에 아이를 전제하며 '비로소 완성된·행복한 가족'의 형태를 거듭 이야기한다. 각기 다른 제작 의도로 기획된 세 프로그램이 사실은 모두 같은 가치를 재생산하기 위해, 혹은 의

도와 상관없이 같은 가치를 생산하며 작동하고 있는 것이다.

그렇다면 이런 메시지들이 왜 문제인가? 그것은 이런 프로그램들이 우리에게 보내는 메시지들이 하는 기능 때문이다. 그들은 '고전적 가족 개념의 복원'이라는 같은 가치를 재생산하는 것에 목적이 있다. 여기에 다양성은 존재하지 않는다. 단 하나의 기준에 대한 옳고 그름만이 있을 뿐이다. 따라서 그들은 '고전적 가족 개념의 복원'이라는 같은 가치를 재생산하기 위해 각기 다른 이들을 설득하고 기준선에서 벗어난 이들을 재단한다.

또한 1인 가구와 같은 대안 가족의 형태를 선택할 수밖에 없는 많은 이들에게 이 프로그램들은 내가 언젠가는 〈미운 우리 새끼〉 속 '미운' 삶을 살 수도 있다는 불안감을 심어주기도 한다. 정도의 차이는 있을지라도 사회적 지위나 경제력, 혹은 나이에 관계없이 혼자인 모든 이들은 반드시 외롭다는 결말은 기정사실이 되기 때문이다. 그러면서 오로지 개인의 선택만을 강조하는데, 이는 1인 가구가 독거를 선택할 수밖에 없는 수많은 사회적·경제적 요소들을 지워버리는 셈이다.

'고전적 가족 개념'의 틀에서 지금의 젊은 세대를 재단하려는 시도는 끊임없이 이루어지고 있다. 그것이 드러나 있는가 숨겨져 있는가의 차이일 뿐이다. 그들은 그 개념에서 벗어나고자 하는 많은 이들을 '불행'한, 혹은 불행'할' 존재로 미리 규정하려 한다. 다른 결과에 대한 가능성은 존재하지 않는다는 듯이.

결국 TV 속의 행복 속에 '나'는 자리할 곳이 없기 때문에 TV를 끈다. 이런 노랫말이 떠오른다. "널 너무나 사랑해서 난 TV를 껐어." 이제는 이렇게 불러보고 싶다. "날 너무나 사랑해서 난 TV를 껐어." 도망치듯 TV를 끄는 이들에게 이제는 정말로 새로운 가능성을 보여주기를 바란다. 행복의 여러 갈래를 그리는 것을 허락하면서 말이다.

우수작

당신이 엿본 건 쇼(show)인가, 삶인가?

'시선'이란 관점에서 톺아본 관찰 예능, SBS <미운 우리 새끼>

김정경

1. 시선이 하나 있었다: 이 시대의 피핑 톰, 그래서 시청자에게

영주인 남편이 마을 사람들에게 가혹할 정도로 무거운 과세 부담을 지우자, 사려 깊은 아내 고다이바(Godiva)는 남편에게 세금을 낮춰줄 것을 간청한다. 그러나 남편은 타인을 생각하는 아내의 고귀한 마음을 비웃기라도 하는 듯 간교한 제안을 하나 하는데, 그건 바로 나체로 말에 올라 마을을 한 바퀴 행진하고 온다면 아내의 제안을 고려해보겠다는 것이었다. 고다이바는 거리낌 없이 이를 행동으로 옮겼고, 마을 사람들은 마치 약속이나 한 듯, 자신들을 위해 수치심을 감수한 부인의 숭고한 마음에 대한 경의의 표시로 모든 창문을 내려 걸고 부인이 지나가는 모습을 지켜보지 않았다고 한다. 그러나 단 한 사람, 창문 너머에 숨어 이를 숨죽이며 지켜보는 시선이 하나 있었으니, 그는 바로 이 마을의 재단사 톰(Tom)이었다.

'몰래 훔쳐보는 자', '관음증'을 의미하는 피핑 톰(peeping Tom)이란 단어의 유래가 된 전설의 내용이다. 그런데 중세 영국을 살던 '훔쳐보는 톰'은 오늘날 대한민국의 특정 집단의 모습과 묘하게 갈마든다. 바로 텔레비전이라는 창 너머로 타인의 사생활을 흥미롭게 엿보는 시청자, 바로 우리의 '시선'에 대한 적확한 은유가 아닐는지.

방송국의 스튜디오와 야외 세트장을 가득 메웠던 대포같이 커다란 카메라는 쉬이 눈에 띄지 않을 만큼 작아져 이제 연예인과 일반인을 가리지 않고 그와 그의 가족들이 거주하는 집안으로 파고들었다. 집안 구석구석에서 벌어지는 그들의 일거수일투족이 고스란히 전파를 타고 전해지는 탓에, 시청자들은 언제 어디서나 그들의 생활을 엿볼 수 있게 된 것이다.

최근 방송가를 장악한 이 같은 프로그램 트렌드를 아울러 '관찰 예능'이라 명명하곤 하는데, 다매체·다채널 시대에도 불구하고 평균시청률 20%대를 기록하며 인기 순항 중인 SBS 〈미운 우리 새끼〉(이하 〈미우새〉)를 통해, '시선'이라는 관점에서 살펴본 관찰 예능의 맨얼굴을 조망해보려고 한다.

2. 〈미우새〉를 관통하는 세 가지 시선

〈미우새〉의 포맷은 단순하다. 1인 가구가 늘고 있는 최근의 사회상을 반영해 혼자 사는 남자 연예인의 집에 카메라를 설치하고 그의 생활을 들여다보는 것이다. 여기까지는 먼저 방송을 시작한 MBC의 〈나 혼자 산다〉의 구성과 별반 다르지 않지만, 후발 주자 〈미우새〉는 여기에 한 번의 변주를 주는데, 그것은 바로 연예인 아들의 일상을 지켜보는 어머니의 시선을 얹는 것이다.

〈미우새〉 홈페이지에 게시되어 있는 기획 의도와 프로그램의 부제이기도 한 '다시 쓰는 육아일기'에서도 찾아볼 수 있듯이 "당신은 아들에 대해 얼마나 알고 있습니까?"라는 질문을 어머니들에게 던지는 것이다.

어엿한 성인이 되었고, 분가를 하여 독립된 생활을 영위하고는 있다지만 결혼을 하지 않고 혼자 사는 자식은 여전히 품 안의 어린 자녀와 같이 여기는 우리나라 많은 부모님들의 남다른 자식 사랑(?)이 반영된, 어찌 보면 한국 사회의 독특한 문화에 기인한 자연스러운 발상인 것이다.

이 같은 포맷의 특성상 〈미우새〉에서의 '관찰'은 크게 세 가지 시선을 내포한다. 먼저 첫 번째는 카메라가 4명의 다른 개성을 가진 연예인의 일상을 객관적인 시각에서 부지런히 좇는 시선이다. 집안 곳곳에 설치된 카메라는 대상의 움직임, 내뱉는 말 한 마디, 표정 변화, 그 안에 내포된 감정을 있는 그대로 바라본다.

두 번째 시선은 아들의 일상이 녹화된 영상을 스튜디오에 모여 앉아 시청하는 어머니들의 것이다. 누구보다 잘 안다고 자신하던 아들의 낯선 모습을 조우할 때면 기함을 토하며 "어머 어머 어머", "잘~ 한다", "쟤가 왜 저럴까" 고개를 갸우뚱거리며 리액션을 연발하는, 그래서 이 순간만큼은 연예인이 아닌 자신의 아들을 바라보는 보통의 어머니들의 시선, 바로 그것 말이다.

마지막은 이 둘 모두를 최종적으로 바라보는 시청자의 시선이다. 화려하게만 보였던 연예인의 삶이 나의 일상과 별반 다르지 않다는 데서 오는 공감, 때론 허술하고 모자라 보이기까지 한 스타의 행동과 어머니들에겐 그들 역시 천덕꾸러기 아들에 불과하며 자식 걱정을 연발하는 어머니들의 모습에서 '그래, 어쩌면 나도 그럭저럭 괜찮은 사람으로 잘 살고 있는 건지도 몰라' 하는 묘한 안도감과 위안을 얻기도 한다.

그런데 이런 생각에 이를 수 있는 가장 큰 이유는 우리가 관찰자의 위치를 선점하고 있다는 데서 오는 것은 아닐까? 시청자인 우리가 자신의 삶이나 존재는 드러내지 않은 채 출연자들의 머리 위에서 이 모든 과정을 '지켜보는 자'로서 시선의 우위를 점하고 있다고 믿고 있기에 느낄 수 있는 '은밀한 쾌감' 말이다.

관찰 예능에서 '관찰'이란 말이 성립하기 위한 대전제는 '관찰자'와 '관찰 대상'의 상정에 있다. 앞서 살펴본 〈미우새〉의 세 가지 시선을 통해 본다면 관찰 대상은 명백히 연예인 아들 4인방이며, 시청자의 시각에서는 이에 추가해 이들의 어머니 4인방이 포함된다.

결국 연예인들의 내밀한 사적 공간에 몰래 잠입한 카메라는(첫 번째 시선), 어머니들의 호기심을 충족시켜주기 위한 것이 아니라(두 번째 시선), 최종 시선의 주체인 시청자, 즉 나를 위한 것이라는 데서 오는, 마치 먹이사슬의 꼭대기에 우뚝 선 최종 포식자와 같이 시선의 우위를 점하고 있다는 묘한 쾌감을 시청자들에게 선사하기 때문이다.

3. 시청자들은 관찰 예능의 주체가 될 수 있는가?

그런데 여기서 드는 한 가지 의문은 앞서 살펴본 것처럼 시청자들이 진정 〈미우새〉를 바라보는 시선의 주체로서 자리매김하고 있는가 하는 점이다.

시청자들이 진정한 관찰 예능의 주체라면, 우리는 우리 자신의 욕망이 투영된, 그래서 우리가 보고 싶어 하는 바로 '그것'을 볼 수 있어야 하고, 연예인 4인방이 순수한 관찰의 대상일 뿐이라면 그들은 고스란히 '보여지는 자'로 남아 있어야 할 것이기 때문이다.

파일럿 프로그램으로 첫선을 보인 후 금요일 밤 시간대 정규 편성으로 자리 잡던 초창기의 〈미우새〉에서는 일정 부분 시청자들은 관찰 주체의 위치를 향유했다.

연예인 출연자들에게 밀착된 카메라를 통해 연예인이 아닌 누군가의 아들로, 40대 전후의 한 사람의 생활인으로 살아가는 그들의 일상과 고민을 바라볼 수 있었기 때문이다. 물론 혼자 사는 독거 청년을 바라보는 짠함과 나이 많은 아들이 올해에는 장가를 갔으면 하는 어머니들의 소망이라는 단편적인 프레임에 재단된 영상이긴 했지만, 어쨌든 가공된 버라이어티쇼보다는 소프트한 인간극장류에 더 가까운 잔잔한 일상들이 표현됐다.

일례로 동료들의 주선으로 미팅이나 소개팅에 나서본다거나, 친구의 결혼식이나 돌잔치에 가서 느끼는 소회를 토로한다거나, 자전거, 피규어 수집이나 청소처럼 자신이 평소 하는 취미 생활과 습관이 전파를 타고 시청자들에게 보여졌다.

물론 아무리 리얼리티를 기반으로 한 시대라고는 하지만 예능의 제1미덕은 의심의 여지없이 '재미'이니만큼, 어느 정도의 기획과 편집이 수반될 수밖에 없겠지만, 그래도 이음새의 매듭이 보이지 않도록 잘 봉제된 매끄러운 옷 한 벌을 만든 것 같은 자연스러움이 있었다.

그런데 최근 〈미우새〉를 보다 보면 앞서 말한 관찰자와 관찰 대상의 관계가 어느 순간 전복되어버리기 일쑤다. 특히 연예인 4인방이 기행(奇行)을 벌이면서 순간순간 방 안에 배치된 카메라에 정확히 눈 맞춤을 하는 순간이 그러하다. 관찰 대상이 나의 존재를 인지하지 못하는 상황에서 그저 나 홀로 열쇠 구멍으로 대상을 훔쳐본다고 생각하고 있었는데, 열쇠 구멍 맞은편에서 불쑥 상대의 눈동자와 마주치는 당혹스러운 상황과도 같은 느낌이랄까.

언제부터 연예인 4인방은 일상의 삶이라기보다는 기획된 한 편의 쇼(show)에 가까운 사건 보여주기에 치중한다. 보여주기 위해서 무언가를 만들고, 보여주기 위해서 누군가를 초대하고, 보여주기 위해서 황당한 사고를 치고, 보여주기 위해서 일탈을 감행한다.

이 순간 과연 관찰자는 누구이며, 관찰 대상은 누구라고 명확히 구분 지을 수 있을까? '내'가 보고 있다고는 하지만, 실은 보여주는 것을 그저 보고 있는 것에 불과한 상황이기 때문이다. '내가 하는 거, 잘 보고 있지?'라고 말하는 듯, 한 번씩 카메라의 정면을 응시하는 연예인 4인방의 눈동자에서 반짝하고 주체성이 빛나는 순간, 훔쳐보던 시청자의 위치는 흔들린다. 그리고 연예인 4인방의 시선은 곧 그들의 배후에 있는 제작진의 시선이기도 하다.

결국 연예인의 숨겨진 사생활을 들여다보고 있다고 생각했지만, 실상은 제작진과 출연자가 기획한 잘 짜인 버라이어티쇼를 보고 있는 것과 다르지 않은 상황에서, 이런 시청자를 진정한 관찰 주체의 자리에서 있다고 할 수 있을까.

몰래 숨어 은밀히 훔쳐보던 자에서, 자신의 정체를 고스란히 드러낸 채 쇼에 초대받아 불려온 자로, 그래서 어쩔 수 없이 이 모든 과정을 수동적으로 지켜봐야 하는 자로. 시청자는 결국 관객의 자리에 앉아 있다는 걸 인정할 수밖에 없는 순간이 찾아오고야 마는 것이다.

이런 모습을 우리는 1990년대 방송 프로그램에서 이미 보아왔다. VCR 영상을 보며 패널들이 스튜디오에서 담소를 나누고, 그들을 지켜보며 웃고 박수쳐 주던 방청객들의 모습 말이다. '관찰 예능'이라는 가장 '핫'한 포맷의 화장을 지우고 보니, 구식 예능이 '속았지?' 하고 조롱하듯 웃고 있다.

4. 관찰은 성찰을 불러오는가?

제작진이 말하는 〈미우새〉는 "엄마가 화자가 되어 아들의 일상을 관찰하고, 육아일기라는 장치를 통해 순간을 기록하며, 이를 통해 유쾌하고 따뜻한 웃음과 뭉클한 감동을 주겠다"는 취지다.

온 가족이 거실에 모여 함께 텔레비전을 시청하던 모습은 박물관 속 유물처럼 남았고, 노트북이나 휴대폰을 이용해 자신의 취향에 맞는 프로그램을 선택해서 보는 1인 시청 형태가 굳어진 오늘날 〈미우새〉는 부모·자녀 세대를 함께 텔레비전 앞으로 끌어들일 수 있고, 그들에게 어쩌면 함께 나눌 이야깃거리를 던져줄 수 있다는 점에서 장점이 큰 프로그램이라 생각한다.

그런데 앞서 살펴본 바처럼 〈미우새〉에서의 일상 관찰 행위의 소구는 그저 호기심의 충족이나, 단순한 재미 추구에 머무를 수밖에 없는 한계를 지닌다.

〈미우새〉 카메라를 통해 연예인으로서 화면에서는 좀처럼 보여줄 기회가 없었던 직업적 고민이나, 혼자 사는 삶에 대한 생각들, 부모와 자식 간의 소통 등을 엿볼 기회가 주어졌었다면 어땠을까 하는 강한 아쉬움이 남는다.

내가 관찰의 진정한 주체였다면, 또한 내가 엿본 게 쇼(show)가 아니라, 누군가의 삶이었다면 관찰은 성찰을 불러올 수 있지도 않았을까?

〈미우새〉라는 예능을 통해 나와 비슷한 누군가의 일상을 들여다보면서, 나의 일상을 객관적으로 바라보고, 부모님과의 관계를 떠올리고, 혼자 사는 주변 사람들을 보다 잘 이해할 수 있는 그런 성찰 말이다.

5. 다시, 피핑 톰에게

고다이바 부인을 몰래 지켜보던 음탕한 시선, 다시 피핑 톰의 이야기로 돌아와보자면 그의 최후는 눈이 멀어버리는 비극으로 끝맺는다.

오늘 우리가 텔레비전을 통해 본 것은 무엇인가? 스타들이 어떻게 먹고 사는지, 무엇을 입고, 어디를 가는지, 말초적인 호기심을 자극하는 연예인들의 사생활이지 않았던가?

〈미우새〉가 끝나는 일요일 밤, 누군가에게는 한 주의 시작이고 또 누군가에게는 한 주의 마감일 그 시간. 그들의 일기 아닌 일기가 마감되었으니, 이제 남의 인생은 그만 훔쳐보고 당신의 일기를 쓸 차례다.

〈미우새〉라는 방송을 통해 나의 삶도 쓰다듬고, 부모님과의 관계도 생각해보고, 타인의 삶도 이해해보는 시간이 될 수 있기를 바라본다. 다행히 〈미우새〉는 1주년을 넘어서도 아직 인기리에 방영 중이고, 무엇보다 우리 아직, 눈멀지 않았으므로.

우수작

슈퍼맨이 돌아왔다? 트루먼이 찾아왔다!

KBS 〈슈퍼맨이 돌아왔다〉 시청자 게시판을 통해 본 리얼리티 관찰 예능의 현주소

정현환

1. 시청자와 소통이 단절된 리얼리티 관찰 예능

“아이들을 위해 시청자 여러분의 많은 양해 부탁드립니다.”

어느 날 갑자기 KBS 리얼리티 관찰 예능 〈슈퍼맨이 돌아왔다〉 시청자 게시판이 비공개로 전환됐다. 제작진과 출연자, 시청자가 함께 소통할 수 있는 유일한 ‘열림’의 공간이 갑작스레 ‘닫혀’버렸다. 제작진이 〈슈퍼맨이 돌아왔다〉 출연자들을 보호하고자 하는 취지 때문이었다.[1] 출연하는 사람들을 향한 욕설과 비방, 악성 댓글로부터 사람들을 지키기 위한 자구책이었다. 가입만 하면 누구나 의견을 남길 수 있었고, 다른 시청자와 의견을 공유할 수 있었던 공간은 그렇게 소통이 단절됐다.

1 KBS 2의 〈슈퍼맨이 돌아왔다〉 시청자 게시판 ‘슈퍼맨 시청소감’ 누리집 내용의 일부.

시청자들의 사랑을 확인할 수 있었던 소통의 장(場)이 갑자기 왜 이렇게 돼버렸을까.

그야말로 '리얼리티 TV'가 대세인 시대다.[2] 리얼리티 TV는 한때 '먹방'과 '쿡방'(cook+방송)의 도전을 받으며 부침을 겪기도 했지만, 최근 다큐멘터리에서 주로 사용하는 '관찰'이라는 기법을 사용해 리얼리티 관찰 예능으로 진화했다. 그중에서도 KBS 〈슈퍼맨이 돌아왔다〉는 '관찰'이라는 포맷과 '아이들'이 만나 우리나라를 대표하는 예능으로 자리를 잡았다.

하지만 〈슈퍼맨이 돌아왔다〉는 대중의 관심을 한 몸에 받고 있지만, 동시에 수많은 관찰 예능 중에서도 가장 다양한 문제점을 가지고 있다. 근거 없는 비방과 비난이 있었지만, 방송 이후 시청자 게시판을 차지한 항의의 주된 내용은 아이들을 방송에 이용하는 어른들에 대한 비판, 방송에서의 무리한 설정, 방송 취지에서 벗어난 기획 등이었다. 〈슈퍼맨이 돌아왔다〉는 지금 어디쯤 위치해 있을까. 시청자 게시판에서 주로 다뤄졌던 내용을 토대로 미국 리얼리티쇼 시청자들의 시청 형태를 꼬집은 영화 〈트루먼 쇼(The Truman Show)〉를 참고 삼아 분석해보고자 한다. 나아가 공영방송의 역할에 대해서도 다뤄보고자 한다.

2. 리얼리티 관찰 예능에 갇힌 아이들

바야흐로 리얼리티 관찰 예능이 대세인 시대다. 이 중 KBS 〈슈퍼맨이

2 KBS 2의 〈인간의 조건〉, MBC의 〈나 혼자 산다〉, 〈진짜 사나이〉, 〈아빠! 어디가?〉, SBS의 〈백년손님 자기야〉, 케이블 tvN의 〈꽃보다 할배〉, 〈꽃보다 누나〉 등.

돌아왔다〉를 비판의 대상으로 삼은 건 이 프로그램이 첫 방송에서 지금에 이르기까지 '아이'를 대상으로 하고 있기 때문이다. 현재 지상파에서 방송 중인 MBC 〈나 혼자 산다〉, SBS 〈미운 우리 새끼〉 등의 대부분의 리얼리티 관찰 예능은 어른을 대상으로 각각 나름의 장점과 단점을 내포하고 있지만, 〈슈퍼맨이 돌아왔다〉는 첫 방송부터 지금까지 오직 아이들을 관찰하고 있다. 〈슈퍼맨이 돌아왔다〉가 주말 프라임 시간대를 약 5년째 지키고 있지만, 그동안 제기됐던 어른들로부터 아이들을 보호해야 한다는 시청자들의 우려 섞인 시선과 걱정은 개선되지 않은 채 현재까지 이어져 오고 있다.

어른들의 자기계발서: 아이를 이용하는 어른들

"여기엔 각본대로 움직이는 배우들의 연기나 특수 효과 같은 속임수는 없습니다. 비록 틀에 갇힌 작은 세상에 살고 있지만 트루먼은 가짜가 아닙니다. 각본도, 큐 사인도 없지만 가공이 아닌 실제 인물의 진짜 인생입니다. 이 프로그램은 시청자들에게 위안을 주죠."[3]

KBS 〈슈퍼맨이 돌아왔다〉는 영화 〈트루먼 쇼〉다. 〈트루먼 쇼〉에서는 한 아이를 입양[4]해 리얼리티쇼 프로그램에 출연시키는데 영화 속 이야기는 우리 현실에서 예능이라는 장르와 만나 관찰 예능으로 거듭났다. 하지만 아이들을 대상으로 한 리얼리티 프로그램은 사실 양날의 검과 같다. 아이들의 순수한 동심을 엿볼 수 있다는 기본 취지는 좋지만, 자칫 어른들이 만들어놓은 세상에 아이들을 끌어들여 이용하는 것처럼

3 영화 〈트루먼 쇼〉(1998)에서 크리스토프(에드 해리스)의 대사 중 일부.

4 "트루먼은 방송국에서 처음 입양한 아기인가요?" 영화 〈트루먼 쇼〉 내용 중 일부.

비춰질 수도 있기 때문이다.

CCTV를 연상케 하는 곳곳에 배치된 관찰 카메라는 아이들의 순수성을 가감 없이 보여주는 장치임에 분명하다. 하지만 카메라 설치 그 자체가 아이들을 '속인다'는 전제가 들어가 있기에 문제의 심각성이 크다. 아이들을 이용하는 것 아니냐는 비판에도 제작진이 관찰 카메라를 포기하지 못하는 이유는 바로 아이들의 순수함이야말로 이 프로그램을 지탱하는 가장 큰 힘이기 때문이다. 어른들이 만든 작위적인 환경 속에서 카메라 앞에 선 아이들은 무장해제된 채 자신들의 속마음을 가감 없이 드러낸다. 그 과정에서 어른들의 시선으로는 생각조차 할 수 없었던 순진무구한 몸짓과 말들이 탄생한다.

아이들을 이용한다는 점은 단순히 관찰 카메라를 설치한 사실에서 머무르지 않는다. 앞서 제작진이 아이들을 이용했다면, 방송 출연에 있어서 부모들이 자식들을 이용하고 있다. 〈슈퍼맨이 돌아왔다〉에 출연했던, 지금은 '추블리' 아빠로 불리는 추성훈 씨는 원래 호불호가 갈리는 연예인이었다.[5] 재일교포 출신이라는 이유로, 국적을 한국으로 선택했다가 일본으로 바꿨다는 사실로 대중의 선호도가 갈렸던 사람이었다. 서언·서준 쌍둥이 아빠 이휘재 씨는 대중적으로 잘 알려진 MC이자 코미디언이지만, 지난 다른 방송에서 여러 차례 구설수에 오르고, 사회적 물의를 일으켜[6] 대중에게서 멀어진 인물이었다. 하지만 방송 출연 이후 이미지는 개선됐고, 연예인으로서 제2의 전성기를 맞이하게 됐다.[7]

5 KBS 〈슈퍼맨이 돌아왔다〉에 추성훈 씨와 추사랑 양은 2013년 9월 19일부터 2016년 3월 20일까지 출연했다.

6 2006년 4월 4일에 방송된 〈상상플러스〉에서 정형돈을 향해 가운데 손가락을 세우는 부적절한 행동을 보여 논란을 불러일으켰다. 방송위원회는 〈상상플러스〉에 대해 '권고'를 건의키로 결정한 바 있다.

부모가 자식을 이용하는 모습은 최근 〈슈퍼맨이 돌아왔다〉 시리즈 중에 하나인 '공동 육아 구역 세 친구네' 편에서 가장 크게 두드러졌다. 대인기피증으로 한동안 방송 출연을 자제했던 가수 양동근 씨도 딸 조이 양과 함께 방송에 출연해 은둔 생활에서 벗어났다. '하은 아빠' 배우 인교진 씨는 대중적인 인지도가 매우 낮음에도 결혼과 육아를 통해 딸과 함께 주말 프라임 시간대 예능에 출연할 수 있었다. 자신들 혼자서 예능에 출연할 수 없었던 이들은 그렇게 자신의 아이들을 이용해 방송에 출연했다.

대스타는 없었다. 〈슈퍼맨이 돌아왔다〉에 출연한 이들의 대부분은 과거에 활동이 뜸했거나, 인지도가 낮은, 인생에서 큰 부침을 겪은 사람들이었다. 사회적으로 불안한 위치에 있던 이들은 밤낮으로 지속되는 관찰을 기꺼이 수용했다. 화장실까지 쫓아 들어오는 카메라를 불편함이 아니라 기쁨으로 받아들였다. 그렇게 제작진은 아이들의 성장기를 대중에게 보여주며 관심을 이끌고, 부모는 여기에 편승해 자기계발을 한 것이다. 아이들이 없었으면 모두 불가능한 일들이었다.

감동의 쥐어짜기: 끊임없이 주어지는 미션

대박이가 처음으로 치과에 갔다, 야구장에서 쌍둥이들이 시구와 시타를 한다, 로희가 첫 걸음을 뗐다, 소다 남매는 동물농장을 방문해 말을 타며 동물과 교감한다. 미션에 미션, 그리고 미션. 〈슈퍼맨이 돌아왔다〉를 보며 가장 불편했던 점은 매회 처음부터 끝까지 아이들에게 미션을 부여한다는 데에 있었다.

7 2015년 〈KBS 연예대상〉에서 대상을 수상했다.

아이들에게 미션을 주는 이유는 뭘까? 리얼리티 관찰 예능은 특정 사건이 아니라 일상을 다루기에 자칫 지루해질 위험성이 있다. 그래서 제작진은 아이들에게 끊임없이 미션을 부여한다. 작게는 영아의 뒤집기와 첫걸음마, 크게는 미아 방지 교육을 위한 시험이 아이들에게 주어진다. 쌍둥이 누나와 대박이는 놀이터에서 낯선 이로부터 시험을 당하고, 소다 남매는 주말농장에서 직접 기른 작물을 시장에서 파는 미션을 수행하게 된다.

〈슈퍼맨이 돌아왔다〉에서 매회 아이들이 집이라는 일상에서 벗어나 낯선 장소를 방문하는 것도 같은 맥락이다. 일상에서 탈피해 이전에 한 번도 본 적이 없는 사람들을 만나며 벌어지는 일들이 감동을 불러일으키는 것이다. 예측 불허의 상황에서 아이들의 순수함이 빛을 발하게 되고, 여기서 시청자는 감동을 받고 감정을 이입하게 된다. 특히, 이러한 모습은 '짝궁 미션' 편에서 이휘재 씨의 쌍둥이네와 이동국 씨의 오남매, 기태영 씨의 로희네 총 6명의 아이들이 서로 짝꿍을 짓는 데서 가장 두드러졌다. 아이들이 짝꿍을 찾는 과정은 〈트루먼 쇼〉에서도 고스란히 재연되는데 주인공 트루먼의 배필을 제작자인 크리스토프(에드 해리스)가 연결하는 과정과 닮아 있다. 리얼리티쇼의, 리얼리티쇼에 의한, 리얼리티쇼를 시청하는 사람들을 위한 영화 속 설정은 〈슈퍼맨이 돌아왔다〉에서도 그대로 재현되고 반복되고 있는 것이다.

미션을 부여한다는 건 자연스러운 상황이 아니다. 미션은 감동을 유발하기 위한 인위적인 장치다. 이 장치가 극대화될수록 시청자는 더 큰 감동과 즐거움을 얻게 된다. 그래서일까. 아이들에게 미션을 부여하는 제작진의 설정과 개입은 처음에는 크지 않았다. 노골적이지도 않았다. 하지만 매회를 거듭할수록 특히, 최근 프로그램 시청률이 하락세인 상황에서[8] 제작진이 미션에 큰 변화를 주기 시작했다. 처음에는 단순히 일반인들이 참여하는 형태였지만, 이제는 아이들을 촬영하던 VJ들이 미션에 적극 개입하고, 방송작가들도 아이들 앞에 등장하기에 이르렀다. 미션이 부여되는 횟수는 아이들의 나이와는 상관이 없고, 상황은 더 복잡하게 주어졌다. 감동을 쥐어짜 내려는 제작진과 즐거움을 포기할 수 없는 시청자. 그래서 오늘도 아이들은 미션 수행 중이다.

선택된 아이들의 운명은?

"사람들이 나를 어떻게 알아봐?" 추성훈 씨는 요새 딸(추사랑)로부터 이런 질문을 많이 받아 대답하기가 곤란하다고 했다.[9] 왜 사랑이는 요즈음 갑자기 이런 질문을 던지고 있을까. 부녀의 질문과 답변에서 한 가지 유추해볼 수 있는 사실이 있다. 추사랑 양이 과거에 자신이 방송에 출연했다는 사실을, 불특정 대다수에게 노출됐다는 점을 전혀 인지하지 못하고 있다가, 성장하면서 그 사실을 부모를 통해 알아가고 있음을 알 수 있다.

이러한 모습은 영화 〈트루먼 쇼〉에서 자신이 '진짜(true)' 누구인지를 하나하나 알아가고자 하는 주인공 트루먼(짐 캐리)의 모습과 닮아 있다. 트루먼은 우연치 않게 라디오에서 나오는 소리에 자신이 감시당하고 있음을 알게 된 뒤, 자신이 누구인지를 '스스로' 파악하려는 여정을 떠나 결국 자신의 존재를 발견하게 된다. 하지만 영화와 달리 〈슈퍼맨이 돌아왔다〉에서는 방송에 출연한 아이들이 그 사실을 깨닫지 못한 채

8 KBS 〈슈퍼맨이 돌아왔다〉는 2014년 9월 28일 방송에서 시청률 20%를 기록한 이후 2017년 10월 현재에 이르기까지 시청률이 하락세를 보이고 있다.

9 MBC 〈라디오스타〉 2017년 3월 22일 방송 내용 중 일부.

프로그램을 떠나고 있다. 제작진은 일만 하느라 가정에 소홀했던 아빠들이 육아를 통해 제자리로 돌아간다는 취지보다 출연자들을 주기적으로 교체해 새로운 볼거리를 제공할 뿐이다.

예능은 예능일 뿐 오해하지 말자고 말할 수 있다. 단지 아이들의 모습을 보고 응원하고, 관심을 표명하고, 사랑을 보태는 게 무엇이 문제냐고 반문할 수 있다. 그런데 문제는 거기서 발생한다. 방송에 비춰지는 아이들의 삶을 정작 방송의 주인공인 아이들이 전혀 선택하지 않았다는 데에 있다. 방송국이 제공한, 제작진이 연출한, 부모들이 선택한 삶. 그래서 자신이 누구인지를 묻는 아이의 자연스러운 질문에 어른들은 오늘도 대답하기가 곤란하다.

3. 슈퍼맨이 돌아올 수 있는 길

영화 〈트루먼 쇼〉는 방송국이 입양한 아이가 리얼리티쇼의 주인공이 되는 설정을 배경으로 한다. 영화는 영화 속 시청자들이 트루먼이 자신의 정체성을 찾는 과정에서 수동적인 존재임을 보여주며 미국 리얼리티쇼 시청자들의 방관자적 행태를 꼬집는다. 하지만 우리 현실 속 〈슈퍼맨이 돌아왔다〉 시청자들은 다르다. 능동적이다.

시청자 게시판을 채웠던 주된 이야기들은 TV 속 아이들이 트루먼처럼 되지 않길 바라는 우려이자 동시에 경고였다. 제작진이 공지한 것처럼 누군가는 근거 없는 비방으로 분란을 일으킬 수 있었겠다. 하지만 소통이 잘되지 않는다고 시청자 게시판을 비공개로 전환한 건 제작진이 시청자를 대상으로 불통을 선언한 것과 다름없다. 프로그램에 적극적으로 참여하려는 시청자를 잃는 것보다 더 큰 손해는 없다. 과도한 욕설과 비난은 당연히 지양되어야겠으나 항의도 일종의 소통의 방식인 점을 감안해, 시청자 소통 측면에서 다시 공개로 전환하는 것이 바람직하다.

더욱이 KBS는 공영방송으로서 다른 어떤 방송보다 시청자와 소통해야 하는 역할과 임무가 남다르다. 방송 이후 시청자 게시판이 뜨거웠던 건 〈슈퍼맨이 돌아왔다〉가 공영방송에서 방송됐기 때문이다. 이는 그만큼 우리 사회가 공영방송에 대해 기대치가 높다는 것을 반증한다.

답은 이미 명확히 나와 있다. 초심으로 돌아가야 한다. 원래 프로그램 취지에 따라 엄마의 도움 없이 아빠가 혼자서 아이를 돌보는 것이 얼마나 어려운 일이며, 또 그 과정에서 소통이 어떻게 이뤄지는지를 보여줘야 한다. 지금처럼 기약 없이 시청자 게시판을 닫고 있는 것이 아니라, 닫힌 문을 열고 시청자와 더 소통해야 한다. 동시에 아이들에게 집중해야 한다. 그래야 '진짜(true)' 슈퍼맨이 돌아올 수 있다.

우수작

예능이 '힐링'을 표현하는 방식

JTBC 〈효리네 민박〉

정은우

우리는 언제부터인가 덜 인공적인 것을 찾기 시작했다. 맵고 짜게 먹던 과거와 달리 웰빙(well-being)을 외치며 덜 맵고 덜 짜게 먹고, 인공 조미료를 멀리하고, 자연주의를 찾아 도시에서 고향으로 내려가기 시작했다. 고향으로 내려가지 못하면 집 떠나 머나먼 곳의 휴양지라도 찾아가 안정과 평안을 추구했다. 이처럼 웰빙의 존재론은 힐링의 치유론으로 쉽게 전환되었다.

텔레비전 또한 '힐링'에 주목했다. JTBC에서 제작한 〈효리네 민박〉은 이러한 '힐링' 유행에 편승하여 대성공을 거둔 대표적인 예라고 할 수 있다. 지난 6월 첫 방송된 〈효리네 민박〉은 현재 제주도에 거주 중인 이효리·이상순 부부가 본인들의 집에서 실제로 민박집을 오픈하여 일어나는 일상들을 담는 일상 관찰 예능의 형식을 취하였다. 〈효리네 민박〉은 방영 첫 화부터 세간의 주목을 끌며, 종편 예능임에도 불구하고 최고 시청률 9.995%(닐슨 코리아 기준), 마지막 화 시청률 8.1%이라는 유종의 미를 거두고 종영하였다. 이처럼 많은 이들에게 힐링을 선사한 〈효리네 민박〉은 종영한 후에도 그 열기가 식지 않고 있다. 유례없는 힐링 예능이었다는 평이 가장 많았다.

힐링 예능의 선두 주자

〈효리네 민박〉은 최근 예능 트렌드를 이끄는 관찰 예능의 가장 선두 주자라 할 수 있다. 다음과 같은 세 가지 점에서 그렇다. 첫째, 출연자의 하루를 온전하게 보여준다. 24시간 출연자의 동선을 따라다니는 예능은 이전에도 존재했다. 그러나 기존의 관찰 예능은 한꺼번에 많은 출연자들이 등장하다 보니 다소 번잡하고 개인의 서사를 만들기가 쉽지 않은 경우가 많았다. 또는 인터뷰를 삽입함으로써 해당 장면에 극도로 몰입한 시청자를 방해하고 자연스러운 흐름을 깨기도 했다. 하지만 〈효리네 민박〉에서는 이런 연출을 상당 부분 배제하였다. 카메라는 이효리·이상순 부부와 출연자를 따라다니며 그들의 일상을 모두 담는다. 또한 방송에서는 이런 모습을 아침부터 밤까지 시간의 흐름에 따라 선형적으로 시청자에게 제공하였다. 따라서 그들의 일상을 실제로 관찰하는 듯한 느낌을 더욱 강하게 주어 시청자의 몰입을 도왔다.

둘째, 출연자뿐만 아니라 주변 경관도 함께 조망할 수 있는 배경을 가졌다. 〈효리네 민박〉에 출연한 사람들은 모두 '제주 관광'이라는 뚜렷한 목적을 가지고 있었다. 따라서 인간 군상뿐만 아니라 제주시의 자연경관도 함께 보여주며 관찰의 대상을 인간 군상에서 자연으로 확장할 수 있었다.

셋째, 제작진이 노출되지 않는다. 기존의 리얼리티 예능에서는 제작진이 개입하거나 다소 비상식적인 연출을 보여주면서 일종의 정해진 이야기가 있음을 우리에게 시사했다. 이 과정에서 시청자는 100% 자연스러운 일상이라고 여겼던 방송상의 모습에 대한 환상을 잃어버리게 된다. 그러나 〈효리네 민박〉은 숙박객을 모집할 때와 특별편에서 인터뷰를 진행하는 장면 외에는 제작진의 존재를 철저히 숨겼다. 이것은 이효리·이상순 부부가 민박을 자유롭게 운영하고 있는 그대로의 자신들의 모습을 보여준다는 착각을 시청자에게 제공한다.

이 세 가지가 종합적으로 작용하면서 만들어낸 시너지는 분명 〈효리네 민박〉의 성공에 가장 큰 부분을 차지할 것이다. 이효리와 이상순, 아이유가 만들어내는 평온하고 따뜻한 분위기와 서로서로 배려하는 민박객들의 모습, 거기에 간간이 더해지는 아름다운 제주의 자연환경까지. 우리는 이 모든 모습들을 편안하게 안방에서 감상할 수 있다. 그럼에도 불구하고 〈효리네 민박〉이 문제가 되는 지점은, 지나치게 안정감을 강조하여 실패 없는 예능으로 만들려고 하는 노력이 너무 노골적으로 보였기 때문이다. 아래에서는 '힐링'이라는 키워드 속에서 〈효리네 민박〉이 어떤 문제점을 가졌는지 서술하고자 한다.

'힐링'한다는 것

힐링 예능이 이처럼 득세한 것은 사람들의 필요와 선호에 미디어가 먼저 응답한 결과라고 할 수 있다. 예전의 인기 있던 예능은 주로 스튜디오라는 한정된 공간에서 게임과 쇼를 하거나, 방송사의 은밀한 사정이나 스타의 스캔들 같은 수위 높은 토크가 주를 이루는 것이 특징이었다. 하지만 이제는 사람들이 흥분해서 즐길 만한 콘텐츠들은 이미 영화와 오락, 드라마 등에서 충분히 소비되고 있다. 이제 시청자는 자극적이지 않은 여백이 있는 콘텐츠를 선호한다. 바로 그 중심에 힐링 예능이 있다.

하지만 이효리는 앞서 예능에 출연하며 〈효리네 민박〉에는 분명 판타지가 있다고 강조한 바가 있다. 또한 시청자가 기대하는 장면들, 일명 '그림'을 만들기 위해서 많은 고민을 했다고 솔직히 고백했다. 그리고 이런 부분은 방송상에서 분명히 드러난다. 이와 함께 〈효리네 민박〉 안에서 '힐링'은 대체적으로 인간의 선함을 보여주거나 위로를 행하는 방식으로 이루어지고 있다.

선한 인간에 대한 갈망

〈효리네 민박〉은 인간은 원초적으로 선한 존재라는 가정을 전제로 하고 있다. 〈효리네 민박〉에 출연하는 사람들은 모두 선하다. 서로가 서로를 배려하며 행동하는 모습은 분명 시청자에게 자신은 다른 사람에게 어떻게 행동하고 대하고 있었는지를 돌아보게 하는 자기반성의 시간을 갖게 한다. 시청자는 프로그램 곳곳에 배치된 선함을 감상하면서 그동안 충족될 수 없었던 '선한 인간'에 대한 갈망을 해소하고 쾌락을 느낀다.

이상순과 아이유의 캐릭터 또한 선하다. 이상순은 과거 악동 이미지가 강했던 이효리와 마찰 없이 지내고, 숙박객에게도 차를 태워주는 등 친절을 베풀면서 '순둥이 남편' 콘셉트를 고수했다. 아이유 또한 이전에 가지고 있었던 '국민 여동생'이라는 타이틀과 최근 음원에서 보이고 있는 '자아 찾기' 행보 덕분에 대다수의 국민이 좋은 이미지를 가지고 있는 것을 이용해 프로그램 안에서 선함의 대명사로서 활동하였다.

또한 인간의 선함을 표현하는 방식은 여러 가지가 있겠지만, 그중에서도 가장 간단한 방식은 동물을 사랑하는 모습을 보여주는 것이다. 이것은 반사회적 성향을 가진 사람은 동물을 학대한다는 우리의 일반적 생각을 바탕으로 한다. 따라서 〈효리네 민박〉에서는 동물과 교감하는 인간을 중점적으로 노출하였다. 이것을 위해 어린 소년이 동물과 친해지기 위해 애쓰는 모습을 보여주거나, 동물이 먼저 다가가는 장면들을 많이 보여주었다. 또한 마지막 화인 특별편의 숙박객 인터뷰에서도 '선'은 끊임없이 강조된다. 숙박객 인터뷰의 대부분은 이효리와 이상순, 아이유의 배려 있는 모습을 보여주는 데 할애되었다. 톱스타임에도 불구하고 숙박객들에게 친절을 베풀었다는 조금 진부할 수도 있는 메시지는 이효리가 이미 이전에 Mnet의 〈오프 더 레코드〉 등에서 보여준 톱스타의 털털한 모습에서 친근한 동네 언니로 이미지를 변화시키는 것에 많은 도움을 주었다.

위로만으로 고민이 해결될 수 있다면

민박객 소수의 감성적인 고민이 지나치게 부각된 것도 문제다. 이것은 화제가 된 사연자와 일반인 민박객의 정보의 무게 차이가 존재했기 때문이다. 일반인 민박객의 경우 대부분의 대화가 요리를 하거나, 바비큐를 하면서 쩔쩔매거나, 설거지를 쟁탈하기 위한 한정적인 모습으로 노출된다. 여기서 시청자들이 공개된 정보 이외의 정보를 얻기란 쉽지 않다. 따라서 〈효리네 민박〉에서 일반인은 시청자가 아닌 출연자와만 소통하는 존재인 동시에 피상적으로 그려지는 존재로 남게 되었다. 하지만 화제가 된 사연자는 청각장애를 가지고 있었고, 이것은 단순한 정보만으로도 행동 하나하나에 많은 의미를 부여할 수 있다. 어릴 적 엄마를 여의고 살아가는 삼남매의 경우도 그렇다. 이러한 사연의 편향성 때문에 오히려 시청자가 이 정보를 음미하고 내면화하게끔 하는 요인이 되었다. 실제로 방송 직후 이 민박객에 대한 과도한 관심의 주된 요점은 힘든 현실 속에서도 밝고 힘차게 살아가는 모습이 '짠하고', '안타깝다'는 것투성이였다. 우리 주변에 존재하는 사회적 약자 개인을 동정과 연민의 대상으로 노출시켜 보여주는 〈효리네 민박〉의 편집 방식은 많은 논란의 여지가 있다.

이미 이효리는 과거에 여러 토크쇼와 예능을 통해서 시청자에게 노출된 바가 있다. 따라서 시청자들은 과거에 보았던 털털한 이효리의 모습을 그리워하면서도, 내심 이효리의 새로운 모습을 발견하기를 바랐다. 그리고 이 점은 프로그램 안에서 해소되었다. 이효리는 대화를 통해 숙박객들의 고민을 듣고 그들을 위로한다. 그리고 이것은 '모든 것을 가지고도 전부 내려놓은 스타'의 모습으로 숙박객 그리고 더 나아가 화면 밖 시청자에게 다가갔다. 따라서 사람들은 이효리의 말 하나하나, 생활 방식 하나하나를 전부 인간 이효리의 모습이라고 생각하면서 선망하는 경향을 갖게 하였다. 그렇기 때문에 다가오는 미래에 대한 청년들의 두려움을 단순히 '잘될 거야'라는 말로 포장하는 피상적인 위로임에도 불구하고, '이효리'이기 때문이라는 면죄부를 부여하는 데 결정적인 역할을 할 수 있었다.

톱스타 이효리의 인간다운 모습을 보여주고 일반인과의 거리를 더 좁히는 것이 목적이었다면, 편집 과정에서 일반인들의 조금 더 내밀한 모습과 고민 해결 방식이 나타나야 했다. 방송 후 단순히 "여유를 배우고 간다"는 일반인의 말은 일반인에 대한 깊이 있는 이해가 부재한 채 단순한 해피엔딩으로 마무리 지으려는 제작진의 성급한 판단이 아닐까?

우리는 정말 '힐링'하고 있는가?

〈효리네 민박〉에서 보여지는 이효리의 삶의 방식, 음악과 고민 상담, 자연경관, 그리고 요가를 통해 얻는 안정은 우리에게 많은 교훈과 영감을 주었다. 하지만 〈효리네 민박〉이 가장 잘못하고 있는 지점은 실패한 예능이 되지 않으려는 발버둥이다. 이효리라는 톱스타와 제주도라는 미지의 공간의 결합은 시청자들의 관심을 끌기에 충분했다. 하지만 시청자의 기대를 충족시키고 '착한' 예능을 표방하기 위해 문제는 거의 노출시키지 않은 채 표면적인 현상만을 보여주는 것은 분명 큰 문제이다. 우리는 〈효리네 민박〉을 보면서 사회와 전혀 동떨어진 피상적인 위로와 웅장한 자연경관만을 힐링이라고 받아들이게 된다.

〈효리네 민박〉은 오로지 제주로 시작해 제주로 완결 나는 한 편의 판타지 드라마 같은 예능이었다. 출연자들은 이 속에서 평화로운 하나의 가족 같은 존재로 보여졌다. 그러나 이 가족의 가장 노릇을 하는 이효리가 제시하는 해결 방법은 우리에게는 진정 와닿지 않는다. 즉 〈효리네 민박〉은 사람들이 사회에서 받는 스트레스의 원초적 해결 방법은 제시하지 않은 채, 〈효리네 민박〉에서 얻은 힐링으로 다시 스트레스가 만연한 사회에 뛰어들어 열심히 살아가라는 메시지를 던지고 있다. 나아가 이것은 다른 여타 힐링 예능이 가지고 있는 문제이기도 하다. 하지만 이제는 다른 힐링이 필요한 시대이다. 개인을 넘어 사회구조까지 '힐링'이 필요하다. 언제까지 판타지 세계를 훔쳐보며 각자 현실도피를 감행할 텐가?

우수작

거대한 비밀의 숲속으로

tvN 드라마 〈비밀의 숲〉에 대한 통찰

김혜라

1. 장르물의 새로운 기준점

한국의 장르 드라마는 〈비밀의 숲〉 이전과 이후로 나뉜다는 말이 있다. 기존의 장르 드라마, 특히 수사물 드라마는 제대로 된 장르물을 만들려다 대중을 놓칠까 이도 저도 아니게 되어 오리무중이 된 경우가 꽤 있었다. 최근 종영한 SBS 〈조작〉과 tvN 〈크리미널마인드〉는 〈비밀의 숲〉과 비교당하며 기대에 못 미쳤다는 평가를 받기도 했다. 〈비밀의 숲〉은 사전제작 드라마로 시청자의 피드백을 반영하며 만들지는 못했지만, 오히려 뚝심 있게 작가가 하고 싶은 이야기를 전하는 좋은 효과를 가져왔다. 〈응답하라 1988〉, 〈태양의 후예〉 이후로 〈비밀의 숲〉이 또 한 번 성공하면서 이제 우리나라 드라마에서 사전제작이 흥행하기 어렵다는 말은 사라질 때가 된 듯하다.

〈비밀의 숲〉은 어떻게 한국 장르 드라마의 새로운 기준점이 된 걸까? 〈비밀의 숲〉은 종영하기도 전에 시즌제를 도입해야 한다는 시청자들의 목소리가 컸다. 검찰과 경찰, 비리를 주제로 한 드라마는 널리고 널려서 주제만 봐도 진부하게 느껴질 수 있는데, 〈비밀의 숲〉만의 특별함은 많은 것을 보여주려는 욕심을 과감하게 내려놓고 단 하나의 사건만 깊이 있게 다뤘다는 점이다. 그 하나의 사건은 파면 팔수록 더욱 선명하게 드러나고, 수많은 연결 고리가 나타나며 지루할 틈이 없다. "설계된 진실, 동기를 가진 모두가 용의자다"라는 홍보 카피에 맞게 그 수많은 연결 고리는 시청자가 범인을 한 명으로 특정할 수 없도록 하고, 긴장의 끈을 놓치지 못하게 만든다.

게다가 주인공 황시목(조승우 분)이 뇌섬엽 절제술로 인해 감정을 느끼지 못하기 때문에 수사에 집중할 수 있었고 러브 라인도 빠질 수 있었는데, 이 점이 군더더기 없는 깔끔한 장르물로서 격을 높였다. 오히려 황시목이 동료들과 함께 일하며 조금씩 감정을 느끼기 시작하는 게 드라마 전개와 별개로 흐뭇하게 느껴져 황시목을 중점으로 보면 인간성을 되찾아가는 성장 드라마적인 측면으로도 볼 수 있다. 치밀한 취재로 완성된 탄탄한 극본과 조잡하지 않고 깔끔한 연출의 조화로움, 살아 숨 쉬듯 생동감 있게 움직이는 캐릭터들도 성공 요인이다.

또한, 선과 악의 경계를 넘어 사람과 사람 사이의 이야기를 풀어냈는데 구조주의 언어학자 소쉬르에 따르면 이야기 구조는 보편적으로 대립하는 쌍들로 꾸며져 있다. 이는 레비스트로스와 동일한 견해로, 원시사회와 비슷한 기본 구조다. 그런데 〈비밀의 숲〉은 선과 악, 이런 추상적인 대립 구조가 아닌 인간적인 사람과 비인간적인 사람, 감성적인 사람과 냉혈적인 사람으로 대립 관계를 만들었다는 점에서 특이점을 지닌다. 악인으로 비쳤던 이창준(유재명 분) 역시 알고 보니 선도 악도 아닌 그저 인간에 불과했다.

그러나 보통의 드라마가 한 건의 살인 사건이 아닌 연쇄살인 사건이나 에피소드 형식으로 이어나가는 것엔 이유가 있다. 한 회를 놓치거나 중간에 보더라도 흐름이 끊기지 않아야 하는데 〈비밀의 숲〉은 드라마 전체의 호흡이 길어 처음부터 끝까지 몰입해서 시청해야 한다. 장르물의 새로운 기준점을 세웠다는 평가까지 받았지만 최고 시청률이 6.6%밖에 나오지 못한 이유일 수 있다. 이러한 점을 봤을 때 〈비밀의 숲〉은 드라마보다 영화적 특성에 훨씬 잘 어울리기 때문에 영화로 제작됐으면 훨씬 흥행할 수 있었을 것이다.

2. 현실을 넘어서는 리얼리티 드라마

〈비밀의 숲〉이 다루는 단 하나의 사건, '검찰 스폰서 살인 사건'은 우리 현실 속에서 충분히 일어날 수 있을 법한 소재이다. 좀 더 자세히 들여다보자면 방산 비리와 미성년자 성매매, 검찰과 경찰 및 고위 측 비리 등 현재 우리나라에서 사회적으로 문제가 되는 주제들을 다뤘다. 심지어 마지막 회에서는 조승우가 국민에게 "우리 검찰, 더 이상 부정한 권력에 휘둘리지 않고 다시 한번 싸우겠습니다. 기소권을 더 정확한 곳에만 쓰겠습니다"라며 직접 검찰의 기소권에 대해 언급했다. 이윤범(이경영 분)이 휠체어를 타고 검찰에 조사를 받으러 가면서 "우리가 무너지면 대한민국이 무너집니다"라고 외쳤는데, 이 상황도 우리에게 어딘가 익숙한 장면이지 않은가?

사건이 종결된 후 이윤범은 휠체어를 타고 법정에 오며 끝까지 자신의 죄를 부인하고 빠져나갈 궁리만 했으며, 한여진(배두나 분)은 포상 특별 승진을 받고 황시목은 미국 연수가 취소되고 남해로 발령이 났다. 주인공들의 사건 후 행보를 구체적으로 그려내고, 그 행보마저도 무척 현실적이다. 이연재(윤세아 분)가 이창준의 무덤에서 눈물을 흘리며 슬퍼한 뒤 한조그룹 이사로 올라간 장면도 사실적이다. 그 외에 주인공들의 집과 검찰청, 검사 방은 실제 검사들이 보고 감탄했을 정도로 보이는 부분 외의 디테일함까지도 신경 썼다. 리얼리티가 살아 있을 수밖에 없는 탄탄한 극본에 현실적인 연출까지 더해져 어떻게 보면 〈비밀의 숲〉은 성공할 수밖에 없었다.

그러나 과연 〈비밀의 숲〉이 현실 그대로일까? 검찰, 경찰, 정부를 소재로 하는 드라마가 많이 나오고 있는 와중에 현실을 리얼하게 그려낸 〈비밀의 숲〉을 본 시청자들이 혹여나 모든 검찰, 경찰, 정부를 악의 무리라고 생각하게 되진 않을까 염려하게 된다. 원용진의 『텔레비전 비평론』에 따르면 텔레비전은 '세계로 향해 열린 창'으로, 이는 텔레비전이 수용자에게 매일매일 세상의 실제를 있는 그대로 보여주기 위해 만들어졌기 때문이다. 그러나 텔레비전은 정보를 확장하고 우리의 현실을 담고 있기도 하지만 그렇지 않은 경우도 많다. 특히 어린아이들이나 청소년들이 세계로 향해 열린 창으로 검찰, 경찰, 정부 등의 모습을 바라볼 때 창에 먼지가 끼어 있을 수 있다. 그 먼지를 닦는 역할은 제작자만이 할 수 있는 일이 아니다. 드라마는 사회를 담아내고, 결국 그 사회는 모든 국민이 함께 만들어가는 터전이다.

미디어 이론가 마셜 매클루언은 『미디어의 이해』에서 "미디어는 현실을 비추는 거울이다"라며 미디어가 현실을 비추고 있다고 표현했다. 대표적인 미디어인 텔레비전, 그중에서 드라마는 현실에서 일어날 법한, 혹은 현실에서 일어나고 있는 일들을 각색해서 재연하고 있기 때문에 거울의 역할을 하고 있다고 볼 수 있다. 다만 그 거울이 왜곡되지 않고, 있는 그대로 보이기를 바란다.

3. 평면적이지 않은 다면적인 캐릭터

〈비밀의 숲〉에서는 모두가 주인공이되 드라마의 중점적인 진행이 황시목의 시선일 뿐, 조연 캐릭터들이 조연으로 느껴지지 않았다. 캐릭터 한 명 한 명이 얼마나 소중한지, 극 중 선과 악이 분명히 드러나는 캐릭터가 많지 않다. 캐릭터를 소중하게 느끼는 건 죽음으로도 알 수 있다. 자살한 캐릭터를 제외하고 누군가에게 죽임을 당한 캐릭터는 처음 시작할 때 죽은 박무성(엄효섭 분)과 영은수(신혜선 분) 둘뿐이다. 수사물 드라마에서 단 두 명의 피해자밖에 없다는 사실은 거의 기적에 가깝다. 이 역시 드라마 전개가 오직 한 건의 사건으로만 진행됐기에 가능한 일이다.

황시목은 사이코패스와 같이 감정을 느낄 수가 없기 때문에 증거와 증인, 진실만을 쫓아가며 온전히 수사에만 집중하는 정의로운 인물이다. 기존 드라마에서 나오던 사이코패스와는 역할부터 다르다. 사이코패스는 반사회적인 인물로 다른 사람들을 무자비하게 폭행하거나 스스럼없이 살인을 저지르는 악역이 대부분이었는데, 황시목은 오히려 감정을 느낄 수 없어 자신의 성향을 가장 잘 활용할 수 있는 검사를 택했다. 〈비밀의 숲〉 2회에서 황시목이 남편이 죽어 오열하는 아내를 취조하는 장면이 있다. "당신이 그 검사야? 네가 우리 오빠 죽였어. 우리 오빠 살려내!"라며 절규하는 아내에게 황시목은 "왜 안 말렸습니까? 대답하세요. 죽을 거 알았잖아. 남편이 시킨 거 맞죠?"라며 아내의 감정에는 전혀 동요하지 않고 냉정하게 수사하는 모습이 나타났다.

그러나 반대로 생각해보면 진실만을 쫓아가는 게 감정을 느낄 수 없는 사람에게만 할 수 있는 일일까? 현실에서 황시목 같은 검사는 몇이나 될까? 드라마 속에서 정의로운 캐릭터는 수도 없이 많지만 과연 이런 캐릭터들이 현실에서 얼마나 존재할지, 그리고 더욱 늘어나기를 소망한다. 요즘은 누구나 힐링을 원한다. 누군가에게 치유받길 원하고, 상처받은 마음을 지우고 싶어 한다. 그래서 때론 감정이 없는 황시목을 보며 차라리 감정 없는 사람이 살기 편하겠다는 생각을 하기도 한다. 병든 시청자들에게 사이코패스가 부러운 존재가 되기도 하고, 사이코패스 검사를 원하기도 한다는 점이 서글픈 현실이다.

〈비밀의 숲〉에서 가장 애매한 캐릭터는 서동재(이준혁 분)였다. 악인에 가까웠다고 생각했던 서동재는 알고 보니 그저 살기 위해 발악하는 가장 현실적인 캐릭터였다. 사람을 죽일 정도는 못 되지만 사람을 배려하며 살진 않는다. 이창준은 서동재에게 죽는 순간까지도 이 길로 오지 말라고 했지만, 그는 결국 벗어나지 못했다. 그 이유는 살아가기 위해서, 단순한 이유일 것이다. 야비하고 영악하지만, 하염없이 흔들리고 발버둥 치는 서동재가 우리의 현실과 가장 닮았기에 결코 미워할 수 없었다.

극 중 이연재가 황시목에게 예쁜 아가씨들을 많이 알고 있어 소개해준다고 하자, 한여진은 저도 예쁜 아가씨들을 좋아한다고 말하고, 이연재는 "여자의 적은 여자라는데?"라고 답하는 장면이 있다. 이여진은 그 말에 "여자의 적은 여자라는 말에 맞장구치는 사람은 자기가 지금껏 다른 여자들을 적으로 대한 게 아닐까요?"라고 한다. 한여진은 주체적이고 능동적인 캐릭터다. 여성 캐릭터로 다른 남성 캐릭터를 뒷받침해주는 역할이 아닌 자신의 신념으로 움직인다. 한여진뿐만 아니라 서동재, 이창준 모두 평면적이지 않고 입체적으로 살아 움직이는 다면적인 캐릭터로 드라마의 생동감을 풍부하게 만든다.

또한, 이 대화는 '여자의 적은 여자다'라는 프레임을 파괴했다. 사회적으로 페미니즘에 대한 관심이 늘어나고 있는데, 텔레비전은 이러한 이론을 사회적으로 확산시키는 데 엄청난 영향력을 행사하고 있기 때문에 종종 드라마 속에서 페미니즘적인 발언이 드러나기도 한다. 자유주의 페미니즘은 여성을 보잘것없는 사람 혹은 지나치게 여성화된 감성적인 사람으로 비춰낸 것이 바로 대중매체였다고 주장한다. 어떻게 보면 텔레비전이 여성의 의미를 왜곡시키고 다시 회복하고 있다. 텔레비전이 기존의 고정관념을 깨는 일보다 오히려 강화하는 일이 훨씬 많기 때문이다.

4. 〈비밀의 숲〉이 남기고 간 것들

이창준은 과연 괴물에 불과했을까? 접대가 아닌 한 번의 식사 자리, 그리고 시작된 유혹에 그는 단숨에 악인이 되었다. 이창준의 실수는 딱 한 번 눈감고 넘어가는 일이 누군가의 인생을 망가뜨리고, 그 파장이 얼마나 커지는지 알려준다. 어쩌면 이창준은 절대 흔들리지 않는 황시목이 부러웠을지도 모른다. 거대한 비밀의 숲속에서 이창준은 자신이 빠져나올 수 있기를 바랐다. 하지만 그뿐, 결국 그는 자신이 아닌 아직 그 숲으로 들어오지 않은 사람들에게 권고했다. "동재야, 이 길로 오지 마." 이는 서동재에게만 전하는 말이 아니다. 우리가 살아가는 현실 속에서 수많은 유혹에 흔들리는 사람들에게, 부디 오지 말라고 전하는 진실된 목소리다.

〈비밀의 숲〉은 우리에게 희망도 남기고 갔다. 사건이 종결되고 비리를 가진 인물들이 벌을 받게 했지만, 곧바로 다시 풀려나거나 저지른

일에 비해 가벼운 대가를 치르며 권선징악을 명확하게 보여주진 못했다. 시청자에게 '사이다'가 부족했다는 평도 있었지만 한편으로는 현실적인 결말에 더욱 만족하는 사람들도 있었다. 그러나 모든 시청자에게 〈비밀의 숲〉이 건네준 공통적인 것은 바로 희망이다. 마지막 회에서 황시목은 국민에게 "더 이상 우리 안에서 이런 괴물이 나오지 않도록 우리 검찰, 최선을 다하겠습니다"라며 심금을 울리는 사죄를 했다. 이때 황시목의 말은 마치 드라마 속의 국민들이 아니라 마치 현실을 살아가고 있는 우리들에게 직접 건네주는 말로 느껴졌다.

이 드라마는 현실적이면서도 비현실적이다. 현실에서 황시목, 한여진 같은 사람들이 얼마나 존재할지 모르겠지만 시청자들은 이들이 수사하는 모습을 보며 대리 만족을 느낀다. 정의란 무엇인가? 검사와 경찰이 아닌 일반인들은 정의를 이룰 수 없을까? 일반인들이 검사와 경찰이 하는 일처럼 큰 정의를 위해 싸울 순 없겠지만, 설령 나에게 정의가 무엇인지 모르고 있을지라도 우리는 각자의 정의와 신념을 지키며 살아가야 한다. 황시목은 정의를 가지고 거대한 비밀의 숲속으로 들어갔고, '비밀의 숲'이 의미하는 건 단순히 드라마 속에서 일어나는 사건을 말하는 것이 아니라 현실에서의 우리 사회를 그대로 표방한 것이다.

〈비밀의 숲〉은 드라마를 통해 현실 속 사회에 대해 관심을 기울이게 했으며, 단순히 재미로 보는 것에 그치지 않고 실제 우리 사회에 선한 영향을 줄 수 있는 드라마다. 또한 장르물의 변화도 가져왔지만 드라마가 우리 사회를 변화시킬 수 있다는 희망을 줬다. 〈비밀의 숲 시즌 2〉가 나온다면 감정을 찾는 황시목과 그 밖의 캐릭터들, 그리고 나와 우리는 어떻게 성장했을지 궁금하다. 부디 우리가 살아가는 세계의 실재하는 황시목들이 비밀의 숲에서 진실을 찾아갈 수 있기를. 또, 그 진실이 숲에서 사회로 나올 수 있기를.

가작

저녁 밥술에 자살을 올리다

SBS 일일드라마 〈사랑은 방울방울〉을 중심으로

조예진

저녁 7시 30분이 지나 8시로 향해가는 시간. 저녁밥을 먹으면서 TV를 본다. 주인공과 대립하는 악녀 역할인 채린(공현주)이 나온다. 의붓어머니가 자신을 버리고 친딸을 택할 것을 걱정한 나머지, 어머니가 보는 앞에서 친딸과 자신 중 하나를 선택하라고 옥상에서 투신을 하려는 중이다. 보고 있자니 저녁 밥술에 자살이라는 반찬이 올려진 기분이 들어 밥맛이 석연치가 않다. 그런데 웬걸. 이 맛이 낯설지가 않다. 어디서 온 기시감이지. 그러고 보니 한 달 전쯤이었다. 그날도 역시 시간은 저녁 8시를 향해가고 있었고, 저녁 밥상 앞에 TV가 틀어져 있었다. 그날의 채린은 사랑하는 남자에게 자신이 저질렀던 악행을 들킨 뒤에 상심한 나머지 그 남자가 보는 앞에서 한강에 투신을 했었더랬다. 내 저녁 밥술 위에 툭 하고 배달돼온 자살 한 조각이 그날 역시 당황스럽긴 매한가지였다. 〈사랑은 방울방울〉이라는 달콤한 제목과는 어울리지 않는 이질적인 전개. 자살이라는 반찬이 뒤엉킨 저녁밥을 원치 않게 또다시 씹어 먹으면서 생각한다. 이래도 괜찮은 걸까. 아무리 저녁 가족 동반 식사율이 떨어졌다 해도 여전히 가족이 함께 있을 가능성이 높은 시간대의 방송 아닌가. 창작의 자유라는 이름의 무신경함. 방송 콘텐츠를 만들고 있는 이들은 대한민국이 13년째 OECD 국가 중 자살률 1위를 기록하는 동안 이 문제에 과연 진심으로 관심을 가져본 적이 있긴 있는 걸까. 만약 그렇다면 어느새 저녁 밥상에까지 침투해온 이 일상화된 자살의 그림자, 저녁 밥상에서 시청자를 대상으로 이뤄진 이 자살 상황의 반복된 주입을 도대체 어떻게 설명해야 할까.

자살은 방울방울

이는 SBS 일일드라마 〈사랑은 방울방울〉에서만 일어난 일이 아니다. MBC 일일드라마 〈돌아온 복단지〉에서는 사랑하는 여자와 결별한 남자가 슬픔을 참지 못하고 차에 뛰어들어 자살을 시도하고, 그가 사랑한 여자는 다른 여자가 자살을 한 것처럼 상황을 조작한다. KBS 일일드라마 〈내 남자의 비밀〉의 주인공은 어머니에 대한 강한 배신감을 참지 못하고 물에 빠져 죽으려 하는데, 〈내 남자의 비밀〉 전에 방송되었던 일일드라마 〈이름 없는 여자〉 후반부에도 물에 빠져 죽으려는 여성이 나왔으니, 다소 비약하자면 물에 빠져 자살하려는 장면으로 기존 드라마를 마무리하고 물에 빠져 자살하려는 장면으로 새 드라마를 시작한 셈이다.

가족들이 모여 앉아 저녁을 먹을 시간. 거실 한쪽에 이처럼 자살이 방울방울 걸려 있다. 물론 동일 자극에 대한 반응은 저마다 다르므로,

드라마에서 자살을 다룬다고 해서 모든 사람들이 잠재적 자살자가 되는 건 아니다. 문제는 이처럼 잦은 자살 장면의 반복이 어떤 이들에게는 자살의 트리거가 될 수도 있단 것이다. 한국인들이 높은 자살률을 보이는 것은 붕괴된 경제, 일상화된 과도한 경쟁 등과 같이 자살의 원인이 되는 여러 사회적 불안 요소들에 그만큼 개인들이 노출돼 있다는 것을 의미하는 것일 터다. 그런 시대이기에 쉴 새 없이 자살 에피소드를 생산, 제공하는 방식으로 시청자의 무의식 안에 '삶이 힘들 경우 선택할 수 있는 항목 중에 자살이 있다'는 사실을 끊임없이 새겨 넣는 드라마들의 행태가 우려스럽다는 것이다.

생명 경시가 움트는 곳

13년째 OECD 국가 중 자살률 1위. 현실이 그러하다면 현실을 반영한 드라마에 자살 상황이 나오는 건 불가피한 면이 있을 것이다. 중요한 건 자살을 어떻게 담느냐에 있다. 에밀 뒤르켐은 자신의 저서인 『자살론』에서 "자살이나 살인의 증가에 영향을 미치는 것은 그 사건에 대해서 말하는 것이 아니라 그 사건을 어떻게 말하느냐 하는 것이다"라고 밝혔다. 자살을 혐오하는 사회의 경우 그런 행위가 억제되지만, 그렇지 않을 경우 사회적 묵인과 무관심으로 자살에 대한 거부감이 줄어들어 위험해진다는 것이다. 그렇다면 한국의 드라마들은 자살을 어떻게 담고 있는가.

〈사랑은 방울방울〉을 살펴보자. 분명 이 드라마는 채린의 자살 시도를 애정 결핍에 시달리는 이의 빗나간 애정 갈구로 그리면서, 자살을 긍정적이게 그리거나 미화하여 그리는 우를 범하지는 않는다. 그러나 자살이 극 안에서 어떤 기능을 했으며, 어떤 결과를 이끌어냈는가를 살펴본다면 다른 얘기가 가능해진다. 채린의 한강 투신은 사랑하는 남자와의 이별을 유보시키는 역할을 해줬고, 그녀의 옥상에서의 투신 시도는 자신에 대한 의붓어머니의 사랑을 확인시켜주는 계기로 작용했다. 불완전하고 한계가 있다 해도, 어찌 됐든 목숨을 건 그녀의 도박은 항상 일정 정도의 결과를 남겨준 것이다. 자살을 이와 같은 방법으로 활용하는 드라마는 많아 넘친다. 최근작 중에는 얼마 전 인기리에 종영된 SBS 주말드라마 〈언니는 살아 있다〉를 들 수 있다. 악녀 역할 중 한 명인 계화(양정아 분)는 자신의 악행을 밝히려는 아들의 마음을 돌리기 위하여 절벽 위에서 투신을 하려고 한다. 이는 소위 막장 드라마들에 나오는 악녀 캐릭터들에 한정된 얘기가 아니다. 현재 수목드라마 시청률 1위를 기록하며 순항 중인 SBS 미니시리즈 〈당신이 잠든 사이에〉에서도 옥상 투신 장면을 찾아볼 수 있는데, 해당 드라마의 자살은 누명을 쓴 주인공이 억울함을 호소하며 감행한 것이었다. 그녀의 자살은 남자 주인공이 그녀의 사건을 끝까지 포기하지 못하게 만드는 심정적 원인이 돼줬다. 이렇듯 어떤 드라마도 자살을 긍정적으로 그리진 않았지만, 자살의 시도들은 작든 크든 극 안에 효과/의미를 남겼다. 효과가 있는 자살/자살 시도. 이는 자살에 대해 지니고 있던 부정적 인식을 은밀히 희석시키는 역할을 하면서, 자살에 대한 모호한 인상을 시청자에게 남길 가능성을 만든다. 그런데도 정말 우리나라 드라마들은 자살을 긍정적이지 않게 그리고 있는 게 맞긴 맞는 걸까.

자살이라는 자극적 설정을 극 안에 배치했는데도 극적 전개에 아무런 영향을 끼치지 못한다면 그거야말로 이상한 일이다. 그러니 드라마 속 자살이 극적 효과/의미를 남기는 건 어떤 의미에서는 자연스러운 일이라고 할 수 있다. 자살을 드라마 안으로 불러들이는 순간 자살이라는 소재는 필연적으로 자살 효과를 노린 극적 장치로 전락하게 된다는 것이다. 도구적으로 다루기에는 무거운 문제인 자살을 도구적으로 다루기에 그 사이에는 생명 경시가 움트기 십상이고, 그를 방지하기 위해서는 인간 생명의 무게, 자살에 관한 제대로 된 고뇌가 선행되어야 한다. 문제는 이 고뇌의 흔적을 느껴본 기억이 많지가 않다는 거다. 자살을 극에 담을 수밖에 없었던 불가피한 이유들에 대하여 공감한 기억이 너무 오래다. 연인과 헤어졌다고 차에 뛰어들고, 애정 결핍 때문에 옥상에 오르고, 배신감을 참을 수 없어 물에 빠진다. 드라마 안에서 수많은 자살들을 목격하지만, 그 자살들이 어떤 유의미한 메시지를 시청자에게 던지고 있는지 나는 모르겠다. 연인과 헤어진 깊은 슬픔을, 애정 결핍이 만들어내는 뿌리 깊은 결핍감을, 배신감이 인간의 삶에 투척하는 좌절감을 표현하는 방법이 정말 자살밖에 없었을까. 그렇지 않을 것이다. 가장 간단하면서도 쉬운 표현법이기 때문에 자살이라는 장치가 선택되었을 뿐이다. 자살은 극적 장치로 전락한 채 오늘도 브라운관을 마냥 떠돌아다니고 있다.

지나치게 무신경하기에 폭력적인

〈사랑은 방울방울〉에 관한 이야기를 좀 더 해야겠다. 채린의 자살 시도는 그 이후로도 한 차례 더 그려졌다. '마지막으로 엄마를 부탁한다'는 유서 같은 편지를 남긴 뒤 그 다음 회 왼쪽 손목에 자살 시도의 흔적으로 보이는 상처를 가지고 등장한다. 채린이 어머니 앞에서 옥상 투신을 하려고 했던 회에서 고작 6~7회가 지난 뒤의 에피소드였다. 그날 저녁 밥술 위에 또 한 번 자살이라는 반찬이 올라왔다. TV는 그렇게 주문처럼, 세뇌처럼 이 세상에 자살이라는 선택지가 있음을 시도 때도 없이 내게 알려온다. 다음엔 누가 또 내 밥술 위에, 내 소파와 베개 위에 자살을 올려놓을까. 쉴 새 없이 우리 집 TV를 통해 자살을 배달해오는 드라마 창작자들과 관계자들. 아직까지 그 때문에 자살할 마음을 먹어본 기억은 없으나, 분명한 건 그들이 보내온 무책임한 배달물들이 거실에 쌓여갈수록 자살이 내 삶의 당연한 풍경이자 아무것도 아닌 일상이 되어가고 있다는 사실이다. 그러나 더 큰 좌절감은 인터넷만 검색해봐도 알 수 있듯 이미 많은 사람들에 의해 수없이 이 문제는 지적돼왔단 것이고, 그럼에도 변화의 움직임을 엿보기는 어렵다는 것이다. 드라마 창작자들과 관계자들은 그들이 시청자에게 제공하고 있는 이 상황에 대하여 무섭게 무신경하며, 그리하여 가학적이다.

가작

예능×교양=수다 인문학

tvN 〈알아두면 쓸데없는 신비한 잡학사전〉

김보경

예능은 교양을 걸치고, 교양은 예능을 입었다. '인문학 예능', '교양 예능', '쇼양'은 예능과 교양의 혼종화를 부르는 다른 이름이다. 장르의 경계가 흐려진 자리엔 인문학이 들어왔다. O tvN의 〈어쩌다 어른〉, JTBC의 〈차이나는 클라스〉, TV조선의 〈배낭 속에 인문학〉, KBS 2의 〈냄비받침〉까지 인문학 예능이라 불리는 TV 프로그램들이 속속 등장했다. tvN의 〈알아두면 쓸데없는 신비한 잡학사전〉(이하 〈알쓸신잡〉)도 트렌드에 합류했다. 〈알쓸신잡〉은 '인문학 어벤저스'를 내세웠다. 잡학박사 유시민, 미식박사 황교익, 문학박사 김영하, 과학박사 정재승, 수다박사 유희열. 다섯 박사는 행선지를 달리하며 수다여행을 떠난다. 〈알쓸신잡〉 시즌 1은 5.4%(닐슨코리아 기준)로 시작해 최고 7.2%[1]의 높은 시청

1 "'알쓸신잡' 새로운 예능 만들었다 … 지식 대방출의 향연 '시청률도 파죽지세'", ≪아시

률을 기록하며 인문학 예능 붐을 이어나갔다.

잡학박사 여럿이 모여 수다를 떠니 금세 푸짐하고 맛깔나는 지식이 한 상 가득 차려진다. 접시마다 각기 다른 분야가 담겨 나온다. 밥상을 차리는 일은 제작진과 출연진의 몫이다. 시청자는 차려진 밥상을 맛보고, 다양한 방식으로 즐긴다. 인문학 예능의 상차림은 예능과 교양, 두 장르를 어떻게 요리하느냐에 달려 있다. 장르의 재료들을 요리해 조화롭게 담아내는 것이 관건이다. 〈알쓸신잡〉은 교양이 지닌 무게를 예능의 형식으로 덜어내고, 교양의 지식과 예능의 재미를 더해 장르에 담긴 요소들을 재구성했다.

다섯 박사의 수다

출연진은 모두 '아재박사'이자 '잡학박사'다. '미식박사', '문학박사' 등으로 호명되는 출연진은 이미 시청자에게 각 분야의 전문가·멘토로 각인된 인물이다. 음식 칼럼리스트 황교익을 '미식박사'라고 부르는 건 얼핏 동어반복처럼 들린다. 박사는 문자 그대로 학위를 의미하고 전문가·멘토의 권위를 나타낸다. 〈알쓸신잡〉에서의 '박사'는 지식인에 대한 은유다. 권위는 숨겨도 사라지진 않는다. 제작진은 음식 칼럼리스트를 '미식박사'라고 부름으로써 권위에 흠집을 내지 않는 동시에 친근한 캐릭터를 만들어낸다. 각자의 전문 분야를 앞에 붙인 '박사'라는 별명을 통해 출연자를 유형화한다. 출연자 개개인의 캐릭터는 시청자와 출연자 사

아투데이≫, 2017년 8월 2일 자, http://www.asiatoday.co.kr/view.php?key=20170802001437347

이의 심리적 거리를 좁히는 동시에 익숙한 TV 예능의 장르적 성격을 강화하며 프로그램에 안정감을 부여한다. 〈알쓸신잡〉에서 유시민은 전 보건복지부 장관, 베스트셀러 작가가 아닌 '아재박사'이자 '잡학박사'다. 〈차이나는 클라스〉에서 국가란 무엇인가에 대해 논하던 선생님은 친근한 아재가 되어, 잡학 속에 인문학적 지식을 녹여내 시청자에게 전달하는 예능 캐릭터로 자리 잡는다.

진행자 유희열은 음악박사가 아닌 '수다박사'다. 수다박사는 "매판자본은 무슨 뜻이죠?", "아세트알데히드가 뭐예요?"라며 시청자들이 던질 법한 질문을 대신 묻는다. "무식이 탄로 날까 조마조마"하다면서도 홍미진진한 표정으로 대화에 참여한다. "무슨 말인지 하나도 모르겠어요"라며 다른 박사들이 쏟아내는 지식에 혀를 내두르기도 한다. 보통사람이 프로그램을 보며 내놓을 만한 반응은 유희열의 몫이다. 시청자는 자신과 같은 물음을 던지고 같은 반응을 보이는 인물에 몰입한다. 시청자는 자신을 브라운관 속 유희열의 자리에 위치시키고 수다에 동참한다. 수다라는 커뮤니케이션 구조는 〈알쓸신잡〉과 기존 인문학 예능 사이에 차이를 만들어낸다.

〈어쩌다 어른〉, 〈차이나는 클라스〉로 대표되는 인문학 예능은 대중 인문학 강의의 형태를 본떴다. 프로그램은 강의자와 학생이라는 수직적 구도다. 강의자의 자리에는 주제에 따른 전문가·멘토가 섭외되고, 학생의 자리에는 강의를 들을 연예인과 일반인이 배치된다. 시청자는 또 다른 학생이 된다. 연예인과 일반인의 자리를 오가며 함께 인문학 강의를 듣는 것이다. 강의자는 인문학과 교양을 실어 나른다. 이어지는 질의응답과 토크는 가르침과 깨달음으로 결말을 맺는다. 〈배낭 속의 인문학〉은 스튜디오가 아닌 여행지에서 펼쳐지지만 강사를 중심으로 수직적인 관계가 형성되기 때문에 강의 형태와 동일한 수직적 커뮤니케이션을 확인할 수 있다. 공간에 변화를 주더라도 주체 간 상호작용의 구도가 바뀌지 않으면 커뮤니케이션 형태는 달라지지 않는다.

〈알쓸신잡〉은 '수다'다. 강의자도 학생도 없다. 다섯 박사가 수평적 위치에서 말의 핑퐁을 주고받는다. 시청자는 박사들 곁에 자리를 잡고 이야기를 듣는다. 누가 어떤 주제를 말해도 수다는 모든 것을 녹여낸다. 문학박사는 역사를, 미식박사는 문학을, 과학박사는 음악을 이야기한다. 이야기는 노블레스 오블리주에서 에밀레종으로, 에밀레종에서 처용 설화로, 처용 설화에서 젠트리피케이션으로 꼬리에 꼬리를 문다. 생소한 이슈나 딱딱한 용어도 박사들의 수다 속에선 내 주변의 문제, 누구나 귀 기울일 수 있는 이야기가 된다. 여기선 누구도 가르침을 주거나 깨달음을 얻어야 한다는 강박에 시달리지 않는다. 수다엔 정답이 없다. 알면 아는 대로, 모르면 모르는 대로 수다는 즐거움을 더한다. 때와 장소를 가리지 않고 다섯 박사의 수다는 이어진다. 그들의 수다는 사전처럼 일정한 순서로 배열되진 않지만 출연진들이 덧붙이는 해설은 사전보다 풍부하게 다가온다. 〈알쓸신잡〉은 출연자 개개인이 가지고 있는 폭넓은 지식을 이끌어내고, 프로그램의 즐거움을 만들어내는 데 수다의 묘미를 십분 활용했다.

잡학 수다의 즐거움, 언어의 즐거움

"여러 방면에 걸쳐 체계가 서지 않은 잡다한 지식이나 학문"[2]이라는 잡학의 정의에는 부정적 함의가 짙게 깔려 있다. 〈알쓸신잡〉에서의 '잡학'

2 "잡학", NAVER 사전, http://krdic.naver.com/detail.nhn?docid=32148700

은 잡학이 아니다. 여기서의 잡학은 정치, 경제, 사회, 문화를 모두 끌어안고 고급과 저급의 경계를 없앤다. 제작진은 인문학과 교양의 총합을 '잡학'이라고 부름으로써 프로그램을 채우는 언어의 톤을 조정했다. 잡학이라고 하자 인문학과 교양에 대한 진입 장벽이 낮아졌다. 진입 장벽이 낮아지자 출연자들은 더 자유롭게 수다를 떨 수 있었다. 시청자들은 편하게 그들의 수다에 동참했다. 잡다한 지식과 학문이 수다를 풍요롭게 만들었던 걸까. 짧은 시간 안에 많은 지식들이 프로그램에 담겼다. 잡학이 쌓이자 사전을 만들 수 있을 정도다. 인문학은 잡학 수다 속에 녹아들어 갔고 한결 가벼워졌다.

언어가 텔레비전의 내용을 채운다. 제작진은 프로그램에 등장하는 거의 모든 언어를 자막화한다. 자막화되지 않은 것은 자료화면으로 언어화된다. 〈알쓸신잡〉은 교양의 내용을 예능 형식의 자막과 자료화면에 담아 내보낸다. 〈알쓸신잡〉에서 자막은 시청자의 이해를 돕기 위해 어려운 단어를 설명하는 등 기본 정보를 제공하는 '정보 전달형'보다 출연자의 대사를 그대로 인용하거나 출연자나 제작진의 묘사, 추측, 평가가 들어 있는 '흥미 유발형'[3]이 압도적인 비중을 차지한다. 출연진들이 이야기하는 인문학적 지식들은 다채로운 폰트와 색상에 컴퓨터 그래픽으로 버무려진다. 자료화면도 자막과 같은 방식으로 시각화되고 내용에 맞는 음악이 더해진다. 프로그램은 이성보다 감성에 소구하는 방식을 택함으로써 내용에 대한 공감은 끌어올리고, 웃음에 대한 역치는 떨어뜨리는 효과를 얻었다. 시각화된 언어는 수다의 즐거움을 더한다. 다

3 김호경·권기석·서상호, 「예능 프로그램 자막의 특성과 수용자 인식에 미치는 영향: JTBC 〈비정상회담〉 텍스트 분석」, ≪한국콘텐츠학회논문지≫, 16권 3호(2016년), 232쪽.

섯 박사가 차려낸 잡학 수다 한 상은 시청자를 웃음 짓게 한다.

예능 프로그램은 전통적으로 코미디 장르의 법칙을 따라 웃음을 만들어왔다. 우스갯소리와 우스꽝스러운 몸짓이 만들어내는 일상의 전복이 웃음을 자아낸다. 시청자들은 웃음으로 현실에서의 긴장을 해소함으로써 예능의 장르적 즐거움을 느낀다.[4] 〈알쓸신잡〉에는 〈무한도전〉이나 〈런닝맨〉에서 볼 수 있는 우스꽝스러운 말과 몸짓은 없다. 웃음을 위해 누군가를 깎아내린다거나 억지스러운 상황을 만들지도 않는다. 출연자들은 자연스럽게 수다를 떨고, 서로의 이야기를 듣는다. 수다가 빚어내는 말의 재미, 수다에 담긴 인문학적 지식을 알아가는 재미가 〈알쓸신잡〉의 장르적 즐거움이다. '박사'들이 다양한 사회 토픽들을 '잡학'에 담아 '수다'를 펼치는 데서 나오는 즐거움이 프로그램에 대한 충족감을 만들어낸다. 프로그램이 만들어내는 웃음은 출연자들의 '수다'에서 얻는 정보 획득의 만족감에서 비롯된다. 교양 프로그램의 의도는 시청자로 하여금 정보 획득의 만족감을 느끼게 하는 것이다. 시청자는 예능을 보고 있지만 교양의 즐거움을 얻는다. 〈알쓸신잡〉은 교양의 의도를 예능의 장르적 효과와 결합시켜 앎의 즐거움을 준다. 예능과 교양이 일으킨 언어의 화학작용이 잡학 수다의 즐거움을 만들어낸 원동력이다.

소비되는 대중 인문학 상품, 〈알쓸신잡〉

장르는 변화한다. 장르는 제작자와 수용자 그리고 문화산업의 상호작

4 원용진, 『텔레비전 비평론』(한울, 2000), 179쪽.

용을 통해 만들어지고 스스로를 바꿔간다. 제작자는 시청률을 먹고 산다. 시청률은 장르가 수용자의 입맛에 맞느냐 맞지 않느냐에 따라 달라진다. 제작자는 시청자의 취향 변화에 발맞춰 진화된 장르의 프로그램을 탄생시켜야 살아남는다. 문화산업은 장르를 이용해 수익을 창출한다. 최소한의 비용으로 최대의 수익을 올리기 위해선 장르가 필요[5]했다. 장르는 비슷한 이야기를 계속 만들어내고 스타를 반복적으로 출연시키는 틀이다. 문화산업은 장르를 선택한다. 〈알쓸신잡〉은 소비되기 위해 인문학 예능을 선택했다. 〈알쓸신잡〉은 웃음만으로 충족되지 않는 시청자의 욕구를 채워준다. 제작진은 인문학 예능이 가지는 장르적 관습을 따르는 동시에 변형한다. 〈알쓸신잡〉의 속을 채운 장르적 요소들은 장르를 둘러싼 여러 주체의 이해관계에 의해 재편된다.

프로그램의 인기는 TV 바깥으로 번져나간다. 다매체·다채널 시대의 수용자는 TV를 TV로만 보지 않는다. 수용자는 소비자이기도 하다. 자신이 맛본 프로그램을 다양한 방식으로 소비하며 즐긴다. 방영 후 김영하 작가, 유시민 작가가 집필한 책뿐만 아니라 방송 중에 언급된 책의 판매량이 급증했다.[6] 방송에 나온 여행지도 각광을 받는다. 수용자는 프로그램과 관련된 상품만 소비하는 것이 아니라 프로그램에서 파생된 콘텐츠도 소비한다. 시청자는 방송을 보는 동시에 포털에 관련 검색어를 입력한다. 연관된 상품과 기사들을 클릭한다. 클릭 수는 수익으로 연결된다. 콘텐츠들은 여러 매체에 쉽게 확산될 수 있도록 쪼개진다. 〈알쓸신잡〉의 수다들도 잡학 사전의 인덱스를 달고 각각의 콘텐츠로

5 같은 책, 181쪽.

6 "'알쓸신잡'이 서점가 흔들다", ≪문화일보≫, 2017년 6월 19일 자, http://www.munhwa.com/news/view.html?no=2017061901032312069001

흩어진다. 방송이 끝나면 수용자는 다시 유튜브나 네이버캐스트로 편집된 영상을 보고, SNS로 공유한다. 수용자의 모든 행위엔 광고가 붙는다. 광고는 이윤 창출로 이어진다. 문화산업은 소비자가 가리키는 것을 따라, 소비의 흐름을 따라 움직인다. 소비의 흐름은 돈의 흐름으로 직결된다.

인문학은 교양이 아닌 예능, 그것도 인문학 예능으로 옮겨갔다. 인문학은 예능에 맞게 변형된다. 인문학 예능은 시청자들에게 익숙하고 잘 팔리는 내용을 끌어들여야 했다. 장르가 요구하는 것은 대중 인문학이었다. 프로그램 안으로 들어온 대중 인문학은 또 다른 상품이 된다. 인문학 예능이라는 틀 속에서 대중 인문학의 내용은 재가공·재생산된다. 문화평론가 문강형준은 "오늘날의 대중적 인문학은 교양 판타지를 보너스로 제공하는 완벽한 '엔터테인먼트' 상품"[7]이라고 지적한다. 〈알쓸신잡〉은 엔터테인먼트이면서 엔터테인먼트 상품이다. 여기선 "분야를 넘나드는 잡학박사들의 신비한 수다빅뱅"이라는 말도 시청자의 교양 판타지를 자극하는 상품화 전략의 일부가 된다. '알아두면 쓸데없다'는 전제를 깔고 있지만 시청자들은 프로그램을 통해 알아두면 쓸모 있는 지식을 얻고 싶어 한다. 소비자의 욕망은 〈알쓸신잡〉이라는 상품을 택한다. 택하고 소비한다. 오랜 시간 책을 읽는 수고로움은 스낵처럼 만들어진 상품 소비의 간편함으로 바뀐다. 〈알쓸신잡〉의 소비자는 교양을 얻었다는 만족감과 예능의 장르적 요소들이 불러일으키는 원초적 즐거움을 함께 얻는다. 잠깐의 TV 시청이 남긴 교양은 마치 내가 똑똑해진 것 같은 느낌을 불러일으킨다. 시청 후에 남는 것은 교양 그 자체라기보다 효율적 소비를 통해 교양과 즐거움을 모두 잡았다는 느낌이다.

7 문강형준, 『감각의 제국』(북극성, 2017), 278쪽.

무용지용의 수다

『지적 대화를 위한 넓고 얕은 지식』(이하 『지대넓얕』)은 100만 부 넘게 판매된[8] 베스트셀러다. 같은 이름의 팟캐스트에서 방송되었던 내용을 엮은 인문교양서로 철학, 역사, 예술, 과학, 경제 등 여러 분야의 지식들을 독자들에게 쉽고 편하게 전달해 인기를 얻었다. 저자 채사장은 책의 내용을 가지고 〈말하는 대로〉 등의 인문학 예능 프로그램에 출연하기도 했다. 『지대넓얕』 같은 대중 인문학에는 얕은 지식만 얻을 뿐 인문학적 성찰로 이어지지 않는다는[9] 비판이 따라온다. 인문학 대중화는 인문학의 상품화와 같이 일어나며, 상품으로 포장되는 과정에서 싸구려 인문학으로 전락하고 만다는 것이다. 인문학 예능에도 동일한 부정적 평가를 적용할 수 있다. 〈알쓸신잡〉은 『지대넓얕』의 방송판[10]으로도 이야기된다. 〈알쓸신잡〉은 예능의 외피를 입은 덕에 대중 인문학 열풍에 가해진 비판을 피한 듯하다. 프로그램에 대한 비판으로 인문학 예능의 상품화와 소비의 형태를 꼬집는 것은 진부한 이야기일 수 있다. 한 시간 좀 넘는 예능에 인문학의 깊이를 요구하는 것도 무리일지 모른다.

삼성은 '통섭형 인재'를 뽑겠다며 철학을 입사 시험 문제로 내고, 신세계는 '지식향연'이란 인문학 강연을 열어 스펙 대신 인문학적 소양을 보겠다고 하는 시대다. 스펙을 보지 않는다던 기업은 또 다른 스펙으로서의 인문학을 요구한다. 교환가치를 얻기 위해 수치화할 수 없는 인

8 "광화문에서/김지영: 넓고 얕은 시대", ≪동아일보≫, 2017년 6월 29일 자, http://news.donga.com/3/all/20170629/85110260/1

9 같은 책, 279쪽.

10 "알쓸신잡 첫방 ①: 나PD의 이유 있던 자신감, tvN판 '지대넓얕'", ≪텐아시아≫, 2017년 6월 3일 자, http://tenasia.hankyung.com/archives/1224324

문학을 수치화해야 하는 것이다. 인문학의 가치는 무용지용이다. 무용지용의 가치는 수치화되기 어렵다. 쓸모 있음과 쓸모없음을 구분하는 것은 기업의 논리고, 그 이면에 작동하는 상품의 이데올로기다. 알아두면 쓸데없는 것이 어디 있겠는가. 쓸데없는 것에서 재미를 찾는 사람들이 쓸데없는 것들로 수다를 나눈다. 수다로 채워진 〈알쓸신잡〉은 예능과 교양을 결합한 장르의 진화를 보여줬다. 대부분의 인문학 예능이 고급 인문학을 내세워 인문학의 쓸모를 이야기할 때, 〈알쓸신잡〉은 무용지용의 수다를 나눈다. 쓸데없는 것의 의미를 찾고, 쓸데없음을 주고받는 즐거움을 함께하는 예능은 드물다. 쓸모없음의 쓸모를 찾을 수 있는 '수다 인문학'으로서의 〈알쓸신잡〉에 기대를 걸어본다.

가작

수요미식회, 그 달콤 씁쓸함에 대하여

tvN 〈수요미식회〉

한지웅

미식, 너 누구냐

2016년 11월 7일, 미쉐린 가이드 서울이 발표되었습니다. 흔히 '미슐랭'이라고 불리는 미쉐린 가이드는 프랑스의 타이어 제조사 '미쉐린'이 매년 봄에 발간하는 식당 및 여행 가이드북입니다. 미쉐린 가이드의 맛집 선정은 까다롭기로 유명합니다. 미쉐린은 별점을 매기기 전에 지역 식당을 조사하고, 다양한 요식업 경력의 평가 요원들을 파견하여 일 년에 5~6번 이상 식당을 방문하도록 합니다. 깐깐한 평가 요원들이 만장일치로 식당의 맛을 인정한 후에야 식당은 미쉐린 스타를 받게 되고, 미쉐린 가이드의 맛집 목록에 오르게 됩니다. 엄격한 선정 기준과 명성 덕분에, 미쉐린 스타를 받은 식당은 평생 매상이 보장되며 세계적인 명성을 얻게 됩니다. 미식가들은 미쉐린 가이드를 따라 음식을 즐기며 미쉐린 스타를 받은 식당을 극찬합니다.

서울은 아시아에서 4번째로 미쉐린 가이드가 발표된 도시입니다. 어떤 도시에 미쉐린 가이드가 있다는 것은 그 도시의 음식과 식도락 문화가 세계적으로 인정받을 수준이라는 의미라고 합니다. 그런데 생각해보면 의아합니다. 맛에 별점을 매기는 것이 가능할까요? 맛은 기호에 따라 평가가 다릅니다. 같은 음식을 먹어도 맛있다는 사람이 있고, 맛없다는 사람이 있는데 '내가 곧 진리요, 생명이다'라는 식으로 식당을 일방적으로 평가하는 행위가 타당한지 의문입니다. 그래서 가끔은 미쉐린 가이드나 미식가들에 대한 거부감이 들기도 합니다.

미식. 미식이란 무엇일까요? 쉽게 말해서 '음식을 즐기는 행위'입니다. 그런데 우리는 모두 입맛이 다르고, 훌륭한 맛에 대한 기준도 다릅니다. 그래서 미식에는 논란이 많습니다. 논란의 대표적인 예가 '면스플레인'이라는 유행어로 유명한 평양냉면 논쟁입니다. 평양냉면 애호가들은 평양냉면을 좋아하지 않는 사람들에게 맛을 모른다며 훈계를 합니다. 평양냉면을 좋아하지 않는 사람들은 그런 애호가들의 맛에 대한 찬양을 '면스플레인'이라 비난합니다.

평양냉면 애호가들처럼, 미식가들은 피곤한 논쟁에 휘말리면서까지 미식에 열중합니다. 보고 있으면 '미식이 얼마나 즐거운 일이길래 열중하는 것일까?'라는 생각도 듭니다. 음식에 대한 지식을 줄줄 읊는 사람들을 보면 한편으론 대단하고, 나도 미식을 접하고 싶어지기도 합니다. 부담 없이 미식의 세계에 쉽게 접근할 수 있는 방법이 없을까요? 있습니다. tvN의 음식 프로그램, 〈수요미식회〉입니다.

입으로 한다고 다 '먹방'은 아닙니다!

〈수요미식회〉는 이상한 프로그램입니다. 프로그램을 촬영하는 스튜디오에는 음식 프로그램 단골 소재인 조리 도구와 맛있는 음식이 나오지 않습니다. 조리 도구가 없으니 조리를 하지 않고, 음식이 없으니 패널들이 음식을 먹지 않습니다. 베르사유 궁전을 연상시키는 고급스러운 세트장에서 패널과 게스트는 주제로 선정된 음식에 대해 이야기합니다. 입으로 먹는 행위에 집중하던 기존 음식 프로그램들과 다르게, 〈수요미식회〉는 입으로 떠드는 행위에 집중합니다.

기존 음식 프로그램에서 중점을 두는 요소는 조리와 먹방입니다. 한국 최초의 음식 프로그램인 KBS 〈오늘의 요리〉와 후속작 〈가정요리〉는 요리 전문가가 요리법을 알려주는 정보 전달성 프로그램이었습니다. 이후 〈강남길·이성미의 요리쇼〉, 〈이정섭 요리쇼〉 등의 가볍고 유쾌한 음식 프로그램이 제작되는 등 변화가 생겼습니다. 하지만 기본적으로 음식을 먹고, 요리 비법을 전달한다는 큰 흐름에서 벗어나지는 않았습니다. 〈오늘의 요리〉에서 〈냉장고를 부탁해〉에 이르는 기존의 음식 프로그램에서는 요리를 하는 장면, 입에 군침이 돌게 하는 탐스러운 음식의 자태, 탤런트가 요리를 맛있게 먹는 먹방 장면 등이 반복해서 차용됩니다.

반면, 〈수요미식회〉는 기존 음식 프로그램의 룰을 따르지 않습니다. 〈수요미식회〉의 서사를 이끌어가는 것은 패널들의 토크입니다. 주제가 되는 음식의 조리 영상이 나오기는 하지만, 패널들의 토크를 맛깔나게 살려주는 자료화면 정도로만 사용됩니다. 역설적이게도, 〈수요미식회〉에서 음식 자체는 주된 소재가 아닙니다.

〈수요미식회〉는 음식에 대한 지식과 음식의 이야기에 초점을 둡니다. 매주 한 가지 음식을 주제로 삼아 3~4개의 맛집을 선정합니다. 패널들은 선정된 맛집에 미리 직접 가서 음식을 먹어본 후에 촬영에 참여합니다. 입담을 담당하는 신동엽, 전현무, 이현우 세 패널이 게스트들과 음식에 대한 소감을 재담과 함께 이야기하면, 요리연구가 홍신애와 맛 칼럼리스트 황교익이 해박한 지식으로 소감들을 정리해줍니다.

홍신애와 황교익의 지식은 '이 맛! 모르고 먹지 마오' 코너에서 특별히 빛을 발합니다. 28일 방영된 〈수요미식회〉 '물회' 편에서 황교익과 홍신애는 포항, 속초, 제주, 장흥 각 지역에 따른 물회의 차이를 명쾌하게 설명해주며 패널들이 재담을 이어갈 만한 정보들을 던져주었습니다. 게스트인 바다는 황교익 패널의 설명에 된장 물회에 대한 이야기를 덧붙이며 토크에 재미를 더했고, 이현우 패널은 홍신애 패널과 가자미 물회, 오징어 물회에 대한 열띤 토론을 벌였습니다. 음식에 대한 패널들의 해박한 지식과 재담을 통해 〈수요미식회〉는 재미와 지식이라는 두 마리 토끼를 잡는 즐거움을 줍니다.

〈수요미식회〉. 그는 '진짜'다

김재환 감독의 영화 〈트루맛쇼〉는 감독이 직접 가게를 차려, 브로커에게 돈을 주고 공중파 맛집 프로그램에 출연하는 과정을 담은 내용입니다. 맛집 프로그램에 나오는 식당과 음식을 먹는 사람들의 격한 반응이 모두 연출이라는 실상을 고발하며 대중의 분노를 일으킨 바 있습니다.

이후, 음식 프로그램은 제작 방향을 바꾸게 됩니다. 이색적이고 자극적인 음식점이 아닌 믿을 만한 식당을 소재로 선택하기 시작합니다. 대표적인 예로 〈먹거리 X파일〉의 '착한식당' 코너가 있습니다. 그렇지만 '착한식당'은 고발 프로그램인 〈먹거리 X파일〉의 부차적인 코너일 뿐이라는 한계가 있었습니다. 신뢰할 수 있는 맛집이나, 음식에 대해 자세히 알려줄 수 있는 독립된 프로그램은 없었던 것입니다.

무게감 있는 음식 프로그램이 부재한 상황에서 〈수요미식회〉는 탄생했습니다. 2015년 〈수요미식회〉 제작발표회에서 이길수 PD는 "음식의 이야기와 식당의 이야기를 담을 것이며 먹방, 방문을 통해 식당을 홍보하지 않을 것이다"라고 밝혔습니다. 〈수요미식회〉에는 자극적인 먹방 장면이나 요리 장면이 거의 등장하지 않습니다. 음식에 대한 이야기와 이야기를 가진 식당들이 가득합니다.

이야기를 가진 식당들이지만, 패널들의 태도는 식당에 꼭 호의적이진 않습니다. 오랜 전통을 가진 식당이라도 자신의 입맛에 맞지 않으면 거침없이 "별로였다"라고 말합니다. 패널들의 솔직함은 〈수요미식회〉의 진정성을 살려주고, 출연 식당에 대한 신뢰 역시 높여줍니다. 그래서 대중들은 〈수요미식회〉에 나온 식당들을 믿고, 찾아갑니다.

〈수요미식회〉. 맛집파괴자?

다이나믹 듀오의 「거품 안 넘치게 따라줘」 가사에는 "청계천에 아바이 순대 먹으러 갈까나"라는 구절이 있습니다. 2016년 2월 7일에 방송된 〈수요미식회〉 '순대' 편에 나온 '청계천 전통 아바이 순대'입니다. 〈수요미식회〉에 출연하고 5개월 후인 2017년 7월, 아바이 순대는 문을 닫았습니다.

앞서 말했듯, 〈수요미식회〉에 소개된 식당은 믿을 수 있는 맛집이라는 인식이 있습니다. 맛집 검색 어플에서도 '수요미식회 맛집 Top10'

이란 카테고리를 따로 개설할 정도입니다. 어떤 식당이든 〈수요미식회〉에 나오게 되면 손님이 몰리는 식당이 됩니다.

그런데, 소규모 식당에 손님이 몰리면 문제가 생깁니다. 단골 손님들만으로도 포화 상태인 작은 식당에 손님이 몇 배로 늘어버리면, 주방이 더 이상 손님들을 감당하지 못합니다. 자연스럽게 예전의 맛을 잃게 되고, 단골은 떠납니다. 늘어난 손님을 버텨내더라도 예전의 맛을 잃게 될 가능성이 높고, 버티지 못하고 폐업하게 될 수도 있습니다.

이야기 있는 맛집을 찾아내어 널리 알린다는 프로그램의 취지는 좋습니다. 그렇지만 지속 가능한 미식을 위해서는 단순히 맛집을 알리는 데 머무르지 않고, 식당이 꾸준하게 훌륭한 맛을 유지할 수 있도록 배려하는 노력이 필요할 것 입니다.

다행히 제작진은 문제점을 파악한 듯합니다. 제작진은 식당 목록을 방송 2주 후에 공개하고 있고, 방송 화면에 상호와 위치 정보가 노출되지 않도록 연출하고 있습니다. 하지만 음식의 이름과 지역만 알고 있어도 인터넷으로 정보를 쉽게 찾을 수 있다는 것이 문제입니다. 소규모 식당 방문을 자제하자는 캠페인이나 이벤트를 벌이는 등 적극적인 노력이 필요하다는 생각입니다.

서양 것이 좋은 것이여(?)

〈수요미식회〉 세트장은 고풍스럽습니다. 그리스 신전을 연상시키는 기둥, 영국 왕실을 연상시키는 하얀 도자기 접시, 영문 제목의 장식용 서적까지, 교양 있는 유럽 귀족의 저택을 연상시킵니다. 로고와 자막에도 황금색, 버건디색을 사용하며 차분하고 고급스러운 느낌을 줍니다. '미식'이라는 단어를 들었을 때 느껴지는 고급스러운 이미지에 걸맞은 연출입니다.

그러나 〈수요미식회〉의 디자인을 책임지는 이미지들은 철저히 서양의 이미지입니다. '고급스러움'을 나타내기 위해 〈수요미식회〉는 베르사유 궁전에서나 볼 수 있을 것 같은 세트를 제작했습니다. 유럽양식의 세트 디자인에서 '서구적인 것은 곧 고급스러운 것이다'라는 사대주의적 이데올로기를 엿볼 수 있습니다.

해외 탐방 특집을 제외하면 〈수요미식회〉에 나오는 맛집들은 모두 한국에 있습니다. 다루는 음식들도 한식의 비율이 높습니다. 한국에 있는 맛집을 소개하고, 한국의 음식을 자주 소개하는데 굳이 서구적 이미지를 차용할 필요가 있을까요? 디자인에서 반드시 유럽 느낌이 나야 할 이유는 없어 보입니다.

'똥송합니다' 등의 유행어에서 볼 수 있듯, 우리의 무의식엔 사대주의 이데올로기가 뿌리박혀 있습니다. 고급스러움을 대중에게 표현하기 위해 사대주의 이데올로기를 이용하는 것은 매우 효율적인 방법입니다. 그러나 유럽 이미지를 차용한 고급스러움은 진부합니다. 제작진이 상상력을 발휘하여 서구의 이미지를 탈피한 고급스러움을 연출할 수 있었다면 더 좋은 프로그램이었을 거라는 아쉬움이 남습니다.

달콤 씁쓸함을 넘어서

탤런트 신동엽 씨가 부인 선혜윤 PD에게 반하게 된 일화가 있습니다. 선혜윤 PD가 깍두기 국물을 설렁탕에 부어 먹는 것을 보고 사랑에 빠지게 되었다고 합니다. 음식과 음식을 먹는 방식이 한 사람의 이미지를 결정할 수 있다는 것을 보여주는 일화입니다.

미식담론의 원조로 불리는 프랑스의 미식 연구가 '브리야 사바랭'은 "그대, 무엇을 먹는지 말하라. 그러면 나는 그대가 누구인지 말해보겠다"라는 말을 남겼습니다. 음식은 의미를 가집니다. 순댓국에 소주를 먹는 사람과 과일에 와인을 먹는 사람의 이미지는 확연하게 다릅니다. 음식은 그 사람이 어떤 사람인지 보여줍니다. 음식은 생명을 유지하는 수단을 넘어, 한 사람의 정체성을 보여주는 상징입니다. 미식, 그리고 미식에 대한 지식의 수요는 앞으로 꾸준히 증가할 것입니다.

기존 음식 프로그램과 차별화된 음식 프로그램이자, 깊이 있는 지식을 전달하려는 〈수요미식회〉의 의도는 좋습니다. 하지만 보완해야 할 지점이 많습니다. 젠더 관련 문제의식 부족, 맛집 파괴자라는 오명, 서구적 이미지의 무비판적 차용 등의 문제입니다.

〈수요미식회〉도 어느덧 두 돌을 넘겼고, 안정적으로 높은 시청률을 유지하고 있습니다. 유비무환이라는 말이 있듯, 안정기에 위기를 준비해야 오랫동안 사랑받는 프로그램으로 남을 수 있을 것입니다. 아직 해결하지 못한 문제점에 대안을 마련하고, 부족한 점에 대해서는 반성하며 미식 문화에 기여하는 〈수요미식회〉가 되었으면 합니다.

가작

가난한 여자를 위한 사회는 없다

JTBC 〈크라임씬3〉

우현주

〈런닝맨〉, 〈아빠! 어디가?〉 등 다양한 프로그램들이 해외로 수출되어 호평을 받고 있다는 소식들이 심심치 않게 들려오는 지금, 요란하지는 않지만, 조용히 성과를 내는 프로그램이 하나 있다. JTBC의 〈크라임씬〉이 그 주인공이다. 〈크라임씬〉은 6명의 출연진이 각자 용의자가 되어 살인 사건을 풀어나가는 롤플레잉 형식의 추리 게임 예능이다. 지난해 '휴스턴 영화 영상 페스티벌'에서 TV 엔터테인먼트 경쟁부분 금상을 받아온 것은 물론, 수출된 중국 리메이크판〔명성대정탐(明星大偵探)〕은 재생수가 10억 뷰를 돌파하는 등 국내뿐 아니라 해외에서도 무시할 수 없는 돌풍을 일으키고 있다. 이러한 사랑에 힘입어 2년만인 2017년 드디어 시즌 3이 방영되었지만, 전 시즌들에 비해 기대에 미치지 못한다는 실망스러운 의견들이 나오며 다음 시즌의 방영이 불투명한 상황이다. 그렇다면 유독 시즌 3만이 혹평을 받는 이유는 무엇일까.

예능은 왜 머리를 쓰게 되었는가

원인을 알아보기 위해선 추리 예능(혹은 두뇌 예능)에 대한 전반적인 흐름을 이해할 필요가 있다. 예능 프로그램의 근본적 목적은 시청자의 웃음을 자극하는 것이다. 이를 위해 예능에서 게임을 하는 것은 특별한 일은 아니다. 그러나 보통의 경우 시청자가 이해하기 쉬운 간단한 게임에 그치거나, 신체 위주의 게임에 치우치는 형태가 대부분이었다. 이러한 흐름에 반전을 준 것이 MBC의 〈무한도전〉이다. 매주 다양한 포맷을 보이는 이 프로그램에서 시청자의 눈길을 사로잡았던 것은 '추격전'이라는 설정이었다. 일정한 목표를 위해 서로를 쫓는다는 간단해 보이는 게임이지만 이는 이전의 예능의 게임과는 성격이 확연히 다른 것이었다. 이전의 예능이 그저 제작진이 준 기획의 흐름대로 행동하는 것뿐이었다면, 〈무한도전〉의 추격전이 보여준 방식은 이러한 틀을 넘어서는 것이었다. 가령 〈무한도전〉 "꼬리잡기" 특집을 보자. 각자의 꼬리를 잡는 것이 제작진이 준 틀이었으나, 출연자는 스스로 가짜 꼬리를 만드는 등 사전에 제시된 틀을 뛰어넘는 행동을 보였다. 이는 시청자에게 기존 예능과는 다른 신선함을 주었고, 시청자들은 이에 소위 '레전드'라며 극찬을 보냈다. 결론적으로 출연자가 어떠한 방식으로 게임을 진행하는가, 즉 출연자가 얼마나 똑똑하고, 기발하게 게임을 하느냐가 예능의 새로운 트렌드가 되었다. 이러한 흐름 속에 태어난 것이 tvN의 〈더 지니어스: 게임의 법칙〉이라는 프로그램이다. 제작진이 제시한 게임 아래, 출연자는 자신의 능력을 이용해 상대방을 이겨서 살아남는 것이 이 프로그램의 진행 방식이다. 당시 케이블 시청률 1위를 기록하며 큰 사랑을 받았고, 이에 힘입어 〈더 지니어스〉 시즌 2·3은 물론이고 〈코드: 비밀의 방〉, 〈소사이어티 게임〉 등 다양한 추리 예능들이 우후죽순처럼 생겨났다. 이때 생긴 것이 바로 JTBC 〈크라임씬〉이다. 본격 추리 예능을 자처한 〈크라임씬〉은 당시 2014년 시즌 1이 방영될 무렵, 〈더 지니어스〉의 인기에 편승하는 그저 아류작이 아니냐는 평을 받았지만, 현재 추리 예능의 대표작으로 불릴 만큼 자신의 정체성을 확고히 한 프로그램이다. 그렇다면 〈크라임씬〉을 아류의 오명에서 벗어나게 해준 요인은 무엇일까. 〈크라임씬〉이 〈더 지니어스〉를 포함한 여타 추리 예능과 다른 차별점은 무엇일까.

이 질문에 대한 해답은 '제작의 힘', 특히 프리프로덕션(사전제작)에서 찾을 수 있다. 〈더 지니어스〉, 〈소사이어티 게임〉 등 타 추리 예능에서 제작진의 역할은 그저 게임을 제시하고 프로그램의 방향을 가이드하는 것에 한정되어 있다. 그 이외에 많은 부분은 출연자가 얼마나 많은, 또 얼마나 좋은 능력치를 지니느냐에 달려 있다. 즉 프로그램의 재미 요소가 출연진 개인의 능력에 좌우된다는 것이다. 그러나 〈크라임씬〉은 그 어느 프로그램보다 제작진의 개입이 많은 편이다. 6개월의 준비 과정을 통해 철저하고 꼼꼼하게 짜인 스토리와 설정 등은 보는 이의 감탄을 불러일으킬 정도이다. 하지만 사실 사건의 스토리, 사건의 방식 등을 제시한다는 것 자체가 이 프로그램만의 특별한 점으로 보이지 않는다. 우리가 주목해야 하는 점은 출연자의 캐릭터를 제작진이 부여한다는 것이다. 출연자들은 사건의 용의자라는 설정 아래, 제작진이 제시한 캐릭터가 마치 자신인 듯 연기해야 한다. 이는 자신에게 주어진 캐릭터의 능력에 따라 게임을 진행해야 한다는 특수성을 보인다. 가령 〈크라임씬 3〉 11화의 경우 출연자 박지윤은 글을 못 읽는 '박해녀'라는 캐릭터를 맡게 된다. 이런 연유로 박지윤은 본인의 실제 능력과는 별개로, 글을 못 읽는 연기로 부여된 추리 시간을 허비한다. 이러한 모습은 출연자의 능력을 제한하는 한편, 시청자에게 소소한 재미를 준다는 아이러니한 결과를 불러온다. 이는 〈크라임씬〉의 경우 출연자가 얼마나 추리를 잘 하는지도 중요하지만, 얼마나 캐릭터에 몰입하였는가도 프로그램의 재미를 이끄는 주요 요소가 된다는 것을 잘 보여주는 사례이다. 특히나 〈크라임씬〉은 실시간 투표, 추리 게시판 등 시청자의 참여를 활발히 유도하는 프로그램이다. 따라서 출연자의 캐릭터 몰입도는 시청자가 얼마나 프로그램에 깊게 빠져들 수 있느냐와도 연결된다. 실제로 출연자 정은지의 경우 프로그램 초반 미스캐스팅, 추리력 논란 등의 이유로 논란이 일었었다. 하지만 7화 "캠핑장 살인 사건"에서 부여된 캐릭터에 완벽하게 몰입한 모습을 보였고, 시청자들은 호평은 물론 그제야 그녀를 프로그램의 일원으로 인정했다. 이는 〈크라임씬〉에서 추리력과는 별개로 연기력 또한 프로그램의 재미 요소라는 것을 잘 보여주는 예시이다.

그러나 여전히 의문점은 존재한다. 위에서 언급했듯 프로그램이 중반을 넘어가자 출연자들의 추리력과 연기력은 안정되었다. 출연자의 문제가 아니라면, 〈크라임씬3〉이 좋지 않은 평을 받은 것은 왜일까. 남은 대상은 하나다. 캐릭터를 만들고 부여한 대상, 바로 '제작진'이다. 즉, 그들이 얼마나 촘촘하고 설득력 있게 설정을 하느냐에 따라 시청자들의 몰입을 도와 프로그램의 흥망을 결정하는 근본적인 역할을 하는 것이다. 바로 이 점이 〈크라임씬3〉이 이전 시즌들과 차이점을 보이는 부분이며, 악평을 받고 있는 원인이라 생각된다. 그동안의 시즌의 경우 각 에피소드는 간단하고 명확한 스토리를 가진다. 그렇기 때문에 증거 찾기라는 객관적인 근거를 통해 단 한명의 범인을 찾는 모습을 띤다. 하지만 이번 〈크라임씬3〉은 긴장감을 위해 여러 가지 스토리를 엮으며 대다수 인물이 범인의 증거를 지니게 되었다. 그 때문에 증거보다는 누구의 살해 동기가 더 강한가, 다시 말해 캐릭터 설정의 중요성이 두드러졌다. 이는 캐릭터 설정의 허점이 보일 시 시청자의 거부감을 불러일으킬 수 있다는 큰 단점을 수반한다. 논란이 되었던 회차, 4회 "사기꾼 살인 사건"을 예로 보자. 범인 캐릭터 '양 형사'의 설정은 다음과 같다.

> 사기 사건으로 부모님을 잃은 형사는 이에 분노하지만, 돈으로 금방 풀려나는 사기꾼들의 현실에 차라리 자기가 악이 되고자 한다. 이에 사기 그룹의 수장이 된 양 형사는 점점 경찰의 포위가 좁혀오는 것에 부담을 느끼고, 이를 정리하기 위해 부하인 피해자를 살해한다.

범인이 밝혀지자 시청자들은 말도 안 된다며, 게임의 결과에 대해 격렬하게 반대했다. 증거가 부족한 것은 물론이거니와, 범인의 동기가 너무나 비약적이라는 것이다. 이는 '반전'이라는 강박에 사로잡힌 제작진의 과한 설정에서 비롯되었다고 판단할 수 있다. 추리 예능은 '논리력'이 바탕이 되어야 한다. 그리고 그 논리에서 비롯된 카타르시스가 시청자를 끌어들이는 요소이다. 그러나 〈크라임씬3〉는 '반전'이라는 부차적 재미에 치우쳐 추리 예능의 가장 기본적인 법칙을 파괴해버렸다.

여기서 더 문제가 되는 지점은 바로 사람을 규정짓는 제작진의 인식이다. 실제 사건을 모티브로 해서 스토리와 캐릭터를 설정한 이전 시즌들과는 달리, 〈크라임씬3〉는 순수한 창작물이다. 이 때문에 제작진의 주관적 생각이 개입될 여지가 다분해졌다. 잘못된 사회를 비판하고 통찰하는 주관적 입장이 작품에 투영될 수도 있겠지만, 한편으로는 제작자의 잘못된 사회 인식이 작품에 그대로 드러날 수도 있다는 부정적 측면도 존재한다. 특히 〈크라임씬3〉에서는 약자를 다루는 데에 일정한 선입견이 작용하는 것으로 보이는데 실제 방송 사례를 통해 살펴보자.

선입견 1. 가난하니까 범인이다

일단 첫 번째, 가난한 자들에 대한 인식이다. 형편이 어려운 캐릭터가 범인이었던 회차는 총 2번, 〈크라임씬2〉 2화 "통닭집 살인 사건"과 〈크라임씬3〉 4화 "사기꾼 살인 사건"이었다. 시골에서 일하는 청년 그리고 모범적인 경찰이라는 서로 각기 다른 스토리를 가진 캐릭터였지만, '가난'하다는 단 한 가지의 동일성 아래에 두 사람 모두 '돈'이 살인 목적이 되어버렸다. 즉, '가난한 이는 돈 때문에 살인을 저지른다' 내지는 '가난한 이가 살인을 저지른다면 그것은 필시 돈 때문이다'라는 결론이 날 가능성이 존재하게 된 것이다. 이는 잘못된 일반화로서, 자칫 시청자들에게 형편이 어려운 자들에 대한 잘못된 선입견을 불러일으킬 수 있다. 이는 가난한 자들을 사회 일탈적 존재로 규정하는 시도이며, 이들을 또다시 사회로부터 소외시키려는 기득권층의 인식을 반영한 것이라 볼 수 있다. 이러한 인식은 범인이 아니어도 예외는 없었다. 가난한 인물이 등장할 시, 설령 그가 단순 용의자일지라도 '가난'하다는 이유 아래 '돈'이라는 확실한 동기가 있다며, 그를 범인으로 몰아가는 모습을 보인다. 용의자의 경우를 포함한다면 이러한 잘못된 인식이 드러난 회차는 상당한 비중을 차지하는 셈이다. 실제 1999년에 일어난 '삼례 나라슈퍼 사건'에서도 용의자들이 가난하다는 이유로 강도살인의 살인자로 지명되었고, 17년 만에 누명을 벗게 되었다. 이러한 사회현상을 비판하기는커녕 오히려 종용하고 비판 없이 그대로 반영하는 듯한 〈크라임씬〉의 연출은 과연 프로그램이 지향하는 사회와 가치관은 무엇인지 의심하게 되는 부분이다.

선입견 2. 여자라서

둘째, 여성 캐릭터에 대한 인식이다. 남자 예능만이 가득한 현시점에서 꾸준히 여성 캐릭터를 출연시킨다는 것은 긍정적인 일이다. 또한, 그들에게 그저 주부 등 전통적으로 여성에게 요구되었던 직업이 아닌 형사, 보좌관, 교수 등의 전문적인 직업을 부여함으로써 프로그램 내 남성과 같은 사회적 위치를 갖도록 설정한 것도 칭찬받아 마땅한 일이다. 이러한 다양한 시도에도 불구하고 여전히 프로그램 내부에는 여성 차별적인 요소가 존재한다. 대표적으로 두 가지 인식을 들 수 있다.

일단 첫 번째로 여성에게 외모를 강요하는 행태가 계속되고 있고, 이를 마치 재미있는 웃음의 요소인 양 편집해서 내보내고 있다. 예를 들어 〈크라임씬3〉 5화 "뮤지컬 배우 살인 사건"을 보자. 당시 남성 출연진은 특정한 여성 출연진에게 풀 메이크업을 하라든지, 몸매에 대해 지적을 하며 여성의 외모를 그저 하찮은 웃음거리로 언급하는 모습을 보인다. 그뿐만 아니라 〈크라임씬3〉 2화 "스타쉐프 살인 사건"에서는 한 여성 출연자가 다른 여성 출연자에게 "어리면 뭐해, 얼굴이 예뻐야지"라고 독설을 날리는 장면이 여과 없이 그대로 방송되었다. 물론 이는 상황극의 재미를 살리기 위해 출연진이 과장되게 말한 부분도 있지만, 재미를 살리기 위해 여성의 외모를 소재로 선택했다는 것 자체가 문제이다. 〈크라임씬3〉에서는 여성이 배우를 비롯해 형사, 보좌관, 종업원 등의 다양한 직업군에 속해 있지만, 외모가 중요하지 않은 직업에서조차 여성의 외모를 평가하고 이를 비하했다. 이는 마치 여성의 정체성과 능력의 판단 기준이 오로지 외모라는 잘못된 편견을 불러일으킬 수 있는 위험한 행동들이다. 이는 외모 또한 여성의 성 역할 중 하나로 기대하는 전형적인 가부장적 사고관의 일환으로, 〈크라임씬3〉가 전문직 여성 등을 통해 성 평등을 지향하는 것처럼 보이나 실제로는 여성 차별적 시각에서 벗어나지 못했음을 보여준다.

두 번째, 여성을 종종 연약한 존재라고 규정짓는 장면들이 눈에 띈다. 가령 남성 캐릭터의 살인 동기가 사랑하는 여자를 지키기 위해서라는 등 프로그램 내 여성을 지켜줘야 하는 나약한 존재라고 명명하는 일이 빈번하다. 특히나 살인 수법을 논하는 자리에서 이러한 현상은 두드러진다. 한 남성 출연자는 매번 살인 방법을 언급할 시 '여성적'이라는 표현을 사용한다. 여기서 그가 말하는 여성적 살해법이란 독약, 총 등 타 살해 수법(목 조름, 폭행 등)에 비해 큰 힘이 들지 않아 여성도 할 수 있는 수법을 일컫는다. 이런 논리에 근거해 그는 종종 살해 수법에 따라 범인이 여성 혹은 남성이라고 판단하는데, 이는 잘못된 성 개념이 불러일으킨 것이라고 본다. 물론 여성이 남성보다 생물학적인 힘에서 열세할 수는 있으나, 그것만으로 모든 여성이 나약하다는 논리는 비약적이다. 19세기 무렵 서구 사회에서는 여성의 몸은 나약하기 때문에 사회활동과 교육을 하기에 부적합하다는 인식이 팽배했다. 즉, 당시 여성을 사회로부터 배제한 이유는 그저 여성들이 나약하고 연약한 존재였다는 것이다. 현대적 시각으로 보면 터무니없는 이러한 관념에 〈크라임씬〉은 동조하는 듯 보인다. 약하기 때문에 여성들은 이런 방법을 사용하지 못한다는 발언에 수긍하는 듯한 리액션을 이어 붙여 내보내는 편집 방식, 여성 출연자를 지켜주겠다는 남성 출연자에게 감동의 리액션을 하는 여성 출연자를 비춰주는 등의 방식은 프로그램이 19세기의 구시대적 성 관념을 아직 따르고 있음을 증명한다. 강인함이 남성의 전유물이 아니듯이 나약함 또한 여성의 전유물이 아니다. 강인한 여성이 있는가 하면 약한 남성도 있다. '나약함=여성'이라는 인식은 여성에게 사회활동의 방해물이 될 뿐만 아니라, 강인하지 않은 나약한 남자는 남자도 아니라는 인식을 심어줄 수 있다. 이는 약한 남자들 또한 주류 사회에서 배제되는 역효과를 불러일으킨다. 즉 여성에 대한 잘못된 인식이 여성뿐만 아니라 남성에게조차 부정적인 결과를 가져올 수 있다는 것이다.

누구의 사회를 반영하는가

〈크라임씬〉의 주요 호평 요소 중 하나는 바로 철저하게 짜인 스토리, 소품 등의 사전제작이다. 잘 짜인 소품과 스토리를 따라가며 시청자가 재미를 느끼게 되는 것이다. 하지만 제작의 일부분이 사회의 잘못된 인식을 그대로 반영하고 있다면, 혹은 사실과 다른 내용을 반영하고 있다면 이는 곧장 시청자의 질타로 이어질 것이다. 특히나 〈크라임씬〉은 논리적으로 시청자를 설득하느냐에 프로그램의 오락도가 증가하는 프로그램이다. 그렇기에 사전에 철저한 검증이 필수적이다.

애초의 프로그램 기획 의도에는 "매회 살인 사건은 우리 사회의 현실을 반영한다"라는 어구가 쓰여 있다. 하지만 지금껏 〈크라임씬〉이 반영했던 사회는 누구의 사회였을까. 그것은 권력자의 사회였는가 아니면 그저 사회문제를 표면적으로 바라보기만 하는 방관자의 사회였는가. 과연 우리의 사회는 이들의 사회만으로 설명될 수 있는 사회인가에 대해 의문을 품지 않을 수 없다. 힘이 있는 자들은 힘이 없는 자들의 불편함을 느끼기 힘들다. 없는 자들의 불편함은 '결여'에서 나오고, 이 결여는 있는 자들의 '차지', '독점'에서 비롯되기 때문이다. 하지만 없는 자들의 사회도 우리 사회의 일부분이다. 오히려 더 자세하고, 더 냉정하게 논리적으로 바라보아야 하는 사회이다.

그렇기 때문에 〈크라임씬〉 제작진에게 바란다. 누군가를 창조, 제어하는 고자세에서 세상을 바라보지 말고 사회의 가장 낮은 부분에서 세상을 바라보아라. 그곳에는 생각보다 다채로운 삶과 생각들이 존재한다. 그동안의 〈크라임씬〉이 주류 사회만을 반영했다면, 앞으로의 〈크라임씬〉은 주류 사회와 비주류 사회를 어우를 수 있는 프로그램이 되기를 기대하는 바이다.

가작

두 얼굴의 TV

SBS 〈백종원의 푸드트럭〉을 통해 본 공익 예능의 역설

권택경

'반가움', 〈백종원의 푸드트럭〉을 처음 봤을 때 느낀 감정이었다. 어려움을 겪고 있는 푸드트럭 창업자들을 요식업계의 큰손인 백종원의 컨설팅으로 도와준다는 방송의 콘셉트를 보고 떠올린 추억의 방송 때문이었다. 옛 MBC 〈일요일 일요일 밤에〉의 코너였던 〈신동엽의 신장개업〉이 바로 그것이다. 폐업 위기에 처한 영세 자영업자들의 식당을 컨설팅을 거쳐 전면 개편하는 과정을 보여준 〈신동엽의 신장개업〉은 범람하는 서바이벌 경연 방송의 선정주의에 염증을 느낀 시청자들 사이에서 〈이경규의 양심냉장고〉나 〈신동엽의 러브하우스〉, 〈느낌표〉 등과 함께 '공익성을 추구했던 과거의 예능'으로 종종 회고되던 방송이었다.

2009년 Mnet의 〈슈퍼스타 K〉가 공전의 히트를 기록한 이후 한동안 TV에 범람한 서바이벌 경연 방송들에는 신자유주의식 경쟁 논리를 재생산한다는 비판이 항상 따라왔다. 하지만 서바이벌 경연 방송들이 대중들의 열광적 반응을 이끌어낸 것은 그러한 논리가 구석구석까지 내면화된 것이 당시의 세태였기 때문이다. 방송의 풍경은 결코 동시대 현실과 유리되지 않는다. 그렇기 때문에 '공익 예능'의 귀환은 시대의 욕망이 무한 경쟁, 승자 독식의 살풍경이 아닌 다른 것을 보고 싶어 하기 시작했다는 기대감을 품게 만든다. 〈백종원의 푸드트럭〉 제작진은 "재미와 공익을 모두 놓치지 않는 독특한 예능이 될 것"이라는 포부를 밝혔다.[1] 2010년대 들어서도 종종 공익 예능을 표방한 방송이 등장했지만 〈백종원의 푸드트럭〉만큼 관심을 끌고 있는 방송은 없었다는 점에서 주목할 만하다. 2017년, 다시금 등장한 공익 예능에서 사람들은 무엇을 보고자 하는 것일까?

장사의 귀재, 푸드트럭 존에 뜨다

〈백종원의 푸드트럭〉이 제시하는 이야기는 이렇다. 저조한 매출로 어려움을 겪고 있는 푸드트럭 존에 백종원이 찾아간다. 거기서 장사를 하고 있는 도전자들을 백종원이 면밀히 관찰한 후 문제점을 파악, 해결책을 제시해 푸드트럭 존을 부흥시킨다. 그 과정에서 푸드트럭 존을 운영하는 지자체와의 협력도 이뤄진다.

먼저 푸드트럭이라는 소재가 눈길을 끈다. 푸드트럭은 트럭을 개조해 음식을 판매하는 이동형 음식점이다. 미국에서는 외식업의 한 형태로 단단히 자리 잡았다. 푸드트럭 문화가 한국에 도입된 것은 비교적

1 "'백종원의 푸드트럭' 제작진 '재미+공익 모두 잡는 독특한 예능될 것'", ≪텐아시아≫, 2017년 7월 21일 자, http://tenasia.hankyung.com/archives/1258466

근래의 일이다. 재미교포 2세 로이 최(Roy Choi)의 푸드트럭 성공담과 그 일대기를 모델로 한 영화 〈아메리칸 셰프〉는 미국식 푸드트럭 문화에 대한 사람들의 관심에 불을 지폈다. 이러한 관심은 2014년 박근혜 정부의 푸드트럭 양성화로 이어졌다.

그러나 막상 뚜껑을 열어보니 기대와는 전혀 달랐다. 이동하며 영업이 가능하다는 것이 푸드트럭의 가장 큰 장점이건만 한국에서는 이동 영업이 크게 제한된다. 게다가 지자체 차원에서 마련한 '푸드트럭 존' 또한 기존 상권과의 마찰 우려 때문에 외진 상권으로 한정되고 있는 상황이다. 시설 및 영업 형태에 관한 규제도 까다로워 가지각색의 다채로운 메뉴를 선보이는 미국과 달리 기존 노점들과 별 다를 바 없는 모습을 보여주고 있는 게 현실이다. 백종원조차도 첫 방송에서 푸드트럭이 소재라는 제작진의 말에 화들짝 놀라 푸드트럭은 한국에서 잘 안될 것이라며 우려를 표시했을 정도다.

다행히 방송의 효과는 놀라웠다. 방송이 나간 이후 첫 무대였던 강남역 푸드트럭은 많은 관심을 받았고 평균 매출도 크게 올랐다. 방송 때만 반짝한 것이 아니라 지금까지도 이전과는 비교도 안 되는 호황을 누리고 있다고 한다. 방송의 수혜를 받은 것은 직접 출연한 푸드트럭 사업자들뿐만이 아니다. 창업을 준비하거나 고민 중인 사람들도 백종원이란 거물의 유용한 장사 상식과 노하우를 TV를 통해 전해 받을 수 있으니 가히 공익 예능이라는 이름이 아깝지 않다.

신동엽과 고든 램지 사이

이처럼 〈백종원의 푸드트럭〉이 지니는 긍정적인 면은 분명하다. 그렇지만 마냥 박수만을 보내기는 꺼려진다. 〈백종원의 푸드트럭〉의 핵심은 성공한 사업가 백종원이 사업에 실패하고 있는 자영업자에게 일종의 멘토링(mentoring)을 제공하는 것이다. 멘토(mentor)와 멘티(mentee)라는 구도에서 백종원의 능수능란한 사업가적 면모가 부각되는 한편, 멘티들의 경험 없음, 준비 부족 등이 대조적으로 비춰진다. 전반적으로 음식과 요리에 관한 기초적인 지식이 부족함은 물론이고, 원가율 같은 장사의 기본적인 개념도 파악하지 못하는 모습을 보인다. 당연히 수준 미달의 도전자들은 손쉽게 조롱의 대상이 된다. 방송이 나간 후 각종 인터넷 커뮤니티와 SNS에서 화제가 된 것은 도전자들의 미숙한 면모였다.

이런 면에서 〈백종원의 푸드트럭〉은 〈신동엽의 신장개업〉보다 〈고든 램지의 신장개업(Kitchen Nightmares)〉에 더 가깝다. 영국의 유명 요리사인 고든 램지가 진행하는, 〈신동엽의 신장개업〉과 같은 콘셉트를 공유하는 유사 방송이다. 국내 방영명이 비슷한 연유다. 영국에서 시작돼 미국판도 만들어졌다. 대부분 사람들에게 회자되는 것은 미국판이다. 미국 방송 특유의 선정성 때문에 욕설도 거침없이 내뱉는 고든 램지의 불같은 성질이 여과 없이 드러난다. 〈고든 램지의 신장개업〉의 시청을 이끌어내는 것은 고든 램지의 솔루션으로 식당이 새롭게 태어날 때 주는 감동이 아니라 상식 이하의 영업 행태를 보이는 식당들과 거기에 욕설을 날리는 고든 램지의 모습이 주는 말초적이고 선정적인 재미다. 실제로 〈고든 램지의 신장개업〉에서 가장 주목받은 에피소드는 시즌 6의 마지막인 16화였다. 고든 램지가 처음으로 중도에 포기하는 장면으로 끝맺은 이 에피소드는 방송 사상 가장 큰 주목을 받아 다음 시즌 첫 에피소드가 후일담으로 편성되었을 정도다. 물론, 해당 편의 주인공이었던 식당 주인 부부는 미국 인터넷에서 한동안 공공연한 조롱거리가 됐다.

〈백종원의 푸드트럭〉에서도 매번 문제의 출연자들이 등장해 구설수에 올랐다. 첫 '강남역' 편에서는 스웨덴 핫도그의 김건일 출연자가 백종원의 컨설팅을 무시하고 SNS에서 타 참가자들을 비방하는 아집을 부려 논란에 휩싸였다. 두 번째 '수원 남문시장' 편에서는 감자튀김에 후르츠 칵테일과 통조림 참치, 치즈 소스를 곁들이는 난해한 조합의 음식을 선보이며 자기 자신도 먹지 않는다고 밝힌 박래윤 출연자가 논란의 주인공이었다. 물론 〈백종원의 푸드트럭〉은 〈고든 램지의 신장개업〉처럼 노골적이진 않다. 그건 미국 방송과 한국 방송이 허용하는 수위 차이를 생각하면 애당초 불가능하다. 무엇보다도 백종원은 고든 램지가 아니다. 그러나 이때까지 한국에서 고든 램지가 진행한 방송과 콘셉트가 유사한 방송이나, 한국판 방송이 제작될 때 항상 누군가가 '한국의 고든 램지'의 역할을 요구받은 것처럼 백종원도 고든 램지의 역할을 하도록 요구받는다. 〈백종원의 푸드트럭〉이 처음부터 하나의 시청 포인트로 삼아 홍보해온 것도 바로 그간 백종원이 TV에서 보여준 정겨운 충청도 사투리를 구사하는 포근한 선생님 같은 이미지가 아닌 냉철한 사업가의 면모를 볼 수 있다는 점이었다. 그에 맞춰 방송에서 백종원은 연예인 참가자인 이훈의 미숙한 면모를 보고 호통을 치는 등 기존 방송과 다른 모습을 보여주기도 했다.

당초 제작진이 의도했건 의도하지 않았건 매 방송 화제가 된 것은 조언을 잘 따르는 업주보다 불성실하고, 조언도 무시하고 아집을 부리는 업주들 그리고 그들에게 호통을 치는 백종원의 '고든 램지' 같은 면모였다. 이러한 반응에 고무된 탓일까? 세 번째인 '부산' 편에서는 도전자들을 생애 첫 장사를 시작하는 초심자들로 모집했다. 미숙할 수밖에 없는 이들이다. 〈백종원의 푸드트럭〉이 어떤 장단에 맞추려는지 잘 드러나는 대목이다.

성공 신화의 거푸집

냉철한 사업가 백종원이 안일하고 무책임하며 미숙한 도전자들을 호되게 비판한다. 그리고 그것을 보는 시청자들은 통쾌함을 느낀다. 이것이 지금 현재 〈백종원의 푸드트럭〉이 소비되는 가장 주요한 양상이다. 여기서 시청자들이 이입하는 지점은 명백히 성공한 사업가 백종원이다. 통계적으로 봤을 때 대부분의 시청자들의 사회적·경제적 지위는 영세자영업자인 도전자들에 가까울 것이라는 걸 생각해보면 의아한 한편, 도리어 당연한 현상이다.

〈백종원의 푸드트럭〉에서 부각되는 것은 앞서 말한 것처럼 도전자들의 미숙한 면모이다. 장사에서 실패한 이들을 살펴봤더니 경험도, 준비도, 노력도 부족하더라는 〈백종원의 푸드트럭〉이 보여주는 서사는 얼핏 당연한 이야기처럼 보인다. 하지만 이러한 자기계발 실패와 그로 인한 경쟁에서의 낙오를 당연시하는 논리는 반대로 모든 실패를 자기계발에 실패한 개인의 책임으로 돌리며 구조적 문제를 가린다. 푸드트럭의 사례만 놓고 보더라도 상권과 규제 문제가 큰 걸림돌이 되고 있다. 더 크게는 상도의 없이 골목 상권까지 침투하는 대기업 프랜차이즈와의 불공평한 경쟁 문제까지 있다. 그러나 방송에서 이런 구조적 문제점은 거의 언급하지 않는다. 그리고 이러한 외면은 다분히 의도적이다.

대부분의 사람들은 아무리 노력해도 극복할 수 없는 구조적 문제를 직시하기보다는 눈을 돌린다. 그 시선이 향하는 곳에 있는 것이 바로 성공 신화다. 누구나 노력하면 구조적 문제도 얼마든지 극복하고 성공할 수 있다는, 소수의 산증인들에 의해 지탱되는 신화 말이다. 〈백종원의 푸드트럭〉이 보여주는 것은 성공 신화 그 자체는 아니다. 성공한 사업가인 백종원이 타산지석으로서 존재하는 한편, 도전자들은 실패의 사례를 충실히 재현한다. 이는 결과적으로 '망하는 가게에는 이유가 있다. 열심히만 하면 성공할 것이다'는 식의 성공 신화의 거푸집을 제공한다.

문제는 결국 생존이다

연예인이 방송에 도전자로 참가한다는 이야기를 들은 백종원은 연예인이 장난처럼 도전해선 안 된다며 참가자들의 생존이 걸린 문제임을 강조한다. 그의 말대로 〈백종원의 푸드트럭〉은 참가자들의 생존이 걸린 방송이다. 방송은 표면적으로는 서바이벌 경연 형식을 취하고 있지 않지만 구석구석에서 기존 서바이벌 방송의 문법을 답습하고 있다. 참가자들은 '도전자'로 지칭되고, 백종원은 심사위원의 역할을 수행한다. 마치 서바이벌 경연에서 레슨을 받듯 백종원과의 1:1 솔루션을 통해 문제점을 발견하고 개선책을 고안한다. 차이점은 단지 경연 대신 장사, 무대 대신 현실에 선다는 점이다. 어찌 보면 가장 지독한 서바이벌 방송인 셈이다. 차후 방영될 '광주' 편부터는 서바이벌 형태로 진행될 예정이라는 소식은 그래서 놀랍지 않다.[2] 자기계발에 실패한 주체를 전시하는 데 집중한 순간부터 이미 〈백종원의 푸드트럭〉은 선정성에 기대는 전략을 선택했다.

〈백종원의 푸드트럭〉이 공익성을 표방하면서도 손쉽게 선정성으로 빠지는 것을 이해 못할 바는 아니다. 방송 또한 시청률 경쟁에서 스

2 "'백종원의 푸드트럭' 대박나자 '서바이벌 오디션'으로 재탄생", ≪한국경제≫, 2017년 9월 12일 자, http://hei.hankyung.com/news/app/newsview.php?aid=201709129713H

스로의 생존을 도모해야만 하기 때문이다. 한때 '잘나가는 방송'이었다 동시간대 시청률 꼴찌로 전락했던 〈백종원의 3대 천왕〉이 궁여지책으로 감행한 개편의 결과가 〈백종원의 푸드트럭〉이다. 한 방송의 살아남기 위한 처절한 몸부림. 이러한 배경은 〈백종원의 푸드트럭〉을 방송을 향해 쏟아지는 많은 갈래의 욕망 중 가장 주요한 흐름을 예민하게 포착하는 방송으로 만든다. 그리고 방송과 그를 둘러싼 반응을 통해 확인할 수 있는 것은 그 흐름이 서바이벌 방송에 열광했던 지난 수년간과 그다지 달라지지 않았다는 사실이다. 결국 〈백종원의 푸드트럭〉이 보여주는 것은 공익성을 표방하는 방송의 생존 동력도 결국 기존 서바이벌 방송들과 다를 바 없는 선정주의에서 온다는 역설이다.

TV는 항상 야누스였다

윤색된 기억을 복원해보면 과거의 좋은 공익 예능이라 생각했던 방송들 또한 마냥 공인적인 면만 있었던 것은 아니다. 케이블 방송이 부흥하고 그에 따라 선정주의가 심화된 지금과 비교하면 그 당시 방송들이 좀 더 점잖기는 했지만 시청자들의, 시대의 이면에 숨겨진 음습한 욕망에 부응하는 방식으로 살아남았다는 점은 마찬가지다. 가령, 〈신동엽의 러브하우스〉는 사람들에게 더 큰 가난과 불우함의 이미지를 보여줌으로써 주어진 현실에 안도하도록 만들었고, 〈신동엽의 신장개업〉 또한 실패를 철저히 개인화함으로써 구조적 문제를 지워버리고 성공 신화의 거푸집을 그려냈다는 점에서는 〈백종원의 푸드트럭〉과 다르지 않았다. 우리가 잊고 있었을 뿐, TV는 항상 두 얼굴의 야누스였다.

가작

빈 '술집'이 요란하다

tvN 예능 〈인생술집 시즌 1〉

남성곤

'술'은 사람을 더욱 솔직하게 만든다. 그 때문에 술기운을 빌려 나누는 대화는 그렇지 않은 경우보다 말하는 이와 듣는 이를 짧은 시간 안에 가까워지게 한다. 이러한 이유로 현대인에게 "술 한 잔 하자"는 말은 단지 '알코올을 섭취하자'는 것이 아니라 '관계의 발전'이라는 의미를 내포하고 있다. 술과 사람이 만나 만들어지는 친밀한 공기. 이를 이용해 '사람 냄새'가 나는 색다른 토크쇼를 만들어보고자 했던 프로그램이 바로 tvN의 〈인생술집〉이다.

이들은 〈무릎팍도사〉, 〈라디오스타〉와 같이 게스트가 MC의 공격적인 질문에 '해명'해야 하는 기존 토크쇼의 포맷에서 벗어나, '술'을 매개로 서로에게 취하는 과정 속에서 생기는 진솔하고 편안한 대화를 여느 토크쇼들과는 다른 차별점으로 내걸었다. 방송 스튜디오를 놔두고 굳이 주차도 원활하지 않은 연남동에 들어가 실제 술집 같은 세트장을 만든 노력을 보인 것도 바로 이러한 이유였다.

이렇게 실제 술을 놓고 진솔한 토크를 나눈다는 〈인생술집〉은 파격적인 설정으로 많은 이들의 관심을 받았다. 그러나 기대와는 다르게 그들의 영업 기간은 겨우 다섯 달이었다. 예상 밖의 이른 폐점. 그러나 이 결과가 마냥 놀랍지만은 않다.

'공적'인 목적으로 만들어진 '사적'인 자리

술은 확실히 사람을 솔직하게 만든다. 그 때문에 누군가는 술자리를 빌려 이성에게 고백하기도 하고, 누군가는 평소 쌓아왔던 불만을 토로하기 위해서 술을 마시자고 한다. 이렇듯 '술기운'을 빌려 하는 이야기에는 맨정신엔 말할 수 없는 본심이 포함되어 있다. 그 때문에 술집에서 술잔을 기울이며 나누는 대화는 카페에서 커피를 마시며 나누는 대화와 다를 수밖에 없다. 그래서 〈인생술집〉은 지금까지 내놓지 못한 진한 색다름을 위해 '커피'가 아닌 '술'이라는 소재를 택했고, 수많은 주류와 안주들이 가득한 감성적인 술집에서 손님을 맞이했다. 그럼에도 불구하고 〈인생술집〉을 찾아온 손님들은 자신의 고민을 마냥 다 내려놓을 수 없었으니, 시작부터 끝까지 자신만을 뚫어져라 쳐다보고 있는 '카메라'가 바로 그 이유다.

주로 술자리에서 오가는 대화들은 자신의 연애 상담부터 불평이든 칭찬이든 남과 관련된 이야기까지 상당히 비밀스러운 이야깃거리들로 이루어진다. 그것도 이성보다는 감정이 앞선 상태로 무질서하게 말이다. 게다가 이러한 대화는 굉장히 사적이어서 사람들에게 알려지면 꽤 곤란을 겪을 수도 있다. 그런데 일반인도 아닌 연예인의 지극히 개인적인 이야기가 여차하면 '토크쇼'라는 명목 아래 전파를 타고 온 국민에게 퍼질 수 있는 상황에서, 게스트와 세 명의 MC들은 정말로 진솔한 대화를 나눌 수 있을까?

만약에 〈인생술집〉에 출연한 한 명의 게스트가 정말로 솔직하게 방송에서는 말할 수 없던 고민을 모두 털어냈다고 하자. 자신은 A라는 사람을 좋아하고, B라는 상사를 매우 싫어하며, 자신이 하고 있는 직업을 선택한 것에 대해 너무나도 후회한다며 말이다. 이 과정에서 게스트도 자신의 고민을 다 털어내어 후련하다고 하면 그 편은 〈인생술집〉의 제작 의도와 딱 맞는 회차가 될 것이다. 그러나 모순적이게도 그날 찍은 테이프들은 다 버려질 것이며 한 컷도 시청자들에게 닿지 못할 것이다. 그것은 '방송'으로서의 가치는 상실했기 때문이다. 그래서 그런 걸까. 실제 방송에서도 촬영 현장에서의 사적인 이야기들은 편집하고 공개할 수 있는 장면들만 내보내다 보니 토크의 흐름이 계속해서 뚝뚝 끊기는 느낌을 적잖이 받았다.

결국 '공적'인 목적으로 만들어진 '사적'인 자리는 모순이 있을 수밖에 없으며 애당초 카메라를 앞둔 진솔한 술자리 인생 토크는 정돈된 드라마에서나 가능한 이야기다. 그리하여 〈인생술집〉은 그저 겉모습만 편안할 뿐 결국 '알맹이'는 여느 토크쇼에서도 들을 수 있는 공개된 이야기나 누구나 공감할 수 있는 과거의 짠한 이야기들로만 이루어져 있었다. 그 때문에 지금까지와는 다른 신선함을 기대하며 다가온 시청자들은 술에 물을 탄 듯한 애매한 느낌에 인상을 찌푸릴 수밖에 없었을 것이다.

인생 '없는' 인생술집

〈인생술집〉은 배우 이다해 편부터 기존 '15세 이상 관람가'에서 '청소년 관람불가'로 콘텐츠의 연령 제한을 높였다. 이에 대해 한 방송관계자는 "〈인생술집〉이 유일무이한 '19금 토크쇼'로 거듭날 예정"이라며 "술이 더해진 진솔한 취중진담으로 시청자들을 찾는다"고 전했다. 술과 토크가 결합된 신개념 토크쇼로써 이 프로그램의 기획 의도에 부합하는 스타들의 더욱 진한 이야기를 끌어낼 계획으로 말이다. 맞다. 확실히 '술'과 '19금 방송'은 방송 패널들이 보다 더 자유로운 토크를 하도록 이끄는 효과적인 도구로 작용할 수 있다. 그러나 그들은 주어진 뒤집개에만 빠져버려 정작 맛있게 완성해야 할 요리는 그대로 태워버렸다.

그렇게 기존의 '술자리 토크'가 '청소년 관람불가'와 만나게 되면서 〈인생술집〉의 핵심으로 위치했던 '사람'은 자리를 뺏겨버렸다. '술보다 사람에 취합니다'에서 '술과 19금 방송에 취합니다'라고 말이다. 그 때문에 어느 순간부터 〈인생술집〉에는 게스트와 크게 관련 없는 성적인 농담과 질문이 굳이 매회마다 꾸준하게 등장했다. 중요한건 그 성적인 내용들을 '웃음 포인트'로 내보냈는데 정작 필자에게는 '불편한 포인트'로 다가왔다는 것이다. 내가 알고 싶은 것은 게스트의 인생이지 게스트가 누구와 어떤 스킨십을 나누었는지가 아니다. 특히나 '남성'들로만 가득한 술자리에서 지극히 그들끼리만 재미있는 성적인 내용들은 철저히 '여성'을 '배제'시켰다. 이는 그 모습을 지켜보는 여성 시청자들로 하여금 소외감뿐 아니라 불쾌감까지 느끼게 하는 데 충분했다.

또한 이들의 주객이 전도된 모습은 배우 김남길 편부터 바뀐 포맷을 통해서도 확인할 수 있었다. 기존의 〈인생술집〉은 안주 걱정이 전혀 없었다. 기본적으로 제작진 차원에서 게스트에 맞춘 안주를 미리 준비해두었으며 손님이 개인적으로 준비해온 음식도 자유롭게 먹을 수 있었기 때문이다. 그러나 이들은 나중에 안주까지 걸고 자극적인 이야기를 만들고자 했다. 바로 안주는 철저히 제작진의 몫이며 '토크 주제에 따라 그에 맞는 안주를 제공'하겠다며 말이다. 예를 들어 '동료들과의 우정', '인생 고충' 등 다소 진지한 주제에는 후추, 소금과 같이 말도 안 되는 안주를 제공함에 비해 '이성 관계', '19금' 등 토크 내용이 자극적으로 변할 때에는 다른 의미로 말도 안 되는 안주를 내세웠다. 마지막 손님인 가수 걸스데이는 이러한 포맷 변화를 보고 불평을 했지만 MC들은 장난스럽게 "난 너희들의 고충을 그다지 듣고 싶지 않아"라며 처음 취지와는 다른 태도를 보였다.

평소 친하게 지내고 싶었던 친구가 주인공이래서 참석한 술자리에 막상 그 친구는 없고 궁금하지 않은 사람이 온갖 스포트라이트를 받고 있는 모습을 상상해보자. 이 얼마나 허무하고 지루한가. 도착하자마자 집에 가고 싶은 심정일 것 같다. 실제로 〈인생술집〉에 채널을 맞춘 시청자가 딱 이러한 처지였다. 왜 내가 이 방송을 통해 알아가는 것은 스타의 진솔한 인생이 아니라 오히려 모르고 싶었던 그(녀)의 이성 관계나 꿈에서 만난 여자(남자) 연예인인가. 그럼에도 시청자들은 '보다 보면 괜찮겠지'라는 마음으로 강력한 한 방을 기대해보지만 그냥 그렇게 지나간 한 시간에 당황할 수밖에 없다.

반갑지 않은 홍일점

〈인생술집〉에는 항상 같은 자리에서 손님을 반갑게 맞이해주는 사람들이 있었다. 이들은 프로그램의 고정 패널로서 사장이라고 해도 무방한

'세 명의 MC들'(신동엽, 탁재훈, 김준현)과 후에 젊은 아르바이트생으로 투입된 '에릭남'으로 구성되어 있다. 우리는 이 조합을 보며 하나의 공통점을 발견할 수 있는데, 바로 모두가 '남성'이라는 점이다. 그러나 이른바 '남탕'이라고도 말할 수 있는 그곳에 꽤 많은 여자 게스트들이 자신의 인생 이야기를 나누고자 연남동 작은 술집 문을 두드렸다(총 19회 중 9회).

'같은 고민이어도 여성은 공감부터 해주고, 남성은 문제의 해결책부터 찾는다'라는 말은 많은 이들의 공감을 얻으며 널리 퍼져 있다. 그만큼 남녀는 선천적으로나 후천적으로나 확실한 차이를 보인다. 그렇기 때문에 그들은 각자 상이한 방식으로 이야기를 듣고 공감을 하며 서로 다른 위로를 건넬 수밖에 없다. 그리하여 사람들은 고민이 생길 때(각자 상황과 성격에 따라 다를 수 있겠지만) 대부분 '동성' 친구를 먼저 찾는다. 분명히 같은 성별의 입장에서 오는 적절한 이해와 공감이 있기 때문이다. 게다가 술자리라면 더더욱 말이다.

그런데 남성들로만 이루어진 술자리에서 한 여성의 인생 이야기를 나눠보겠다고? 여배우(가수)로서의 고충, 여자의 우정, 여자의 사랑…… 단 한 번도 여성의 생을 살아본 적 없는 그들이 그녀의 삶에 어떤 공감과 충고를 던질 수 있을까. 이러한 한계점은 성별을 바꿔도 마찬가지다. 만약 〈인생술집〉의 고정 출연자인 세 명의 MC와 아르바이트생이 모두 여성으로만 이루어졌다면, 이곳을 찾은 남자 게스트는 인생 이야기는커녕 청일점에 위치한 그 자리가 불편해서 어쩔 줄 몰랐을 것이다.

이러한 이유로 연애사를 제외한 그녀들의 이야기를 듣는 〈인생술집〉의 남성들은 토크 내내 입으로는 "그랬구나"라고 말하면서 표정에는 느낌표 대신 물음표가 띄워져 있었다. 이 때문에 여성이 게스트였던 편은 그렇지 않았을 때보다 훨씬 더 '기승전연애'와 같은 형식으로 진행될 수밖에 없었다. 그래야만 그나마 그들이 조언의 형태로 입을 열 수 있기 때문이다.

빈 '술집'이 요란하다

〈인생술집〉은 배우 조진웅을 첫 손님으로 내세우며 왁자지껄하게 문을 열었다. 그들의 후끈 달아올라 보이는 분위기에 시청자라는 이름을 가진 손님들도 기대에 차서 자리를 같이해봤지만, 아쉽게도 그 안은 나 자신도 실제 술에 취해 있어야만 웃을 수 있는 '빈 대화'들로 가득 차 있었다. 기본적으로 술자리는 상품화되기 힘들다. 실제 술자리에서 나누는 대화들은 전체적으로 굉장히 자유롭기 때문에 한 주제로 이야기가 흐르기보다 여러 개의 단절된 내용들로 뒤죽박죽 섞여 있기 때문이다. 이러한 이유로 어쩔 땐 내가 직접 참여하는 술자리도 지루하게 느껴지는데, 나와 상관없는 이들의 소위 '아무말 대잔치'라고 하는 술자리를 어느 누가 돈을 주면서 보고 싶을까. 그렇게 하나둘씩 떠나버리는 손님을 〈인생술집〉은 여러 가지로 잡아보려 노력했지만 결국 1호점은 달콤했던 시작과는 달리 소주보다 씁쓸한 마음으로 가게 셔터를 내릴 수밖에 없었다.

그렇게 임대를 내놓은 〈인생술집〉이 한 달여 만에 2호점으로 재오픈했다. 간판 로고부터 인원 구성, 장소까지 많은 것들이 달라졌다. 신동엽과 김준현은 계속 함께하지만 탁재훈과 에릭남은 떠났고 그 자리에 김희철, 걸스데이의 유라, 김루트가 새로이 가세했다. 또한 좁고 낡았지만 사람 정취가 물씬 풍기는 연남동 골목과 작별하고 마포의 대로변 신축 건물 1층으로 확장 이전했다. 물론, 장사가 잘 돼서 권리금을 받고 확장한 것은 아니고, 이 아이템에 믿음을 갖고 한 번 더 과감한 투자를 감행한 셈이다. 그러나 이런 만반의 준비에도 불구하고 여전히 반응은 시큰둥하다. 재정비를 했다는데 오히려 〈해피투게더〉나 〈라디오스타〉 같은 기존 스튜디오 토크쇼에 훨씬 더 가까워졌다는 것이다. 왜 하드웨어는 그럴싸하게 바꿨으면서 정작 제일 중요한 소프트웨어는 계속해서 다운그레이드(downgrade)시키는가.

이런 상황에서 그들은 진짜 술을 놓고 진짜 술집에서 촬영하지만 토크가 일목요연하게 정리되는 와중에 재미와 공감까지 놓치지 않을 〈인생술집〉만의 매력을 빠른 시일 내에 찾아야 한다. 그러지 못한다면 결국 2호점도 큰 수익을 남기기가 어려울 것이다.

가작

방송은 '프로예민러'가 되어야 한다

예능 방송을 통해 살펴본 여성의 현주소

이지은

1. 서론

'프로예민러', 우리 사회에서 지나치게 예민한 사람들을 일컫는 신조어다. 웃고 넘기면 될 이야기에 대해 예민하게 반응한다는 단어의 이미지 때문에 '프로예민러'라는 단어에 대한 사람들의 인식은 부정적이다. 문제는 사람들이 올바른 것을 말하는 사람들에게까지 '프로예민러'라 부르기 시작했다는 것이다. 그러한 사람들은 이렇게 말한다. "왜 그렇게 예민하게 반응해? 그냥 웃자고 한 소리잖아."

TV 방송이 이전에 비해 사회적·문화적 영향력이 적어졌다고는 하나, 콘텐츠라는 측면에서 사람들에게 많은 영향을 끼치는 것은 사실이다. 방송 프로그램을 비판적으로 수용하는 시청자도 존재하지만, 모든 시청자가 비판적이고 논리적이지는 않으며, 때로는 프로그램을 수동적으로 소비하는 경우도 있다. TV 방송 프로그램이 항상 선생님이 되어 올바른 것이 무엇이고, 잘못된 인식이 무엇인가에 대해 교육할 수는 없다. 다만, 방송 프로그램이 사회의 올바른 인식에 대한 길잡이는 될 수 있다. 따라서 TV 방송 프로그램을 제작하는 제작자는 예민해야 한다. 그들은 '프로예민러'가 되어야 한다. 그렇다면 현재 방송 프로그램은 '프로예민러들'이 만들어냈다고 할 수 있을까?

예전 TV 프로그램에서는 문제가 되지 않을 부분들이 지금에 와서 시청자들에게 많은 지적을 받고 있다. 대표적인 예가 시트콤 〈거침없이 하이킥〉이다. 예전 시청자는 그저 재밌는 프로그램으로 인식하며 시청했다면, 이제는 시트콤 설정에 대한 비판적 인식이 등장하게 되었다. '왜 이순재는 나문희에게 호통을 치는가', '왜 여자만 집안일을 하고 있는가' 등 방송에서 불편한 점을 찾아낼 정도로 시청자는 진화하였다. 이것은 '남녀 불평등', '외모 지상주의'와 같은 문제가 사회적으로 대두되어 시청자도 이에 맞추어 변화했기 때문이다. 그런데 제작진은 시청자의 진화를 따라가지 못하고 있다.

제작진 입장에서는 '누군가에게는 불편할지라도 대다수의 시청자가 즐겁게 보는데 무엇이 문제인가'라고 주장할지도 모른다. 물론, 모든 시청자가 비판적인 것은 아니다.

어쩌면 대다수의 시청자는 재미있게 시청하고 넘겼을지도 모른다. 하지만 불편함이 논리적이고, 정당하다면, 사회적으로 영향력을 줄 수 있는 방송 프로그램은 이를 지양하는 것을 추구해야 한다

방송 프로그램은 트렌드에 민감하다. 누군가 대세로 떠오르면 시청률을 확보하기 위해 그를 섭외하려고 노력하고, '먹방'이 트렌드가 되면 음식과 관련된 콘텐츠를 끊임없이 제작한다. 그런데 이렇게 트렌드에 민감한 방송은 사회적이고 무거운 이슈에 대해서는 민감하지 않은

모습을 보이고 있다. 특히, 본 글에서 다룰 문제는 여성과 관련된 것이다. 현재 전 세계적으로 '페미니즘' 열풍이 불고 있다. 페미니즘은 남성과 여성은 평등하다는 것을 주장한다. 방송은 페미니즘에 대해 거부한다. 그 이유는 페미니즘은 여성이 우월하다고 주장한다는 잘못된 인식이 팽배한데, 이를 건드렸다가는 시청자를 잃을 수 있기 때문이다. 하지만 방송은 정도에 차이는 있지만 공적 책임을 져야 하며, 올바른 인식을 추구해야 한다. 지금부터 2016년 9월부터 2017년 8월까지 방송 프로그램 중 예능 프로그램(개그 프로그램 포함)에서 문제가 된 부분을 집어보며 방송 프로그램이 지향해야 하는 길을 제시해보려고 한다. 예능 프로그램(개그 프로그램) 으로 대상을 축소시킨 이유는 방송 장르가 지나치게 많아서 모두 다룰 수 없다는 것과, 예능 방송 프로그램이 여성을 방송에서 어떻게 그려내고 있는지 설명하기에 적합하기 때문이다.

2. 본론

1) 여성의 역할

우리는 예능 프로그램에서 여성의 역할에 대한 고정관념을 빈번하게 접할 수 있다.

이전에는 여성은 집안일, 남성은 바깥일을 하는 것이 당연시되던 시기가 있었다. 이러한 습관이 굳어져서 우리는 무엇이 여성의 역할인지, 무엇이 남성의 역할인지 규정하게 되었다. 현재는 '페미니즘'이 등장하면서 사람들의 인식이 조금씩 변화하고 있지만 여전히 여성의 역할에 대한 잘못된 인식은 팽배하다. 이러한 잘못된 인식을 강화하고 있는 것이 예능 프로그램이다. 아래의 두 가지 예시를 통해 예능 프로그램이 여성의 역할을 어떻게 인식하고 있는지 설명하려고 한다.

(가) SBS의 〈미운 우리 새끼〉 50회(2017.8.20)

(나) JTBC의 〈한끼줍쇼〉 38회(2017.7.5)

(가)에서 문제가 된 것은 '자막'이었다. 그날, 출연자 '김건모'가 엄마의 집을 몰래 방문하면서 그녀의 집이 여기저기 공개되었다. 그러던 중 주방이 등장했는데, "여자들의 자존심 주방을 가 봐도……'라는 자막이 나왔다. 왜, 언제부터 여자들의 자존심이 주방이 되었는가? 이러한 자막을 내보낸 것은 방송 제작진에게 '여성들이 주방에서 일을 하니까 깨끗한 부엌이 여성들의 자존심이 될 것이다'라는 인식이 있었기 때문이다. 여성과 부엌을 연관 짓는 시대를 벗어나려는 흐름과는 달리 방송은 계속해서 여성과 부엌을 하나로 묶어내고 있다. 결국, 자막과 같은 사소한 것으로 인해 사람들은 그대로 받아들이게 되고, 이러한 문제에 대해 둔해지게 되는 것이다. 방송 제작진 중 누군가가 조금만 더 예민했더라면, 굳이 저러한 표현을 가져다 쓰지 않고, 불편하지 않은 다른 표현을 사용했을 것이다.

〈한끼줍쇼〉의 경우, 유사한 유형의 문제를 계속해서 보이고 있는데, (나)는 문제가 드러나는 에피소드 중 하나를 선정한 것이다. 그 당시에 출연한 게스트는 개그맨 '박나래'와 '장도연'이었다. MC인 강호동과 박나래가 한 팀이 되어 한 끼를 얻어먹기 위해한 가정집을 찾아갔다. 방송에서 어머니는 내내 주방에 있고, 박나래만이 어머니를 도와 밥을 차렸다. 아버지와 강호동은 식탁에 앉아 대화를 나누었다. 누군가는 방송을 진행해야 했으니, 게스트가 집주인을 돕는 것이 당연하다고 생각할 수도 있다. 그런데 〈한끼줍쇼〉의 MC들은 돕겠다는 이야기를 거의 하지 않으며, 자신이 가만히 있는 것을 너무나 당연하게 여긴다는 것에는 문제가 있다. MC뿐만 아니라 이 방송에 출연하는 일반인들의 모습도 문제다. 물론, 어머니·아버지 세대에는 여성이 집안일을 하는 것이 당연하게 여겨졌던 시대였을 것이다. 그렇기 때문에, 그분들에게는 그 모습이 자연스러운 것이며, 무엇이 문제인지 모를 수도 있다. 하지만 이러한 장면을 계속 보여주는 프로그램이 과연 바람직하다고 할 수 있을까? 몇몇 시청자도 이 문제를 계속해서 지적해올 정도인데, 어떠한 조치도 취해지지 않고 있다. 제작진이 방송을 이상적으로 보이게 하기 위해 억지로 조작하여 '남녀 모두 부엌에서 일한다'를 과시적으로 보여줄 수는 없다. 〈한끼줍쇼〉는 프로그램 특성상 리얼리티 프로그램으로, 정해진 집이 아닌 아무 가정집을 찾아가는 것이기 때문이다. 이 점은 〈한끼줍쇼〉가 가지고 있는 근본적인 한계지만, 여성과 남성의 역할이, 심지어 MC와 게스트를 포함해서 뚜렷하게 분리되어 있는 점이 문제임을 인식하고 해결하려는 노력의 자세는 보여야 할 필요가 있다.

두 예시에서 나타난 공통된 문제는 여성을 가사와 분리시켜서 생각하지 못했다는 점이다. 여성이 부엌에 있는 것이 너무나 익숙하여 남성이 가사를 할 수도 있다는 것을 염두에 두지 않은 것이다. (가)의 경우 자막이기 때문에 사람들이 크게 영향을 받지 않을 수도 있지만, (나)는 상황이 다르다. (나)는 영상 이미지이기 때문에, 사람들에게 끼치는 영향이 (가)보다 더 크다. 그럼에도 〈한끼줍쇼〉가 아무런 조치 없이 매주 방영되고 있는 것은 제작진이 문제에 대해 민감하게 받아들이지 않는다는 것을 보여줌과 동시에, 대다수의 시청자가 프로그램에 문제가 있든 문제가 없든 크게 신경쓰지 않는다는 점을 보여주고 있는 것이다. 이러한 상황은 방송 제작진이 더더욱 책임을 가지고 방송을 제작해야 한다는 것을 보여주고 있다.

2) 여성의 외모와 몸매

방송에서 우리는 종종 '예쁘다'는 표현을 많이 접할 수 있다. 또한, 남성 출연자만 있는 프로그램에서 아름다운 여성 게스트가 등장하면, 환호하고 좋아하기도 한다. 반면, 개그우먼이 게스트로 등장하면, 출연자들은 실망한다. 이렇듯, 방송에서 일명 '못생긴' 여성과 '예쁜 여성'을 대하는 방식이 확연히 다르다는 것을 볼 수 있다. 아름다운 여성은 '꽃'이라고 칭하며 우대해주고 박수 쳐주지만, 그렇지 못한 여성은 희화화된다. 외모와 더불어 여성의 몸매도 평가의 대상에 속한다. 다른 사람들이 S라인의 여성 연예인을 부러워하도록 그려지고, 뚱뚱한 사람은 반드시 많이 먹는 것처럼 묘사된다. 특히, 예능 프로그램은 날씬하고 볼륨 있는 몸매를 가진 여성을 눈요기의 대상으로 전락시키고 있다. 아래의 두 가지의 예를 통해 방송에서 여성의 외모와 몸매를 구체적으로 어떻게 다루고 있는지 살펴보겠다.

(가) KBS의 〈개그콘서트〉

(나) tvN의 〈SNL 코리아 시즌 8〉(2016.9.3)

(가)의 코너 중 '아무말 대잔치'에서는 개그우먼 오나미가 자신을 '미녀 개그우먼'이라고 말하는 동시에 커튼이 올라간다(2017.4.2). 또 다른 코너 '세.젤.예'에서 개그맨 유민상은 몸집이 큰 이수지를 보고 운동선수냐고 묻는다(2017.3.19). 오나미는 사람들에게 우리나라 못생긴 개그우먼 중 하나로 인식되고 있다. 그래서 지금까지 오나미는 항상 외모

적으로 웃음을 주는 캐릭터를 밀고 나갔다. 이수지 역시 뚱뚱한 몸매와 함께 연상될 수 있는 캐릭터를 주로 맡아왔다. 만약 오나미나 이수지가 이성들로부터 인기가 많은 캐릭터를 연기한다면, 시청자들은 현실적이지 않다며 웃지 않을 것이다. 결국 사회가 여성의 외모와 몸매를 평가함으로써, 그들은 자신의 고정화된 캐릭터를 크게 벗어날 수 없게 되었다.

〈SNL〉에서는 주로 여성의 몸매를 남성들의 관음적 대상으로 하는 설정을 사용해왔다. (나)는 영화 〈터널〉을 패러디한 것이다. 주인공 신동엽과 게스트 민아(걸스데이 멤버)가 터널 속에 갇혔는데, 민아의 하체가 큰 바위에 깔려서 못 나가고 있었다. 그런데 그녀가 핫팬츠를 입은 사실을 알게 되자, 신동엽이 괴력을 발휘해서 돌을 들어 올리고 탈출하게 된다. 민아의 몸매를 보겠다는 집념을 개그로 승화한 것이다. 이것은 현실에서 '시선강간'이라 불린다. 그럼에도 이러한 설정을 했다는 것은 방송을 제작하면서 이것이 범죄라는 인식이 없었기 때문이다. 이 외에도 여성의 가슴을 일부러 노출시키거나, 남성에게 밀착하여 섹시댄스를 추는 등의 설정은 여성을 눈요기로 전락시키는 것에 불과하다.

외모와 몸매가 개그의 소재가 되는 것이 옳은 것일까? 사회는 외모 지상주의를 지양하려고 하는데, 방송에서는 외모 지상주의를 이용해 콘텐츠를 제작하고 있다. 위의 예시 이외에도 여성의 외모와 몸매를 대상화하는 예능 프로그램은 흔하게 찾아볼 수 있다. 방송을 통해 사람들은 여성의 S라인을 이상적인 몸매라고 생각하게 되며, 여성들은 반드시 그러한 몸매를 추구해야 하고, 따라서 여성에게 다이어트를 하도록 강요하고 있는 것이다. 사회는 자신의 모습을 사랑하라고 가르치면서, 현실은 여성의 외모와 몸매에 관해 '부탁하지도 않은' 평가를 내리고 있다. 못생긴 외모나 뚱뚱한 몸매로 웃기는 장면이 있을 때, 만약 한 여성이 자신을 못생겼다고 생각하거나 뚱뚱하다고 생각하고 있다면 결코 웃을 수 없을 것이다. 오히려 그녀는 그 장면에 대해 불편함을 느끼고 불쾌해질 것이다. 과연 방송 제작진은 이러한 여성들 입장에서 한 번이라도 생각해보았을까? 만약 한 번이라도 그들을 고려했다면, 이러한 방송은 만들 수 없었을 것이다.

3. 결론 및 제언

방송에서 여성을 바라보는 시각에 문제가 많다고 해서 남성을 바라보는 시각에 아무런 문제가 없는 것은 아니다. 예를 들어, 남성의 무뚝뚝함을 '상남자'로 표현한다거나, 당연히 자신이 해야 할 청소를 열심히 하는 남자 연예인은 대단한 것처럼 표현되기도 한다. 하지만 남성의 경우, 대부분 긍정적이고 주체적으로 그려진다. 반면, 여성은 여전히 수동적이고 조신한 성향으로 묘사된다. 현실에서는 여성에 대한 차별을 없애기 위해 노력하는데, 방송은 오히려 여성에 대한 차별을 견고히 하고 있는 것이다.

혹자는 방송이, 특히 예능이 무거운 사회적 책임을 질 필요가 있는가에 의문을 가질 수도 있다. 예능 자체가 단순히 웃고 즐기려고 만든 프로그램이며, 모든 것을 지적하면 예능 프로그램을 제작할 수 없다고 주장하는 사람들도 있다. 하지만 tvN의 〈꽃보다 할배〉나 〈윤식당〉의 경우, 작정하고 웃기지 않는 프로그램임에도 많은 사람들이 시청하였다. 여성을 대상화하지 않고도 충분히 예능 프로그램을 제작할 수 있다.

방송 프로그램은 사회적 인식, 문화, 정치, 경제 등 모든 것의 집합체를 포함하고 있다. 그렇기 때문에 방송은 사람들의 인식을 바람직한 방향으로 이끌 수도 있고, 잘못된 방향으로 유도할 수도 있다. 이는 장르와는 무관하며, 예능의 목적이 '재미'라 해도, 잘못된 인식이 방송에 내포되어 있다면 바로잡아야 한다. 방송 프로그램은 바람직한 인식을 추구해야 한다는 사회적 책임에서 결코 자유로울 수 없다.

문제가 되는 모든 것을 지적하자는 이야기를 하고 있는 것이 아니다. 방송 제작자 입장에서 모든 것을 제한하면 웃음을 추구하기 점점 어려워질 것이고, 시청률이 나오지 않으면 방송 콘텐츠를 제작하기 어려운 환경에 처할 것이다. 다만, 방송 프로그램이 사람들에게 큰 영향력을 준다는 것을 잊어서는 안 된다. 결국, 이러한 문제를 해결하기 위해서는 단 한 가지의 방법밖에 없다. 방송 제작진이 예민하고 민감해져야 한다. 제작진이 불쾌한 시청자가 생길 수 있을지에 관해 꼼꼼히 따져봐야 한다. 아직까지 사람들은 단순히 웃긴 프로그램을 선호할 것이다. 페미니즘 인식은 지금 막 등장한 것이기 때문이다. 하지만 이 인식을 빨리 받아들이고 올바른 방송 콘텐츠를 만들려고 노력하는 '프로예민러' 제작진만이 미래의 방송 트렌드를 이끌어나가는 선도자가 될 것이다.

가작

한 끼 주면, 한 끼 갚나요? 마냥 따뜻하게만 볼 수 없는 나그네의 방문

JTBC 〈한끼줍쇼〉

이나현

술 익는 마을마다
타는 저녁 놀
구름에 달 가듯이
가는 나그네
(박목월의 시 「나그네」 중에서)

해방 이후 암흑시대를 살았던 서정시인 박목월은 자신의 시에서 따뜻한 세상을 꿈 꿨다. 그의 옛 선조들은 나그네를 집에 들여 정성껏 밥 한 끼 내어주는 넉넉함을 당연한 예의로 여겼다. 음식이 잘되면 이웃에게 나눠주기도 했고, 저녁 밥상 앞에는 늘 가족 손님 할 것 없이 소중한 사람들이 둘러앉아 서로의 삶을 이야기했다. 예로부터 한국인들에게 음식문화는 삶의 주요한 부분이자 정을 확인하는 방법이었다. 그러나 세상이 각박해지면서 이제는 모두 옛날얘기가 되었다. '혼밥'이 유행하고 회식은 기피 대상이다. 소중한 이와의 식사는 여전히 중요하지만 소중한 이를 품을 나의 여유는 확실히 줄었다. 이런 풍조 속에서 강호동과 이경규가 현대판 나그네로 타인의 저녁 밥상 앞에서 '식구(食口)'가 되려 한다. 바로 JTBC의 〈한끼줍쇼〉이다.

우리는 식큐멘터리입니다

두 MC는 회마다 달리 초대되는 게스트와 함께 그날 선정된 동네를 돌아다니며 '식구'가 되어줄 집을 물색한다. 미리 정한 집과 길은 없다. 출연진의 발길 닿는 대로 카메라가 뒤쫓는다. 자연스레 예능 〈한끼줍쇼〉에 실제의 시간과 공간이 누적되며 다큐멘터리적 요소가 가미된다. 전지적 작가 시점에서 흘러나오는 차분한 성우 내레이션은 휴먼 다큐의 느낌을 더욱 극대화한다. 물론 장르 간 중첩이 아예 새로운 것은 아니다. SBS 〈정글의 법칙〉이나 MBC 〈아빠! 어디가?〉는 예능에 다큐를 접목했고, 이를 통해 출연진의 인간적인 면모를 부각시키며 흥행했다.[1] 〈한끼줍쇼〉와 동일한 성우가 내레이션을 맡았던 SBS 〈짝〉은 시사교양에 예능적 요소를 더한 시도로 호평을 받았다. 예능과 다큐의 결합은 억지로 웃음을 쥐어짜려는 기존 예능의 피로감을 보완해준다. 예능의 기본은 재미이지만, 작위적인 재미는 시청자들과 소통하지 못하는 억지웃음일 뿐이다. 일부 리얼 버라이어티 프로그램의 대본이 유출되어 '짜고 치는 연극'이라는 비판을 받기도 했던 사건을 통해 자연스러움에 대한 시청자

1 하경헌, "다큐 같은 예능, 예능 같은 다큐 '다큐테인먼트'가 뜬다", ≪스포츠경향≫.

의 갈증을 알 수 있다. 그리하여 〈한끼줍쇼〉는 희극인이 제공하는 훈련된 재미와 일반인이 선사하는 우연성의 감동을 모두 잡을 수 있는 예능 다큐를 선택했다. 짜인 각본이 없을 때 발생하는 돌발 상황은 보는 사람까지 긴장하게 만든다. 그 덕에 시청자들은 출연진들과 공감대를 형성할 수 있다. 예능 대부 이경규가 최대한 공손하게 집 문을 두드렸을 때 "그런데요?", "지금 무슨 소리 하시는 거예요?"와 같은 당황스러운 대답이 날아오는 장면에서 시청자들도 함께 민망함을 느낀다. 또 게스트 김희철이 대답 없는 인터폰을 보며 아쉬워하기는커녕 기쁨을 숨기지 못하고 "사람 없나봐!"를 외치는 모습도 이해할 수 있다. 베테랑 연예인들의 긴장과 두려움이 날 것 그대로 보이며 시청자들은 자연스레 감정이입을 한다. 〈한끼줍쇼〉가 자신의 정체성을, '식구가 되는 여정을 고스란히 담은 이야기', 즉 식(食)큐멘터리로 강조하는 이유이다. 그러나 이러한 즉흥성과 생생함이 시청자에게 공감과 따뜻함만을 안겨준 것은 아니다.

서울시 낙원구 행복동의 가격

프로그램의 핵심은 가족들과 한 끼 식사를 하는 것이지만, 또 다른 재미는 그날의 동네를 구경하는 것이다. 자연스러움을 추구하다 보니 동네 노출은 피할 수 없다. 실제로 명물거리를 소개하거나, 주민과의 대화를 통해 그 동네를 알아가는 데에 방송의 절반 정도를 할애한다. 그러나 이 과정이 순수하게 하나의 동네를 소개하는 것은 아니다. 2017년 10월 17일까지 총 51화의 방송 중 36개 화를 차지한 지역은 서울이다. 그런데 흥미롭게도 같은 서울 내에서도 상대적으로 부촌과 서민 동네가 구분된다. 방송 초반 동네를 소개하는 VCR의 톤부터 느낌이 다르다. 부촌으로 분류되는 동네를 소개할 때는 빠른 화면 구성과 화려한 음악을 강조했다. 8화 청담동에서는 백인 대중들이 전면에 나섰던 스윙풍 음악을, 27화 한남동 편에서는 'Break Anotha'라는 화려하고 신나는 배경음악을 사용했다. 반면 14화 봉천동을 소개할 때는 마이너 음조의 비교적 무거운 배경음악을, 31화 노량진에서는 서민의 애환이 담긴 '서울의 달'을 배경음악으로 선정했다. 일견 동네의 이미지에 걸맞은 음악을 선정한 것처럼 보이지만, 실은 기존의 편견을 답습한 '이미지 재생산'으로 해석할 수 있다. EBS 〈다큐프라임〉에서 편견에 관한 실험[2]을 한 적이 있다. 부유한 동네와 가난한 동네의 배경이 한 아이의 인상에 끼치는 영향을 알아보는 실험이었다. 부유한 동네에서 찍은 아이의 사진을 본 집단은 아이가 '자기 생각을 잘 말하고' '활발하고 아이들을 리드'하며 '좋은 환경에서 자란 것 같은 느낌'을 준다고 말했다. 반면 가난한 동네에서 찍은 아이의 사진을 본 집단은 '지식이 많이 달리'고 '발달이 미숙'하며 '많이 배우지 못해서 말을 잘 못하는' 아이일 것 같다고 판단했다.

이렇듯 공간적 이미지는 짧은 시간에 사람에게 편견을 심어준다. 나아가 공간을 소비하는 사람까지 달라 보이게 한다. 이제는 〈한끼줍쇼〉의 고정 코너가 된 이경규의 부동산 방문은 이를 더욱 노골적으로 드러낸다. 동네에 대한 사전 정보를 얻기 위함이지만, "평당 3000만 원", "이 동네 주민들은 문 안 열어줄걸요" 등과 같은 부동산 주인의 대답은 동네를 바라보는 색안경을 씌워준다. 이는 동네를 소개하기보다는 오히려 동네 이미지를 형성하거나 더욱 견고히 하는 과정이다. 물론 제공되는 정보를 통해 객관적인 도움을 얻는 시청자도 분명 존재하고, 각 동네의 명물과 특징 등 차이점을 소개하는 것은 즐거움이 될 수 있

2 http://static.ebs.co.kr/images/bhp/docuprime/prev/prev_popup59.htm

다. 그러나 하루아침에 비교적 서민적인 동네 사람이 되었을 때, 그 평판을 고스란히 짊어지는 것은 누구일까.

우리 이제 식구잖아요?

동네를 둘러보고 벨 누를 집을 찜하고 나면, 그 다음은 본격적으로 식구가 될 차례이다. 망설이던 집주인이 식사를 허락해줄 것 같은 분위기가 형성되면 신이 난 강호동이 "오늘 호동이와 식구가 되어주실 거예요?" 라고 애타게 외치는 장면이 떠오른다. 그런데 식구(食口)라는 말을 가만히 살펴보자. 단순히 밥을 나눠 먹는 사이를 넘어 곧 함께 사는 가족 혹은 유사 가족을 연상시킨다. 즉, 식구가 된 출연진은 그날 하루 저녁만큼은 한집의 가족이 되는 것이다. 지난 31화에 출연진은 노량진 고시촌을 찾았다. 어느 집이든 무작정 초인종을 누르며 밥 한 끼 대접해달라는 것은 실례이나, 고시촌은 특히 그렇다. 동네 전체가 도서관인 듯, 곳곳에 조용히 해달라는 표시가 붙어 있다. 그러나 밥 동무를 찾아 고시텔 건물을 돌아다니는 그들의 노크 소리에 무겁던 적막이 깨졌다. 아무도 대답하지 않는 문 앞에서 출연진들의 숨죽인 웃음소리는 유난히 소란스럽게 들렸다. 겨우 계단을 오르던 학생 한 명을 섭외한 이경규와 김풍은 그의 방 구경을 시작했다. 그리고는 고시생을 상대로 "시급이 얼마냐", "시험에 몇 번 떨어졌냐" 하는 민감한 질문을 서슴없이 던졌다. 학생들은 "상처가 되는 질문"이라면서도 친절하게 대답해주었지만, 마치 명절날 집안 어른들이 취업이나 결혼에 대해 무심코 묻는 장면을 연상시켰다. 이는 프로그램이 생각한 '식구' 혹은 가족의 의미는 분명 아니었을 것이다. 비단 고시촌에서의 일만은 아니다. 일일 가족이 된 출연진은 밥 먹기 전 둘러앉아 집주인과 그 가족을 알아가는 시간을 가진다. 딱딱해진 분위기를 풀기 위해 단골로 나오는 질문은 부부의 연애 시절 이야기나 아버지의 직업, 아이들의 꿈이다. '이런 얘기 저런 얘기' 하며 정을 나누기 위함이지만, 누군가의 사적인 이야기를 방송한다는 것은 결국 그것을 소비하는 것이다. 굳이 방송에 공개하지 않아도 될 이야기까지 꺼내놓으며 방송 분량을 채워주고 나면 출연진이 돌아간 후의 공허함을 상상할 수 있다.

평범함이라는 틀

"평범한 가정, 국민들의 저녁 속으로 들어가 저녁 한 끼 나누며 오늘을 살아가는 우리들의 모습을 엿보고자 한다." 〈한끼줍쇼〉의 소개 글 일부이다. 평범하다는 건 무엇일까. 지금까지 방문했던 100곳 가까이의 가정 중 셰어하우스(48화), 신혼부부의 집(30화), 휴학생(18화), 대학생(14화) 등 몇 군데를 제외하면 출연진은 주로 인자한 부모님과 예의 바른 자식들, 간혹 토끼 같은 손주들도 함께 사는 집을 방문했다. 가정이라는 단어를 떠올렸을 때 그려지는 전형적인 그림이다. 그렇다면 우리가 전형적이라고 생각하는 것이 곧 평범한 것일까. 2010년 통계청에서 발표한 인구총조사에 따르면 1인 가구의 비율은 전체의 23.9%, 1세대 가구는 전체의 15.4%를 차지했다.[3] 〈한끼줍쇼〉가 방영되던 2016~2017년 무렵에는 더 늘어났을 것이다. 또 서울, 경기, 경남 지역 등을 제외하고 2015년 시도별 가장 주된 가구 유형은 1인 가구였다. 심지어 조부모 및

3 통계청, 2012, "장래가구추계: 2010년~2035년".

자녀와 함께 사는 3세대이상 가구는 2015년 전체 가구의 5.4%에 불과했다.[4] 〈한끼줍쇼〉는 서울, 그중에서도 문을 열어줄 확률이 높은 주택가를 공략했고, 결과적으로 비슷한 가족의 모습이 방송됐다. 너무 좁은 범위의 집만을 찾으며 대한민국의 평범한 가정 이라고 칭했던 것은 아닐까? 진정으로 우리 사회의 평범한 저녁을 엿보기 위해서는 전형적이지 않은, 그러나 이 사회의 큰 부분을 차지하고 있는 가구들도 고려할 필요가 있어 보인다. 가족 구성원의 역할에서도 평범함이 있다. 30화 마장동에서 강호동과 윤아 팀은 한 신혼부부의 집을 방문했다. 자연스럽게 여자와 윤아는 저녁을 준비하고 남자와 강호동은 방에 앉아 남자의 연구 분야에 대한 이야기를 나눴다. 카메라는 허둥지둥 레시피를 검색하는 여자를 귀여운 시선으로 바라보며 '아직 요리가 서툰 새댁'이라는 자막을 붙여주었다. 이처럼 아내가 임신했거나(48화), 남자 둘이 룸메이트거나(41화), 남편이 취사병이었던 경우(13화) 등 특수한 경우를 제외하고 저녁 준비는 여자 담당이다. 대신 남자는 거실에 앉아 사람들을 맞아주고 집을 소개하는 역할을 한다. 간혹 남자가 음식을 준비하는 때에는 "원래 아버님이 음식 준비를 도와주세요?"라고 질문하거나 "가정적인 남자"라며 칭찬해준다. 중년 남성인 두 MC는 "어머니, 도와드릴까요?"하며 부엌을 이리저리 돌아다니기도 하나 풍부한 요리 재료와 어머니의 요리 솜씨에 감탄하고는 이내 거실에 앉아 나머지 식구들과 토크를 시작한다. 그날 하루만큼은 가족이 두 명 더 늘지만 여전히 음식을 준비하는 일과 부족한 반찬으로 부끄러워하는 일은 한 여자의 몫이다. 이러한 가족의 역할은 이미 '평범한' 것이므로 다소 불편한 진실이더라도 자연스럽게 방송하면 되는 것일까. 여자는 주방에, 남자는 거실에 있

4 통계청, 2017, "장래가구추계 시도편: 2015년~2045년".

는 것을 따뜻한 가정의 모습으로 포장하는 것은 자칫 그것이 평범하므로 이상적인 가족이라는 메시지를 전달할 우려마저 있다.

편의점의 사회학

〈한끼줍쇼〉의 출연진들이 밥 동무 얻기를 실패했을 경우 차선책으로 향하는 곳이 편의점인 것은 의미심장하다. 편의점이 등장하기 전 동네마다 있던 구멍가게는 물 한잔 얻어먹기도 하고 동네 사람들이 들러 안부와 소식을 공유하기도 했던, 한마디로 정(情)이 있는 공간이었다.

반면 편의점은 효율과 익명, 통제를 핵심적 가치로 삼는 현대 사회를 꼭 닮은 공간이다. 재미있는 것은 편의점이라는 공간의 특수성으로 앞서 언급한 〈한끼줍쇼〉의 비판점들을 통찰할 수 있다는 점이다. "나는 지금 능숙하게 '인간'이 되어 있구나 하고 안도한다. 이 안도를 편의점이라는 장소에서 몇 번이나 되풀이했을까."[5] 〈편의점 인간〉의 주인공 후루쿠라가 매일 규칙적인 편의점에서 점원으로서 하는 말이다. 편의점에는 하나의 매뉴얼이 존재한다. 모든 구성원이 그에 따라 움직이기만 하면 '평범한' 사람으로 취급받을 수 있다. 우리가 사는 사회에도 역시 어떻게 살아야 하는지에 관한 암묵적 가이드라인이 존재한다. 한집 안에는 남편과 아내, 자식이 오순도순 사는 것이 '보통'이다. 아빠는 일을 하고 엄마는 음식을 준비하고 학생은 꿈을 꾸며 공부하는 단란한 가정, 그 평범함의 틀에서 조금 벗어나면 안심하지 못하고 끊임없이 누군가의 질문이 들어온다. "정상 세계는 대단히 강제적이라서 이물질은 조

5 무라타 사야카, 『편의점 인간』, 김석희 옮김(살림, 2016), 40쪽.

용히 삭제된다. 정통을 따르지 않는 인간은 처리된다."[6] 또한 통념과 달리 사실 편의점은 익명의 공간이 아니다. 편의점 계산기는 상품 바코드를 찍은 뒤 이른바 '객층키'를 눌러야 계산이 완료된다.[7] 객층키를 누르면 손님의 연령과 성별 등이 입력되기 때문에 그의 취향, 동선, 고향, 가족관계, 심지어는 성생활까지 통계 낼 수 있다. 편의점은 개인의 사적인 정보를 모두 흡수하는 것은 물론 그의 정체성까지 나름의 기준으로 분류한다. 〈한끼줍쇼〉가 내가 사는 동네의 이미지를 형성해주고, 일반인 출연자에게 던지는 사적인 질문에 대한 대답으로 나를 하나의 속성으로 분류해주는 것과 일맥상통하는 부분이다. 물론 〈한끼줍쇼〉가 데이터를 축적하는 것은 아니나 은근하게 사회 내 특정 이미지와 위치를 형성해주는 것은 사실이다. 이러한 사생활 개방의 측면에서 봤을 때 편의점이 통유리로 뒤덮여 있는 것도 우연은 아닐 것이다.

이 시대의 숨겨진 비밀극장

한남동에서 첫 시도 만에 한 끼 줄 집을 찾은 강호동과 민경훈은 집 안까지 들어갔지만 이내 다시 나와야 했다. 가족 구성원 중 한 명이라도 촬영을 불편해한다면 미련 없이 나와야 하는 '한 끼 규칙'에 의거한 것이다. 그만큼 일반인들에게 자신의 사적 영역과 가정사를 노출하는 일은 큰 부담으로 다가온다. 지난 35화 내곡동 방문 후 시청자 게시판은 폭주했다. 밥 동무를 거절하는 주민들의 인심이 과하게 야박하게 비춰졌

6 무라타 사야카, 『편의점 인간』, 김석희 옮김(살림출판사, 2016), 98쪽.

7 전성인, 『편의점 사회학』(민음사, 2014), 121쪽.

기 때문이다. 물론 상대방을 무안하게 할 만큼 문전 박대하는 것은 보기 불편할 수 있다. 하지만 앞서 언급한 바와 같이 다큐멘터리 콘셉트 특성상 시청자는 방송의 화자인 연예인에게 감정이입을 하기 쉽다. 그들이 고생하는 모습을 지켜봤기 때문에 집주인이 촬영을 거부하면 '좀 받아주지'라는 반감이 생길 수 있다. 촬영을 거부하는 것은 고생한 출연진에게 미안한 일이라는 생각이 스며든다. 이는 사생활 노출을 큰일이 아니라는 듯 여기도록 유도할 우려가 있다. 다시 말해, 사생활 감시를 자연스레 받아들이도록 하는 것이다. 닉 콜드리는 오늘날 미디어가 신자유주의의 비밀극장을 담당한다고 말한다.[8] 신자유주의에 걸맞은 사고를 미디어에 녹여내 은밀하게 사람들의 생각을 좌우한다는 것이다. 〈한끼줍쇼〉와 같이 일반인의 사생활을 바탕으로 하는 프로그램에서 비밀극장은 더욱 견고하게 작동한다. 시청자가 일반인의 비춰지는 모습과 스스로의 삶을 비교하기 쉽기 때문이다. 앞서 지적했던 동네에 대한 이미지 형성, 가족 구성원의 역할 공고화, 쉽게 사적인 질문을 던지는 행위 등을 방송에 자연스럽게 보여주면서 방송은 비밀극장으로 작동한다. 누군가는 시민 참여가 자발성에 기초한 것이므로 문제되지 않는다고 반박할 수도 있다. 그러나 앞서 언급한 것처럼 〈한끼줍쇼〉는 촬영을 거부하는 사람들을 안 좋은 시선으로 바라볼 수 있는 여지를 열어둔다. 그리고 출연진들은 문 앞에 서서 숟가락을 들고 금방이라도 들어갈 것처럼 서 있다. 과연 촬영에 동의한 것이 완벽하게 시민의 자발적 참여라고 할 수 있을까? 오히려 자발성이라는 이름하에 개인의 사적 영역 노출을 정당화하는 과정일 수 있다. 또 원치 않았지만 길거리에서 노출된 사람들의 명예는 누구도 책임져주지 않는다.

8 이희은, 「관찰 혹은 자발적 감시」, ≪한국방송학보≫, 28-2호(2014년), 211~248쪽.

내, 이 은혜는 잊지 않겠소

수많은 리얼리티 방송이 정당한 대가를 지불하지 않고 일반인의 정보를 수집하고 사생활을 이용하지만, 대부분 거기서 그친다. 개인의 고민을 엮어 문제의식은 던지지만 그 이상의 행동은 하지 않는 것이다. 〈한끼줍쇼〉보다 더 적나라하게 현실을 비춰주는 프로그램은 많았다. 그러나 한 발 더 나아가 해결의 방법이나 의지를 보이는 프로그램은 별로 없었다. 방송이 가치를 측정할 수 없는 저작권료도 지불하지 않고 개인의 사적 영역을 엿보았다면, 그것을 사용한 것에 대한 책임이 있어야 한다. 〈한끼줍쇼〉도 '이런 얘기 저런 얘기' 나누며 시민들의 이야기를 '듣는 것'에만 집중한 것이 아쉽다. 위에서 지적한 지점들처럼, 50회가량 시민들의 식구가 되어 진정성 있는 이야기를 나누며 사회적으로 고민해보아야 할 문제들이 많이 등장했다. 특히 다큐멘터리 형식을 차용했기 때문에 더 생생한 이야기들을 들을 수 있었다. 노량진에서 밥 한 끼를 함께 해준 청년에게 청춘이 뭐냐고 물었을 때 그는 '포기하는 과정'이라고 답했고, 화려한 청담동에서 결국 문을 열어준 것은 반지하에 사는 청년이었으며, 구기동에서 만난 어머니는 디자인 박사과정까지 공부했지만 결혼 후 육아 때문에 직업을 포기했다고 했다. 출연진들이 엿본 식구들은 분명 생각할 거리를 던져주었지만 프로그램은 사회적 문제에 대해 더 이상 적극적으로 파고들지 않았다. 물론 해결책을 제시하는 것이 프로그램 기획 의도는 아니다. 하지만 지나가는 나그네를 기꺼이 식구로 맞아준 시민들의 정을 느끼고, 우리네 삶을 엿보았다면, 이제는 은혜를 갚아야 할 때이다. 밥 한 끼 얻어먹고 길을 떠난 나그네는 이제 식구들이 더 행복해질 방법을 궁리해야 한다.

틀어진 시선으로 바라본 탈북민과 북한

채널A <이제 만나러 갑니다>

김형일

1. 탈북민 출연 방송의 증가

2011년 12월 종합편성채널(이하 종편)이 개국한 이후 방송 환경은 더욱 급격하게 변화하고 다양화되고 있다. 종편이 들어오면서 기존 지상파에서 시도하지 못하던 다양한 포맷의 방송들이 우후죽순처럼 신설되고 이 중 일부 프로그램은 7년이 지난 지금까지도 장수하는가 하면, 종편의 예능 프로그램의 일부 포맷을 지상파가 차용하여 프로그램을 개발하는 등 방송 환경적인 측면에서는 프로그램의 지평이 넓어졌다는 긍정적인 평가를 내릴 수 있을 것 같다.

많은 종편 프로그램 가운데서 주목할 만한 프로그램은, 시각차가 있을지 모르나, 탈북민[1]들이 다수 출연하여 예능 프로그램을 구성하는 방송[2]이 아닌가 한다. 남북 간 이념 이데올로기 속에서 탈북민에 대한 대한민국 국민들의 인식은 아직까지는 친근하게 그들을 보기보다는 이방인(異邦人)으로 그들을 바라봐 왔던 것이 사실이다. 종편의 탈북민 출연 예능 프로그램은 아마 이러한 불일치와 편견을 극복해보려는 의도에서 출발했을 것이다.

사실 탈북민들이 방송에 출연해서 여러 이야기를 한 것은 새로운 일은 아니었다. 과거 김만철 일가도 그러하였고, 평양냉면과 북한 음식으로 유명해진 전철우 씨의 인생 스토리 등을 이미 TV 프로그램을 통해 많이 접해왔다. 남과 북이 서로 대치된 상황이 시작된 이래 탈북이 시작되었고, 새터민이란 이름으로 각 정권마다 이러한 탈북이라는 '이벤트'를 이용한 정권도 있고, 드러내려 하지 않은 정권도 있었다. 수십 년의 세월 동안 탈북민들은 자유를 찾아 대한민국으로 목숨을 걸고 왔지만, 자유라는 달콤함 뒤에 숨어 있는 자본주의 사회의 그늘은 그들에게 또한 가혹한 시련으로 다가왔던 것이 사실이다. 대한민국은 자유로운 국가이고 그들이 생활하는 것에 아무런 제약을 가하지 않지만, 사실 남한의 국민들조차 생활하기 힘들고 고단한 곳이 대한민국 아니었던가. 탈북민에게 남한 사회는 경기 침체와, 일자리 부족, 실업, 고용 불안 등의 악조건을 기본으로 하여, 정서적·문화적 차별과 갈등을 이겨내야 하는 이중고(二重苦)를 경험하게 하는 사회였다. 그 때문에 국가 차원에서 탈북민들에게 초기 정착금을 지원할 뿐 아니라 국정원과 통일부가 중심이 되어 '하나원'에서 적응 교육과 취업 알선 등의 지원을 하고 있지만, 그

1 탈북 이주민에 대한 지칭 언어가 통일되어 있지 않아서 본 비평문에서는 탈북민(脫北民)으로 통칭하여 사용하며, 문맥상 '새터민', '탈북자' 등으로 혼용해서 쓰고자 한다.

2 현재 방송되고 있는 탈북민 출연 방송은 채널A 〈이제 만나러 갑니다〉(2011.12~) TV조선 〈모란봉 클럽〉(2015.9~) 등이 있으며, 현재는 폐지되었으나, TV조선 〈애정통일 남남북녀〉(2015.7~2017.4), 채널A 〈잘살아보세〉(2015.3~2017.3)등이 제작되었다.

지원에 비해 탈북민들의 숫자는 해마다 늘어나고 있는 상황이고 이들에 대한 밀착 관리는 이제 문서로만 남아 있는 제도가 되어가고 있는 것이 현실이다.

분단국가였던 한국 사회에서 탈북민들은 일종의 공공연한 금기(禁忌)였음을 부인하기 어렵다. 우리는 이제까지 북한에 대해 '한민족'이라는 미명(美名)하에 올림픽이나 아시안게임 등에서 단일팀으로 민족성을 강조하거나, 이산가족 상봉, 남북 정상회담 등의 이벤트를 통해 북한을 접하는 것이 대부분이었다. 좀 더 정확하게는 '언론'을 통해 접하고 '미디어'의 시선으로 그들을 바라보았던 것이다. 그만큼 북한 주민, 그리고 그 북한을 탈출하여 남한으로 온 탈북민들은 우리에게 낯선 존재일 수밖에 없는 것이다. 여기서 중요한 것은 우리가 언론을 통해 탈북민들을 주목하게 되었을 때 늘 목숨을 걸고 온갖 고초를 견디면서 남하한 사람들의 경우를 보기 때문에 우리의 시선 또한 왜곡될 수밖에 없다는 점이다.[3] 지금까지 우리가 탈북자들을 접한 것은 대부분 언론 또는 아침방송 등에서 가족 단위[4] 혹은 집단 탈북민들처럼 특이한 탈북민을 초대해서 그들의 이야기를 들어보는 정도에 그쳤다.

3 실제 탈북민은 해마다 증가하고 있으며, 현재 탈북자 숫자는 약 2만 7000명에 이르고 있다. 이 중 한국에 적응하지 못해 다시 재입북하는 인원도 있을 뿐 아니라 국내에 들어온 탈북자 중 약 900여 명은 소재조차 파악되지 않고 있는 것이 현실이다("국내로 들어론 탈북자 중 886명이 소재불명 … 제2의 임지현 나오나", ≪조선일보≫, 2017년 9월 19일 자).

4 주목받은 집단 탈북은 1987년 김만철 일가 탈북, 2002년 25명 베이징 주재 스페인대사관 진입 탈북, 2004년 486명 베트남 집단 탈북 등의 사례가 있다(통일부 자료 등).

2. 탈북민이 아니라 탈북 미녀로

종편이 개국하고 처음 탈북민 방송으로 주목을 받은 것은 채널A의 〈이제 만나러 갑니다〉(이하 〈이만갑〉)일 것이다. 이 방송은 채널A의 개국 초기부터 기획되어 주목을 받은 프로그램으로 탈북자들이 직접 출연하여 생생한 증언과 북한 생활 등을 소개하는 형식을 띠고 있다. 이 프로그램이 주목을 받은 것은 최초로 '탈북민'이 '게스트'가 아니라 '패널'로서 참여하는 예능 프로그램이기 때문이었다.

예능 프로그램이다 보니 웃음의 요소와 시청률 등을 배제할 수 없었는지 이 프로그램은 '탈북 미녀'를 전면에 내세웠다. 사실 이런 포맷은 지상파 예능 프로그램 중 큰 인기를 끌었던, 〈미녀들의 수다〉[5]의 포맷과 매우 유사하다(심지어 당시 〈미수다〉의 MC도 남희석이었다). 탈북 미녀들을 내세운 이 프로그램은 신선한 반응을 보이며 채널A의 효자 코너로 자리 잡아 최장수 프로그램으로 현재까지 이어져오고 있다.

식상한 단어이긴 하지만 '남남북녀(南男北女)'라는 말처럼 북한 미녀들은 외모뿐 아니라 입담도 회를 거듭할수록 진화하여 시청자들의 큰 호응을 얻었다. 특히 여과하지 않고 들려주는 그들의 생생한 탈북기(脫北記)는 많은 사람들의 심금을 울렸다. 그리고 MC의 노련함이 더해져 〈이만갑〉은 예능의 정석처럼 웃음과 감동, 그리고 새로운 정보까지 주는 프로그램이 된 것이다.

사실 〈이만갑〉의 역할은 예능으로서가 아니라, 기존 '미디어' 내지 '뉴스'에서만 볼 수 있던 탈북민을 예능의 형식으로 끌어들였다는 점에

5 KBS의 〈미녀들의 수다〉는 2006년 10월 처음 선보인 프로그램으로, 외국 미녀들이 다수 출연하여 자신들의 이야기를 하는 형식이었다.

서 그 의미를 찾을 수 있다. 우리에게 생소하던 북한 주민들, 그리고 북한 사회가 어떤지를 그들의 입을 통해 생생히 들을 수 있으며, 북한 문화와 남한 문화의 차이, 그들의 목숨을 건 탈북기와 남한에서의 실수담 등은 그 자체로 드라마이자 좋은 스토리텔링이 되고 있다. 그뿐만 아니라, 우리나라 젊은이들과 비슷한 나이의 젊은 탈북 미녀들의 사고와 행동, 그리고 북한 젊은이들의 생활상 등은 북한 사회도 억압과 통제가 있긴 하지만, 그곳도 사람 냄새 나는 인간 사회이며, 시장이 형성되어 다양한 인간관계가 존재하는 곳이라는 것을 알게 해주는 역할을 하고 있다. '교과서'와 '언론'에서만 보던 북한을 좀 더 친숙하게 볼 수 있는 하나의 전기(轉機)라 평가할 만했다.

소통과 공감은 서로 간의 이해와 대화를 통해 이루어진다. 아무리 탈북자가 많다고 해도 3만 명도 안 되는 탈북민과 우리 국민이 쉽게 공감하고 소통하기는 어렵다. TV조선에서 기획해서 방송한 〈애정통일 남남북녀〉도 마찬가지다. 해당 프로그램은 한국의 남자 연예인과 북한 미녀가 가상 결혼을 이어간다는 콘셉트로 기획된 프로그램으로, 북한 여성들의 남성관, 가치관 등을 엿볼 수 있는 계기가 되면서, 당시에 신선한 반향을 불러일으켰다. 요즘 한국 여성들과 사뭇 다른 모습의 북한 여성들의 강한 생활력과 그들과 하나둘씩 맞춰가는 남한 남성을 지켜보면서, 시청자들은 북한 여성, 나아가 북한 주민들을 일부나마 이해할 수 있는 기회를 가질 수 있었던 것이다. '조작된' 모습이 아닌 이러한 그들의 순수한 모습 그대로를 통한 이해야말로 남과 북의 '간극'을 좁힐 수 있는 실질적인 대안이 될 수 있는 것이다.

3. 탈북민의 연예인화

하지만, 이러한 탈북민 출연 예능 방송은 우리에게 친근함과 동시에 탈북민에 대한 왜곡된 인식을 형성하게 되는 것을 늘 경계해야 한다. 생소한 남한의 방송 환경에서 '준 연예인'처럼 행동하고 방송하는 탈북민들은 남한의 시청자들에게는 또 다른 종류의 연예인으로 비춰질 수 있다는 점을 잊어서는 안 된다. 종편과 케이블 TV 등의 증가로 방송 채널이 급증하면서 대한민국은 연예인병에 걸렸다고 해도 과언이 아닐 정도로 남녀노소를 불문하고 연예인을 지망하는 사람이 늘고 있다. 방송에 출연하는 탈북민들 역시 겹치기 출연도 발생[6]하고, 이야기하는 에피소드 역시 타 방송 프로그램과 중복되는 현상도 보이고 있다. 어느 순간엔가 탈북민들도 자신도 모르는 채 '연예인화'해가고 있는 것이다. 최근 방송에 출연하고 있는 탈북민들은 소위 '출신 성분'도 다양하고 각자의 사연도 독특해지고 있는 추세이다. 그만큼 탈북이라는 사건 자체에도 트렌드의 변화가 있다는 것이다. 탈북한 사람들의 숫자에 비해, 미디어에 노출될 수 있는 인원은 한계가 있을 수밖에 없다. 어찌 보면 이들도 일반 연예인들처럼 내부적인 출연 경쟁과 카메라 노출을 위해 과감한 발언과 행동을 하게 되는 '방송 환경'에 놓이게 되고, 이에 적응을 해야 하는 것이다. 그들도 '유명세'를 타면서 시청자들의 인기를 더 얻기 위한 연예인들이 되어가고 있는 것이다.

이러한 탈북민들의 과도한 방송 출연 욕구로 빚어진 부작용을 최

6 실제 〈이만갑〉에 출연했던 출연진 일부는 TV조선의 〈모란봉 클럽〉에 출연해서 비슷한 에피소드를 이야기했으며, 채널A 〈이만갑〉에 출연한 일부 출연진은 같은 방송국의 〈잘살아보세〉에, TV조선의 〈애정통일 남남북녀〉 출연진 일부는 〈모란봉 클럽〉에 출연하고 있다.

근 '임지현' 씨 재입북 현상에서 엿볼 수 있다. 임지현 씨가 자진 월북한 것인지 납치된 것인지는 아직 밝혀지지 않았지만, 임지현 씨 재입북 사건은 탈북 여성이 방송 출연을 통해 얻고자 했던 것과 남한 사회에 아직 적응하지 못한 탈북민들의 과도한 욕망이 어떤 결과를 초래하는지를 보여주는 사례라고 할 수 있다. 임지현 씨의 방송을 재미있게 보았던 시청자들 중 일부는 그간 임 씨의 행동과 발언 등을 재구성하여 온갖 추측과 스토리를 재생산해내었고, 언론 또한 이를 여과 없이 인용하여 보도하였다. TV 프로그램 속의 모습에 열광하던 시청자들이 한순간에 그들을 왜곡된 시각으로 보는 냉정하리만큼 싸늘한 시선을 그대로 보여주는 사건인 것이다. 임지현 씨도 TV조선의 가상 결혼 프로그램 〈애정통일 남남북녀〉에 출연[7]했었고, 이후 연예인처럼 BJ 활동을 하였다. 임지현 씨는 어찌 보면, 남한의 연예인을 지망하는 젊은 여성들의 왜곡된 행태를 그대로 답습했다고 볼 수 있는 것이다. 이러한 하나의 사건으로 모든 탈북 여성들을 잘못되었다고 단정 지을 순 없는 것이다. 하지만, 미디어는 시청자들에게 그것이 전부인 것처럼 보이게 하는 매개체 역할을 하고 있었고, 이러한 왜곡된 시각을 냉정하게 다루기보다는 또 하나의 자극적 이슈로 다루기에 급급했다.

4. 탈북민이 아니라 인간으로 보기

이러한 관점에서 우리는 탈북민들이 출연하고 있는 예능 프로그램들에

7 현재 TV조선 〈애정통일 남남북녀〉 홈페이지에는 아직도 '임지현' 씨 방송분을 다시보기로 볼 수 있게 되어 있다.

대해서 반성적 성찰을 해볼 필요가 있는 것이다. 그들이 한국의 종편 예능 프로그램에 출연하고 있는 근원적 의미는 무엇인가? 우리가 그들이 출연하고 있는 방송을 왜 즐겨 보고 있는 것인가를 생각해보아야 한다. 어느 순간엔가 우리는 그들을 예능 프로그램, 색다른 '즐거움'을 주는 존재의 일부로 보고 있지 않은지를 반성해보아야 한다. 초기 〈이만갑〉의 포맷은 단순했다. 탈북자의 탈북기, 북한 문화 이해, 남한 정착 에피소드로 구성하여 북한 사회와 북한 주민들에 대한 이해와 문화 격차를 인식시키는 데 주력하였다. 이후 점차 새로운 코너가 늘면서, 출연진이 가지고 있는 장기(長技)를 소개하고 억지웃음을 유도하는 무리수가 보이고 있다.[8]

사실 다른 연예인과 달리 방송에 출연하는 탈북민의 연예인화에 대한 부분은 매우 복잡한 문제를 안고 있다. 그들의 입장에서 이 같은 방송 출연은 남한에서의 기반이 약한 상황에서 자신의 생계를 위한 중요한 수단이 될 수도 있기 때문이다. 이러한 점에서 이들에 대한 프로그램 기획은 어린아이들을 대상으로 하는 프로그램처럼 기획 단계에서부터 세심한 배려와 신중함이 있어야 한다는 점을 지적하고 싶은 것이다. 일반적인 연예인들은 TV에서 시청자들의 인기를 얻기 위해 노력하는 사람이지만, 예능에 출연하는 탈북민들이 과연 그러한 지위를 가지는 것인가는 다시 한번 생각해보아야 할 문제이다. 그렇다면, 더욱더 시청자들이 방송에 출연하는 탈북민들을 웃음을 위한 단순한 도구로 보지 않도록 신경을 써야 할 것이다. 예능 프로그램이고 방송인 까닭에 웃음

8 최근 프로그램에서는 "그 휴지 다 내꺼야"(287회), "입시보다 치열한 완장경쟁"(295회), "맨손으로 도로를 다진 이유"(298회) 등 실제 내용보다 자극적 제목으로 관심을 유도하는 경우가 다수 발견되고 있다.

과 감동, 자극을 의도할 수밖에 없다는 것을 감안하더라도, 출연자와 시청자 모두를 배려할 수 있는 프로그램이 되어야 한다. 초기에 〈이만갑〉과 〈애정통일 남남북녀〉가 인기를 끈 이유는 작위적이지 않고, 있는 그대로를 보여주려고 했기 때문이었다. 출연자를 연예인으로 만들려고 하지 않아도 그들은 이미 준 연예인처럼 되고 있다. 시청자에게 자극적인 모습을 보여주려고 하는 것도 최소한 탈북자들을 대상으로 한 방송에서는 경계해야 할 부분이다.

방송은 언론과 마찬가지로 순기능과 역기능이 동시에 존재하는 매체이다. 우리가 탈북민이 출연하는 방송을 보면서 감동하고, 북한과 그들의 사회를 더 이해할 수 있는 것은 단순히 민족주의 내지 이념 편향 때문이 아닐 것이다. 어느 순간엔가 우리는 북한에 대해서 무감각해지고 있다. 무감각해지고 있다는 것은 비판도 수용도 아닌 무관심인 것이다. 북한이 미사일을 쏘고 전쟁 위협을 하고 있지만, 정작 가장 이에 무관심한 것은 대한민국 국민들이라는 아이러니처럼, 이제는 북한과 탈북민들 모두에 대해서 우리가 무관심해지고 있는 것이다.

탈북민들이 출연하는 프로그램은 남과 북의 인식 차이를 좁히고 그들을 좀 더 '인간적으로' 이해할 수 있도록 해준 것에서 큰 의미를 가진다. 그렇기 때문에 우리는 탈북민을 통해서 현재의 북한 사회와 북한 주민들을 이해하면서도 현실을 냉정하게 볼 수 있어야 한다. 그들의 눈물 어린 탈북기에만 초점을 맞춰 탈북의 이유와 탈북을 할 수밖에 없는 상황을 간과해서는 안 된다. 그리고 말초적 자극과 웃음뿐 아니라, 그들의 애환과 어려움을 공감할 수 있도록 제작진도 신경을 써야 할 것이다. 탈북민들을 있는 그대로 볼 수 있는 객관적이고 균형 잡힌 시각을 놓치지 말아야 한다. 탈북민을 우리 안의 동물처럼 인식하게 되면 프로그램이 본래 의도했던 초심을 잃는 것이기 때문이다. 우리의 시각으로 북한 주민과 사회를 이해하는 것, 그것이 탈북민을 출연시키는 방송들의 놓치지 말아야 할 것이며, 통일을 대비하기 위한 우리 국민의 자세가 아닌가 한다.

가작

뜨거운 것이 좋아, 아니 차가운 것도!

tvN 〈비밀의 숲〉과 JTBC 〈품위 있는 그녀〉 읽기

한재연

1. 2017년 여름밤의 드라마 두 편

2017년 여름에도 텔레비전 드라마는 쉬지 않고 방영됐다. 어떤 드라마는 유난히 덥던 올여름만큼이나 뜨거웠고, 또 어떤 드라마는 더위를 식히듯 냉정했으며 이도 저도 아닌 드라마는 미적지근했다. 만약 방송사마다 일 년 중 딱 한 편만 드라마가 만들어진다면 어떨까? 아마도 계절이 바뀔 때마다 시청자는 걸작을 볼 수 있을 것이다. 그러나 현실은 어떤가? 끊임없이 쏟아지는 텔레비전 드라마의 홍수 속에서 능동적인 시청자에게 만족을 선사하는 작품을 만나기란 열대야 속의 시원한 바람만큼이나 드문 일이다.

그러나 두 가지 드문 일이 동시에 일어나기도 한다. 올여름이 그랬다. 2017년 여름 시즌에 우리는 〈비밀의 숲〉(tvN, 2017.6.10~2017.7.30)

과 〈품위 있는 그녀〉(JTBC, 2017.6.16~2017.8.19)를 만나게 된 것이다. 〈비밀의 숲〉은 차가웠고 〈품위 있는 그녀〉는 뜨거웠다. 같은 시즌의 다른 드라마들은 평소와 다름없이 뜨뜻미지근했다. 좀 더 객관적인 언어로 말하자면 다른 드라마들이 평범한 일상의 '지지고 볶는' 사연들을 담고 있었다면 상기한 두 편의 드라마는 그 범주를 뛰어넘었다.

두 편의 드라마는 평온한 일상을 깨는 사건으로 시작한다. 흥미로운 것은 〈비밀의 숲〉이나 〈품위 있는 그녀〉나 살인 사건으로 시청자의 관심을 불러 모은다는 점이다. 그렇다면 별 다를 것도 없지 않느냐고? 이른바 막장 드라마에서도 사람 죽이는 일은 흔한데 그게 무슨 특이점이 될 수 있느냐는 질문일 것이다. 물론 살인 사건이 등장하고 단순히 범인이 누굴까, 범인을 어떻게 잡을까 하는 일에 초점이 맞춰져 있다면 〈비밀의 숲〉이나 〈품위 있는 그녀〉는 평범한 수준의 드라마가 되고 말았을 것이다. 그런데 두 드라마 모두 눈 덮인 산 정상에서 눈 뭉치를 굴려 보내듯이 하나의 살인 사건을 기점으로 해서 드라마의 서사를 한껏 확장시킨다. 말하자면 작은 눈 뭉치가 눈사태를 일으킬 만큼 커지듯이 두 살인 사건은 안으로 깊이 파고들수록 시청자에게 거대한 다른 무엇인가를 지시한다.

2. 냉정과 냉소 사이

먼저 〈비밀의 숲〉부터 보자. 이 드라마는 표면상 한 건설업자의 죽음과 이를 수사하는 검사의 이야기다. 이렇게만 보자면 새로울 것이 별로 없다. 그런데 이 드라마는 각종 언론을 통해 수많은 찬사를 받았고 '미드'와 '일드'에 빠져 있던 한국 드라마 기피자에게도 열광적인 지지를 받았다. 무엇 때문일까? 필자는 그 이유를 냉정과 냉소에서 찾는다.

흔히 한국인을 정에 약하다고 한다. 이른바 한국적 온정주의라는 것인데 이것은 그 자체로는 좋지도 나쁘지도 않다. 사적 영역에서 다정함은 미담의 주요한 원천이기도 하다. 그러나 공적 영역에서 정(情)은 정(正)을 훼손할 경우가 많다. 그럴 때 정(情)은 사적 이익을 가리는 수단으로 쓰인다. 따라서 공적 업무를 보는 사람은 가슴 속의 따뜻함을 유지하더라도 머릿속의 냉정함을 유지해야 한다.

한국에는 또 냉소주의가 기승을 부리고 있다. 어차피 세상은 더럽고 안 될 일은 애써봐야 안 되게 되어 있는데 뭘 그렇게 기를 쓰고 '노오력'하고 있느냐. 냉소주의를 일상어로 풀이하자면 이럴 것이다. 가슴과 머리가 모두 뜨겁게 타올라서 현실의 난맥상을 타개해야 할 때 냉소주의는 온몸에 찬물을 끼얹는다. 냉기에 정신을 차리면 현실은 거대하고 나는 너무나 작다. 세상은 나와 상관없이 흘러가버린다.

〈비밀의 숲〉은 앞서 언급한 냉정과 냉소를 절묘하게 비틀어낸다. 냉정함을 잃지 않으면서 시청자의 가슴을 뜨겁게 만들고, 냉소하지 않음으로써 냉소하는 시청자 앞에 무거운 질문을 던진다.

황시목 검사. 〈비밀의 숲〉에서 시청자는 텔레비전 드라마에서는 난생 처음 보는 주인공을 만나게 된다. 황시목은 어릴 때 뇌의 일부분을 잘라냈다. 이명과 두통이 원인이었는데 이 때문에 그는 보통사람들의 일반적인 감정을 느끼지 못한다. 이는 일종의 결함이라고 할 수 있는데 이 드라마에서 그 결함은 오히려 사건을 끝까지 파헤치는 원동력이 된다. 그는 인정에 사로잡히지 않고 오로지 진실과 거짓에 근거해 행동한다. 놀라운 것은 이러한 그의 태도, 즉 오직 진실만을 최선의 가치로 여기는 그의 태도가 한국 사회에 만성화된 냉소에 일침을 가한다는 점이다. 우리는 무엇이 진실인지 무엇이 거짓인지 알면서도 모르는 척하면서 대충 살아온 것이 아닐까. 스스로에게 이런 질문을 던지게 된다.

검찰은 엄청난 권한을 갖는 것과 동시에 국회와 더불어 국민에게 가장 신뢰받지 못하는 공적 기관으로 이름이 오르내린다. 한마디로 요약하자면 믿을 수 없는 권력. 있는 죄를 덮어줄 수도 있고, 없는 죄를 만들어 낼 수도 있는 권력. 그래서 시청자의 머릿속에는 또 하나의 냉소가 똬리를 튼다. 황시목 같은 검사가 대한민국 검찰에 있겠어? 있다고 해도 검찰 권력 내부에서 가만히 수사하게 놔두겠어? 수사를 한다고 해서 진실이 세상에 그대로 알려지겠어? 그러니까 〈비밀의 숲〉은 그냥 판타지야. 우리는 그 숲에 들어가면 길을 잃어버려. 현실과는 아무 상관없는 허구의 승리지. 냉소는 끝이 없다. 그러나 모든 비밀을 폭로하고 죽음을 택하는 이창준의 긴 유서를 들으며 우리는 냉소를 잠시 멈추고 다시 냉정을 찾는다. 모든 것에는 끝이 있고, 그 끝에는 진실만이 가치 있다는 것. 이창준의 죽음이 숭고하게 느껴지는 이유는 단 하나다. 그는 진실을 고백함으로써 거짓된 삶을 청산하고자 했다. 황시목에 의해 수갑이 채워지는 것보다는 이런 결말이 시적 정의에 더 부합됨은 더 말할 필요가 없다.

3. 누구나 품위 있게 살고 싶다

이제 〈품위 있는 그녀〉에 대해 말해보자. 이 드라마는 우아진의 세계에서 박복자가 살해되는 것으로 시작한다. 그녀가 왜 죽었을까? 누가 그녀를 죽였을까? 드라마는 표면상으로 이런 질문에 답해가는 듯하다. 그러나 이 드라마는 질문과 해답의 형식을 갖추고 있지만 긴 풀이 과정에 더 초점을 맞추고 있다. 핵심 장면들에서 이미 죽은 박복자의 내레이션이 시청자에게 이야기를 건다는 측면에서는 서사극적인 특징도 드러난다. 브레히트가 간명하게 언급한 바, 서사극에선 '다음엔 무슨 일이 일어날까'가 아니라 '어떻게 저런 일이 벌어질까'가 더 중요한 질문이다. 이 드라마도 첫 장면에서 박복자의 죽음을 알리고, 죽은 박복자가 반복적으로 '만약 내가 이런 일을 하지 않았다면 죽지 않았을까'라고 물음으로써 시청자에게 죽음에 이르는 과정에 더 주목하도록 한다.

박복자의 죽음을 불러온 것을 한 단어로 말하자면 '탐욕'이다. 우아진이 일갈했듯이 박복자는 그녀의 것이 아닌 것을 너무 많이 갖고 싶어 했다. 그런데 여기서 중요한 질문이 발생한다. 왜 우아진에게 당연하게 주어진 것이 박복자에게는 그렇지 못한가. 이를 뭉뚱그려서 팔자소관이라고 마음 편하게 말하면 이 드라마를 만끽할 수 없다. 그러므로 이렇게 물어야 한다. 네가 갖고 있는 것을 내가 갖고 싶어 하면 왜 안 되는가? 너도 처음부터 그것을 소유한 것은 아니었는데? 이런 질문은 우리를 뜨겁게 한다. 그야말로 뜨거운 논쟁거리. 〈비밀의 숲〉의 황시목 검사는 이런 질문에 흥미로운 답변을 내놓지 못한다. 이 뜨거운 질문에는 박복한 운명을 '갖고' 태어난 박복자나 남편 잘 만나 '팔자가 핀' 우아진이 제격이다. 〈비밀의 숲〉이 남성들의 밀실정치 세계에 기반을 둔다면 〈품위 있는 그녀〉는 여성들의 감성정치 마당에 뿌리내리고 있다.

우리는 자본주의 사회에 살고 있고 이 사회에서 더 많은 것을 소유하고 싶다는 욕망은 당연시될 뿐만 아니라 권장되기도 한다. 무엇 때문에 이와 같은 욕망이 발생하는가? 〈품위 있는 그녀〉는 이 질문에 매우 가슴 아프게 대답하는 장면을 형상화한다. 박복자가 우아진을 호텔에서 처음 봤다. 박복자는 호텔 청소 업무를 담당하고 있었고 우아진은 그 호텔의 투숙객이었다. 박복자의 눈에 스위트룸에 숙박하는 우아진이 너무나 우아하고 너무나 품위 있어 보였다. 왜 안 그러겠는가. 그 우아함과 품위는 그녀의 풍족함에서 나온다. 객실 청소를 맡은 보잘것없는 사람에게 선물을 남기는 우아한 품위에도 비용이 든다. 물론 우아진에게는 그 비용이 정말로 보잘것없는 것이지만 말이다.

박복자는 우아진의 품위에 감탄하면서 그처럼 품위 있는 삶으로 자기 삶을 옮기기로 한다. 그런데 문제는 그녀가 살아온 삶이다. 조실부모하고 온갖 고생을 거쳐 술집에서 일하기도 한 그녀가 어떻게 우아하고 품위 있는 삶에 어울리는 부를 거머쥘 것인가. 그녀는 거짓의 삶을 선택한다. 〈비밀의 숲〉의 황시목이 오로지 진실이라는 돛대에 의지해 항해할 때 그녀는 정반대로 거짓의 돛을 세운다. 그러나 거짓에도 비용이 든다는 사실을 그녀는 미처 몰랐다. '아무리 부자가 되어도 왜 당신처럼 나는 우아해지지 못하는가'라고 박복자는 우아진에게 묻는다. 우아진은 아까의 대답을 돌려준다. 그건 원래 당신 것이 아니니까. 박복자는 대신 우리는 이렇게 되물을 수 있다. 원래 누구의 것인지는 누가 정하는가? 박복자는 이렇게 묻지 못하고 끝내 죽는다.

박복자는 죽고 우아진의 바람난 남편 안재석은 버림받는다. 그뿐인가. 안재석의 내연녀 윤성희는 우아진에게 호되게 혼나고 미국으로 떠나기로 한다. 최종 승자는 우아진인 것처럼 보인다. 그녀는 끝까지 우아하고 품위 있다. 그러므로 이 드라마는 끝내 보수적인 태도를 견지하다가 마친 것일까. 필자는 그렇지 않다고 생각한다. 이창준의 유서가 시적 정의를 드러낸 것처럼 박복자의 죽음 이후의 내레이션 역시 시적 정의를 나타내며 우리가 속해 있는 세상과 현실을 다시 보게 만든다. 누군들 품위 있게 살고 싶지 않겠는가? 품위 있게 사는 사람들은 얼마나 많은 사람들이 감수하는 수모를 바탕으로 하고 있는가? 더 많은 사람이 품위 있는 삶을 살기 위해서는 어떤 조건이 필요한가? 속 편한 답변으로 때울 수 없는 드라마는 보수적일 수 없다. 질문은 냉정한 답변을 돌아올 때까지 뜨거운 법이다.

4. 뜨거운 질문, 차가운 대답

좋은 드라마는 우리에게 끝없이 질문한다. 그래서 우리의 가슴과 머리를 뜨겁게 한다. 또, 좋은 드라마는 우리에게 해답을 준다. 그래서 뜨거워진 우리의 가슴과 머리를 식혀준다. 〈품위 있는 그녀〉와 〈비밀의 숲〉은 이에 걸맞은 드라마다.

흔히 허구를 두 가지 측면에서 조명한다. 현실을 반영하느냐, 현실을 구성하느냐. 그러나 어느 한쪽에 치우치면 좋은 드라마가 되기 어렵다. 이를테면 신물 나는 고부 갈등을 소재로 재미를 추구하는 드라마라든가, 진짜 현실을 도외시하고 극적인 현실만을 추구하는 무책임한 판타지는 너무나 쉽게 드라마와 현실 사이를 갈라놓는다. 그에 비해서 현실을 반영하면서 또한 새로운 현실을 구성해나가는 드라마는 시청자에게 함께 살아가기 위한 여러 질문을 내놓고 우리에게 각자 대답할 것을 요구한다.

〈품위 있는 그녀〉와 〈비밀의 숲〉은 정반대의 방향으로 진행하는 이야기를 통해 아이러니하게도 같은 곳으로 도착한다. 〈비밀의 숲〉이 진실이라는 무기로 비밀의 숲에 들어가 숲의 왕, 즉 거짓의 목을 겨눈다면 〈품위 있는 그녀〉는 거짓이라는 가면을 쓰고 우아한 세계로 들어가 그 세계의 허술함과 우연성을 드러낸다. 물론 큰 틀에서 보면 두 작품 모두 단지 극적 세계, 즉 허구에 불과하다. 그러나 그 허구를 다루는 방식은 내밀하게 차이가 있다. 〈비밀의 숲〉이 사실의 세계와 법적 다툼, 위반과 처벌을 다룬다면 〈품위 있는 그녀〉는 좀 더 내밀한 우리 마음속의 세계, 인정 투쟁을 다룬다. 그래서 〈비밀의 숲〉에는 법정 장면이 나오고 재판 과정이 보이지만 〈품위 있는 그녀〉에는 변호사가 등장하고 이혼 소송이 나옴에도 법원은 외부만 보인다. 하나는 법원의 세계, 또 하나는 마음의 세계. 판결문 속의 진실과 불립문자의 진실. 차가운 진실과 뜨거운 진실. 가느다랗고 느슨하게 두 끈은 연결되어 있다.

뜨거운 것이 좋다. 차가운 것이 좋다. 뜨거운 것이 좋으니 차가운 것도 좋다. 차가운 것이 좋으니 뜨거운 것도 좋다. 좋은 드라마 얘기다. 〈품위 있는 그녀〉와 〈비밀의 숲〉 얘기다. 뜨뜻미지근하거나 미적지근한 드라마는 너무 많아서, 너무 흔해서 시청자를 그 자리에 놔둔다. 텔레비전 속도 어제와 같고, 텔레비전 밖도 어제와 같다. 능동적인 시청자는 어제와 다른 드라마와 현실을 원한다. 뜨거움과 차가움을 느끼고 싶다. 우리가 살아가는 세계와 다른 온도를 체험하고 싶다.

좋은 드라마를 만들 수 없는 이유는 너무나 많다. 제작 일정에 쫓겨서, 제작비가 모자라서, 대본이 제때 나오지 않아서, 연기자의 기량이 부족해서, 시청자의 눈높이가 아직 높지 않아서 등등 많은 핑계가 있다. 지난여름 우리는 이 수많은 이유와 핑계를 물리친 작품을 만날 수 있어서 다행이었다.

글을 마치는 대목에서 필자는 문득 바둑의 명인 조치훈의 말을 생각한다. "목숨 걸고 둔다. 그래 봐야 바둑 한 판. 그래도 바둑 한 판." 텔레비전 드라마의 세계도 이와 같지 않을까. 최선을 다해 만든 드라마라고 해도 그래 봐야 드라마 한 편에 불과하다. 그러나 '그래 봐야 드라마 한 편'이라는 생각이 방송사, 제작진, 시청자에게 공유되면 곤란하다. 그건 드라마를 무의미하게 시간 때우기로 만드는 공모다. 방송사, 제작진, 시청자는 모두 '그래도 드라마 한 편'이라고 생각해야 옳다. 그래야 한 편의 드라마는 비밀의 숲속에 사는 우리에게 품위를 잃지 않도록 도울 수 있다. 뜨거운 질문과 차가운 대답을 통해.

입선

선행, 그때는 맞고 지금은 틀리다

JTBC 〈내 집이 나타났다〉

황채림

예능에서 웃음이 아닌 눈물을 만들던 때가 있었으니 1990년대 후반부터 2000년대 중반까지 공익 예능이 사람들에게 인기를 끌던 때이다. 낡은 집을 고쳐주는 〈러브하우스〉나 각막 이식 수술을 해주는 〈눈을 떠요〉 등 형편이 어려운 사람들의 슬픈 사연은 손쉽게 우리의 눈물샘을 자극했다. 공익 예능의 다른 갈래로는 〈이경규가 간다: 양심냉장고〉나 〈책책책 책을 읽읍시다〉 등 사회 구성원들에게 행동을 촉구하는 프로그램이 있었다. 이들은 우리에게 대한민국 국민이라는 자긍심을 심어주며 벅찬 감동을 선사하곤 했다.

시대를 이끌던 공익 예능은 언제부터인가 더 이상 사람들을 울리지 못했고 하나둘씩 사라져버렸다. 프로그램이 바뀐 것일까, 시청자들이 바뀐 것일까. 전자라면 예능이 공익에 눈이 멀어 웃음을 놓치면서 시청자들에게 외면당한 것일 테고, 후자라면 날로 복잡해지는 사회를 사느라 지쳐버린 사람들이 더 이상 예능에서까지 사회문제를 보고 싶지 않아 채널을 돌린 것일 터이다. 좌우지간 공익 예능의 자리는 그저 생각 없이 편하게 웃을 수 있는 단순하면서도 자극적인 예능들로 대체되었다. 그 생각 없는 웃음을 뽑아내기 위해 날로 자극적으로 이어지는 프로그램들로 이내 피곤함을 느낄 때쯤, 한 프로그램의 등장은 공익 예능 시대의 부활을 기대하게 했다.

JTBC 〈내 집이 나타났다〉는 〈러브하우스〉의 후손이라고 할 수 있다. '공익 유전자'를 같이하면서도 스케일이나 전문성에서 상당히 진화했다. 신청자 중 위험하고 비위생적인 집 6채를 엄선하여 집을 신축해 주는 프로젝트이다. 일밤 대표 MC 이경규와 〈러브하우스〉 건축가 양진석이 함께하니 프로그램의 내용은 물론 외관까지 닮아 있다. 회당 제작비 5억 원, 제작 기간 8개월과 수십 명의 건축 전문가들의 협업, 그리고 기술의 발전은 차마 진화하지 않을 수 없는 환경이다. 그렇다면 프로그램은 정말로 진화하였을까?

상대를 잊은 일방적인 MC

겉으로 드러난 문제는 MC다. 프로그램을 끌어나가야 할 MC가 프로그램을 끌기는커녕 오히려 그 흐름에 제동을 건다. 이경규와 채정안의 진행은 '연륜과 식견을 겸비한 MC'(이경규), '감성 MC'(채정안)라는 그들의 타이틀을 무색하게 한다. 채정안은 감성적 부분을 맡았다고 하지만 그녀의 진행은 바싹 메말라 있다. 슬픈 사연을 끌어내려고 작정한 듯한 질문은 사연자뿐만 아니라 시청자에게까지 슬플 것을 강요한다. 슬픈 것이 감동이고 감동을 주는 것이 착한 것이라는 착각에서 기인한 오류이다. 그들의 배려 없는 질문에도 가족들은 대답해야 한다. 가족들은 새 집을 얻기 위해 방송에 응했고 방송을 위해서 사연이 필요하다는 것쯤은 이미 알고 있었을 것이다.

시청자들 역시 이 점을 감안하고 있다. 그럼에도 시청자들은 MC들이 들추고 쑤시며 찾아낸 슬픔에 감동하지 않는다. 그 일방적인 모습을 바라보며 씁쓸할 뿐이다. 가족들이 어렵사리 꺼내놓은 저마다의 아픔과 드러난 상처에 이렇다 할 위로는 없다. 질문에 대한 대답을 했으면 대답에 대한 반응이 따라와야 마땅하다. 그런데 슬픔을 꺼냈으니 그것으로 '됐어, 오케이'를 외친 것인지, 급하게 넘어가는 다음 장면에 어색함을 느낄 정도이다. 슬픔을 끌어올렸다 한들 어느 한쪽으로도 처리되지 못한 감정은 갈 곳을 잃어 금세 차갑게 식는다.

그렇게 공감과 위로의 부재로 비어버린 반응의 자리는 분노로 채워진다. 사연자의 집을 철거하기 전 MC들은 그곳을 둘러보며 화를 낸다. 그들은 재미를 살리기 위해서인지 슬픔을 살리기 위해서인지 자꾸만 화를 낸다. "여기서 정말 살았다고요?", "말도 안 돼." 심지어는 어제까지 그 집에서 생활하던 가족들을 앞에 두고 믿을 수 없다는 듯 집을 부정한다. MC들은 가족들이 믿을 수 없을 만큼 열악한 환경에서 살아왔다는 점을 표현해내고 싶었을 것이다. 그러나 그것은 현실이었다. 그들이 내뱉은 표현은 사연자 가족들의 삶은 물론 그날도 비슷한 조건에서 살아가고 있는, 그리고 앞으로도 살아야 할 많은 사람의 삶을 순식간에 부정했다. MC들이 집에 화를 내며 가난에 분노하는 통에 가족들은 입이 있어도 할 말이 없었다. 잘못이라도 한 것처럼 의기소침한 채 별다른 말을 하지 못하는 그림이 연출됐다. 가난이 잘못도 선택의 문제도 아닌데 말이다.

MC란 'Master of Ceremonies'의 약어로 의식이나 행사의 진행자를 말한다. 그러나 방송 프로그램에서는 의식이 아니라 소통(communication)으로 보고 소통의 진행자를 지향해야 한다는 시각도 있다(네이버 지식백과). 소통의 진행자인 MC는 프로그램 안에서는 출연자들과 대화하고 프로그램 밖으로는 시청자들과 소통해야 한다. 그런데 〈내 집이 나타났다〉를 시청하는 동안 출연자를 대하는 MC들의 모습에 한 번 놀라고 이를 보고 놀랄 시청자들을 생각하지 않았음에 두 번 놀란다.

대상을 없앤 일방적인 선행

겉으로 드러난 것은 MC들의 표현이 문제였지만 그 속에는 프로그램의 태도가 문제로 깔려 있다. 제작진은 어려운 상황에서 살고 있는 사연자들을 찾고 그들에게 집을 지어준다. 그리고 이 과정을 방송으로 만들어 송출한다. 제작진이 〈내 집이 나타났다〉를 통해 시청자들에게 말하고자 했던 것은 무엇일까? 제작진이 말하는 기획 의도는 "낡고 허름한 집에서 살아온 어려운 이웃의 집과 인생이 함께 변화하는 따뜻한 감동을 선사한다"는 것이다. 낡고 허름한 집에 살아온 이웃에게 집을 새로 지어주었으니 반을 달성했다. 그런데 그 방송을 보고 따뜻한 감동을 받은 사람이 얼마나 있을지는 의문이다.

이전에 〈러브하우스〉가 〈내 집이 나타났다〉와 유사한 기획 의도로 인기를 끌었다. 둘 간의 눈에 띄는 차이를 꼽자면 리모델링과 신축이다. 〈러브하우스〉는 기존의 집을 두고 대수선하거나 증축하는 방식이었다면 〈내 집이 나타났다〉는 기존의 집을 철거하고 신축하는 방식이다. 이 하나의 차이점은 두 프로그램 사이에 엄청난 차이를 만들어낸다. 아니 정확하게는 제작진의 태도가 엄청난 차이를 가져올 그 하나의 차이점을 만들어냈다.

〈내 집이 나타났다〉 제작진은 프로그램에 재미를 넣기 위해 '철거'라는 포맷을 설정했다. 안전모를 쓴 MC와 게스트는 사연자 가족을 앞에 두고 해머를 들어 올려 집을 부순다. 앞서 말했듯 게스트를 비롯한 MC들은 이미 화가 난 상태이고, 가족들을 힘들게 한 집을 때리고 부수는 것은 자연스레 정당화된다. 심지어는 가족에게 포크레인이 들어와 살던 집을 부수는 과정을 보여준다. 부모는 물론 아이들의 앞에서 살던 집을 부수는 것이 과연 재미일까? MC들은 마치 게임을 보는 것 마냥 "밀어붙여", "찢어", "뜯어" 등의 말로 포크레인을 지시한다. MC들이 또 한 번 제동을 거는 부분이다. "서운하다고요?", "서운해할 시간 필요 없이 이거는 철거해야 합니다." 철거를 앞두고 섭섭함이 역력한 가족들에게 건넨 말이다. 살던 사람으로서 당연히 서운할 수 있다. 집이 낡고 더럽다고 그 집에 쌓인 추억까지 더러운 것은 아니기 때문이다. 그런데 제작진은 새집을 위한 철거라는 의미를 옛집 허문다는 의미의 철거보다 높게 부여하는 모습이다.

한쪽의 방향성만을 보여주는 장면은 여기서 그치지 않는다. 선행의 대상자인 가족들의 반응까지도 제작진의 입장에 맞추어 그들의 편집에 의해 내보내진다. 그들은 철거 과정을 지켜보는 사연자 가족의 얼굴에 "최고, 최고"라는 자막을 넣는다. 그 모습이 밝지 않은 미소가 분명했음에도 말이다.

제작진의 선행에는 대상자가 없다. 집을 받기로 한 대상자가 연락을 끊고 잠적했다는 것이 아니다. 대상자의 입장이 없다. 〈내 집이 나타났다〉는 철저히 베푸는 사람들의 입장만 그려진 프로그램이다. 그렇다면 애초에 제작진이 염두에 둔 대상자는 시청자이고 보여주기식 선행으로 감동이라는 선물을 주고 싶었던 것일까. 처음부터 반쪽짜리 프로그램을 기획했을 리 없고 그렇다고 하더라도 이 역시 대상을 없앤 일방적인 선행이다. 시청자들은 제작진이 집을 받은 대상자, 즉 사연자를 없앤 순간 감동하기 어려워진다.

소통을 막은 일방적인 제작

〈내 집이 나타났다〉는 예능 사상 최초 사전제작으로 만들어진 프로그램이다. 그도 그럴 것이 철거부터 준공까지 3개월 남짓 소요되는데 3개월간 한 채만을 바라보고 제작하기는 어려운 방송 환경이다. 예능 최초 사전제작이라는 용기와 투자에는 박수를 치지만 제작진이 치러야 할 박수의 대가가 꽤나 크다.

장기간에 걸친 사전제작은 출연자들의 감정을 끊어놓는다. 한 회에 등장하는 철거부터 집 아이디어 회의, 중간 점검, 사연자 가족들과 보내는 시간, 준공식 등이 모두 다른 날에 이루어지다 보니 출연자들의 감정이 잘 이어지지 않는 것이 때때로 비춰진다. 기승전결로 크게 보면 감정의 변화가 별문제 없어 보이는 듯하나 당시 상태에 따라 달라지는 출연자들의 멘트는 프로그램 전반의 분위기를 만든다. 그 분위기는 시청자가 감정을 끌어올리는 데 지대한 영향을 미친다. 또한 사전제작 기간 동안 집을 짓는 일이 동시에 진행되다 보니 MC들이 집을 헷갈려 한다. 한 채에 3개월이 걸리는 집 여섯 채를 8개월 동안 지었으니 동시에 두세 채 이상을 촬영했을 것이다. 상황은 딱하지만 이러한 장면은 선행의 대상을 없애는 데 일조한다.

사전제작의 가장 큰 문제점은 누가 뭐라 해도 시청자와의 불통이다. 모든 단계를 완성한 상태로 내놓은 프로그램은 수정이 어렵다. 1회를 본 시청자들이 불만을 늘어놓아도 1회와 똑같은 잘못을 저지른 2회를 보여야 한다. 〈내 집이 나타났다〉의 시청률은 첫 회 3%대를 넘어 2회 5%대로 진입하며 공익 예능 부활의 가능성을 기대하게 했지만 이내 하락세를 타며 3%대로 막을 내렸다. 회를 거듭할 때마다 일방적인 MC들, 일방적인 선행들이 시청자들을 불편하게 했다. 그러나 결정적으로 일방적인 제작이 시청자의 반응을 반영하지 못하며 더 발전하지 못한 채 끝이 났다.

그때는 맞고 지금은 틀리다

예능이 다시 한번 공익을 들고 나왔다. 한때는 많은 사람의 인기를 받았었고 한때는 공익이라는 강박에 시달리며 제 발을 찍기도 했었다. 오랜만에 나온 공익 예능에 성숙을 기대했지만 마주해보니 영 신통치 못하다. 〈내 집이 나타났다〉는 가족들에게 선행을 베풀고 있지만 그 안에서 MC에 의해서, 프로그램 포맷에 의해서, 제작 방식에 의해서 선행을 받을 대상은 계속해서 타자화될 뿐이다.

〈내 집이 나타났다〉를 발견했을 때 가장 먼저 든 감정은 반가움이었다. 1990년대 말 IMF라는 시대적 어려움 속에서도 우리에게는 희망이 있었다. 우리는 모두 힘들었지만 서로의 손을 잡아줄 수 있는 사이였다. 그 시절 공익 예능을 보는 시청자들은 '나처럼' 혹은 '나보다' 상황이 어려운 사람들이 새 삶을 사는 모습을 보며 나에게도 생길 수 있는 기적으로 생각할 수 있었다. 그때까지만 해도 하면 된다는 희망이 있었기 때문이다. 2016년부터 이어온 내수 경기 침제, 역대 최고의 청년 실업률, 불안한 외교 관계로 2017년은 1990년대 말 못지않은 어려운 상황이다.

〈내 집이 나타났다〉가 반가웠던 이유는 그때만큼이나 어려운 지금을 살아가는 우리에게 희망 혹은 위로를 주지 않을까 해서다. 그러나 태어날 때 물고 나온 수저에 따라 평생이 결정된다는 '수저계급론'이나 해도 안 되는 복잡한 세상에서 편하게 살겠다는 '달관 세대'와 같은 신조어가 보여주는 지금은 그때와 많이 다르다. 우리는 지난 몇 년간, 아니 수십 년간 노력으로 극복할 수 없는 많은 일을 겪어왔다. 그리고 작년, 속는 셈 믿어왔던 희망은 농단의 민낯을 드러냈다. 나에게 일어나지 않을 기적은 더 이상 희망이 될 수 없는 시대인 것이다. 예능의 선행, 그때는 맞았지만 지금은 틀리다.

입선

종편 정치 토크쇼의 방향

JTBC <썰전>, 채널A <외부자들>, MBN <판도라>

김내훈

한나라당발 '미디어법' 개정안이 국민적 합의를 거치지 않은 채 통과되고 종합편성채널이 출범한 이후 벌써 만 6년이 가까워온다. JTBC, MBN, 채널A, TV조선이 본격 개국한 2011년 말에 일었던 일련의 논란들이 마치 며칠 전 있었던 일처럼 생생히 기억난다. 한국의 주류 보수언론인 조선일보, 중앙일보, 동아일보 그리고 매일경제의 TV 방송 진출은 야권 지지자들에게 이명박 정부의 언론 탄압과 미디어 장악의 결정체로 간주되었으며 이제는 활자뿐만 아니라 영상 이미지로까지 극우적 어젠다를 관철시키는 선전 수단으로 기능할 것이 명약관화해 보였다. 이러한 우려를 바탕으로 야권 지지자들은 종편 시청 거부 운동을 벌였고 야당에서는 종편 출연 금지 방침을 당론화했다. 종편 개국 초기에 영입된 유명 드라마 PD들과 예능 PD 및 MC와 아나운서들을 향한 비판들은 건전한 수준을 훨씬 웃돌았다. 특히 손석희의 JTBC 보도 담당 사장

부임을 둘러싼 찬반양론의 첨예한 대립은 정언경(정치, 언론, 경제) 관계에 대한 고찰에 중요한 역사적 레퍼런스로 일찌감치 자리매김하기에 이르렀다.

이렇게 종합편성채널은 개국 당시부터 결코 좋다고 할 수 없는 분위기를 맞이했다. 시청 거부 운동으로 말미암은 낮은 시청률은 퍼센트(%)가 아닌 퍼밀(‰)로 계산하는 게 유의미할 것이라는 조롱을 듣는 수준까지 달한 것이다. 종편 거부 운동은 나름 성공적이었던 것으로 보인다. 그런데 종편 채널들은 이에 영리하게 대응했다. '종합'편성이라는 이름을 무색케 할 정도로, 다양하고 재미있는 콘텐츠로 승부를 보는 대신 패널 섭외비 외에 제작비가 거의 들지 않는 정치·시사 프로그램들을 판에 찍어낸 듯 똑같은 포맷으로 여러 개 만들어 장시간 방영하는 전략을 취한 것이다.

주지하듯 종편 채널들의 전략은 주효했다. 이른바 '끈 떨어진' 정치인들이 정치평론가를 참칭하며 펼쳐낸 사감 섞인 비방, 숱하게 법정 제재를 받은 선정적인 '카더라' 뒷담화들은 평론으로 둔갑해 시사교양의 정의를 일시에 바꿔버렸고 방송 저널리즘의 격을 낮추는 부작용을 낳았다. 하지만 높지 않은 시청률에도 불구하고 종편 정치·시사 프로그램들의 영향은 결코 무시할 수준이 아니었다. 종편 출범에 뒤이은 18대 대선에 종편 채널이 일정 정도 영향을 미쳤다는 분석이 나오고, 야당은 더 이상 종편을 무시만 할 수는 없다는 판단을 내렸다. 이에 따라 야당은 출연 거부 방침을 철회하고 소속 정치인들을 적극 출연하게 하였다. 이러한 맥락에서 차별화된 정치 토크쇼를 표방하는 프로그램으로 나온 것이 바로 〈썰전〉이다.

〈썰전〉의 효과

다른 종편 시사 대담 프로그램들이 여러 명의 패널을 출연시킨 것과 달리 〈썰전〉에는 여야 대표 각 한 명이 고정 패널로 출연한다. 첫 타자로 나선 이들은 이철희 당시 두문정치전략연구소장과 강용석 전 국회의원이다. 둘의 공통점이 있다면 모두 원외 인사였다는 점과 당내 계파 색깔이 옅다는 것이다. 이철희는 노무현 선대위에서 일한 바 있지만 이후 비노계 대표 중진 김한길의 보좌관으로 일했으며 손학규계로도 분류된 바 있다. 강용석 역시 이명박 당선에 기여했지만 뒤이은 무소속 출마와 낙선 이후 정치에서 한발 떨어져 방송인으로서 얼굴을 알리던 때였다. 흔히 말하듯 '줄타기'에 연연하지 않을 수 있는 정치 전문가들인 덕에 〈썰전〉은 진영 논리에 함몰되지 않은 (표면적으로라도) 건전한 토론이 이뤄질 수 있는 형식을 갖추었다. 예능인 김구라를 MC 자리에 앉힌 것도 파격이었다. 다소 무겁고 날카로워질 수 있는 공방을 시청자의 눈높이에 맞춰 '톤업'시키고 부드럽게 주재하는 김구라의 노련한 진행까지 더해 〈썰전〉은 좌우와 세대를 넘나드는 정치예능 프로그램이 될 수 있었다.

여야를 대표하는 두 명의 고정 패널은 프로그램의 책임성을 높였고 예능 요소의 가미는 재미를 더했다. 선거나 일신상의 이유로 여러 번의 패널 교체를 거쳤지만 다른 시사 프로그램들과는 비교를 불허할 정도로 패널의 얼굴이 프로그램의 정체성이 되기도 하여 대중에게 신뢰감을 안길 수 있었다. 〈썰전〉이 수차례의 개편을 거쳐 지금의 유시민 전 보건복지부 장관과 박형준 전 국회사무총장 체제로 변모하는 동안 타 채널에서도 〈썰전〉의 인기를 참조해 그 원형을 차용한 포맷의 정치 토크쇼가 제작되었다. 예능인 남희석이 진행하는 채널A의 〈외부자들〉, 가수이자 DJ인 배철수가 진행하는 MBN의 〈판도라〉는 〈썰전〉의 성공에 힘입어 최근에 등장한 정치예능 대담 프로그램이다.

〈외부자들〉의 경우

물론 이 세 프로그램들의 차이점들은 존재한다. 〈외부자들〉의 경우 가장 두드러지는 점은 여야 성향의 패널이 각각 두 명씩 출연하며 테이블의 같은 측에 앉지 않고 지그재그식으로 앉아 있다는 것이다. 한 의제를 중심으로 벌어지는 여야 진영 간의 대립 구도가 아니라 개인으로서 자유롭게 의견을 개진할 수 있는 구도를 구축하기 위함인 것으로 보인다. 그도 그럴 것이, 각 팀은 보수와 진보의 대표를 표방하긴 하지만 이렇다 할 정치적 접점이 없는 사람들과 묶여 있다. 정봉주와 진중권은 각각 민주당원과 정의당원으로 당적부터가 다르다. 전여옥과 안형환은 KBS 기자 출신이라는 공통점이 있지만 안형환은 박근혜의 18대 대선 선대위 대변인으로 활동한 반면 전여옥은 17대부터 일찌감치 친이계로 돌아서 박근혜 저격수를 자임한 바 있다.

〈외부자들〉의 또 다른 차별점은 유일하게 여성 고정 패널이 출연한다는 것이다. 단순히 생물학적 성별이 여성이기만 한, 정치인들 사이에서 흔히 보이는 이른바 '명예 남성'이 아닌 페미니스트 작가 출신을 섭외했다는 점이 고무적이다. 비록 과거 현역 의원 시절에 여러 차례의 기행으로 수많은 안티를 양산한 이력이 있는 문제적 인물이지만 최순실 게이트가 터지고, 과거에 박근혜를 강하게 비판했던 것이 네티즌들에 의해 재평가받으며 다시금 작가로서 급부상하던 시점에 섭외된 것으로 〈외부자들〉 제작진으로서는 구색 맞추기와 화제성 및 대중성 모두를 챙길 수 있는 선택이 아닐 수 없었다. 실제로 전여옥은 정봉주 다음으로 존재감을 과시하며 준수한 시청률을 유지하는 데 일조하고 있다.

〈판도라〉의 경우

가장 후발 주자로 출범한 MBN의 〈판도라〉는 첫 방송부터 썩 좋지 않은 반응을 맞이했고 지금도 전망이 아주 밝지는 않다. 먼저 〈판도라〉가 직면할 수밖에 없던 시청자들의 외면에 큰 몫을 한 것으로 출연진의 문제를 꼽을 수 있다. 지금은 출연하지 않지만 방송 초기에 나왔던 차명진 전 의원은 투철한 김문수계의 한 명인데, 1990년 민중당 창당부터 함께 했으며 보좌관을 역임했고 김문수가 경기도지사에 출마하면서 그의 지역구를 계승해 부천시 소사구에서 재선 의원을 지냈다. 재미있는 건 박근혜·최순실 게이트가 터진 이후다. 차명진은 여러 종편 프로그램들에 출연하면서 보수 패널로서는 꽤 높은 강도로 박근혜를 비판하다가 어느 순간부터 옹호하는 쪽으로 선회했다. 이는 김문수가 박근혜 탄핵을 강하게 주장하다가 갑자기 탄핵 반대 집회에 참가하게 된 시기와 정확히 맞물린다.

이렇듯 차명진 전 의원은 다른 패널과 달리 짙은 정파성을 보여주는 이였다. 그렇지 않아도 차명진은 이미 타 프로그램들에서 경거망동하는 언행으로 같은 보수 패널에게도 빈축을 살 때가 많다. 그런 그를 막말 파동으로 컷오프되었던 정청래 전 의원과 함께 출연시켰다는 것은 〈판도라〉가 의도적으로 두 패널의 감정싸움을 유도해 노이즈 마케팅을 노렸다는 것으로밖에는 해석이 안 된다. 게으르고 안이한 발상이라는 비판을 받을 여지는 충분하다.

차명진이 〈판도라〉에서 하차하고 프로그램은 정청래와 정두언 체제로 굳어졌다. 정두언 전 의원은 소장파로서 일관되게 정부와 여당을 내부에서 비판했던 사람으로, 정계를 은퇴한 이후에도 보수적 스탠스는 유지하되 자유한국당은 물론 바른정당에도 일관되게 비판적 견지를 보이며 호응을 얻고 있다. 특유의 차분한 말투로 던지는 냉소적 직설은 정청래의 위트와 시너지를 발해 〈판도라〉는 전보다 더 보기에 편한 프로그램이 되었다. 하지만 좀처럼 시청률은 2%대를 넘기지 못하고 고전하고 있다. 그 까닭을 알아보기에 앞서 정치 토크쇼의 형식에 대해서 논해 보겠다.

정치 토크쇼라는 장르

〈썰전〉이 마련해놓은 포맷은 삼자 구도로, 진행자가 어떤 정책적 어젠다를 제시하면 여야 패널들이 그에 대해 알리바이를 내놓고 상호 비판, 반박을 주고받는 형식이다. 어두운 배경을 두고 강하지 않은 광원 아래 좁은 테이블에서 머리를 맞대고 갑론을박을 벌이는 장면은 흡사 누아르 영화를 연상케 한다. 지하 방에서 포커를 치는 장면이나 〈디어 헌터〉의 러시안룰렛과 같이 말이다. 이러한 연출을 더 극적으로 밀고 나간 프로그램이 〈외부자들〉이다. 영화 〈내부자들〉을 패러디한 제목처럼 누아르를 연상케 하는 구도와 분위기를 한 시간 동안 유지하는데 단조로움을 피하기 위해 급박한 느낌의 배경음악을 적시에 삽입한다. 또한 (드라마를 제외한) TV 방송으로서는 굉장히 이질적인, 그러나 영화 문법에서는 아주 전형적인 촬영 기법을 기용해 신선함을 선사한다. 대표적인 예로 아웃포커싱을 들 수 있고 롱숏와 클로즈업에서 미디엄숏, 풀숏으로의 빠른 전환 역시 한 편의 영화를 보는 느낌을 자아내 시청자의 집중을 지속시킨다.

〈판도라〉의 경우 마찬가지로 〈썰전〉의 포맷을 그대로 차용했지만 앞서 말한 연출 기제는 전무하다시피 하다. 숏 전환의 리듬은 굉장히 단조로울 뿐만 아니라 패널들의 발언과 그에 대한 반응에 강조점을 두는 데 전혀 조응하지 못한다. 이러한 심심함을 보완하기 위해 〈판도라〉는 다만 진행자 배철수와 정청래의 유머에 기댈 뿐이다. 〈판도라〉 제작진은 이를 의식하기라도 했는지 매회 특별 게스트를 초청하고 타 프로그램들보다 훨씬 많은 주제들을 다룬다. 〈썰전〉과 〈외부자들〉은 한 회 평균 3~4개의 큰 이슈 안에서 하위 주제들을 다루는 반면 〈판도라〉는 최소 8개 이상의 큰 문제들을 논한다. 이러한 선택은 장점보다 단점이 크다. 한정된 시간 안에 여러 문제들을 논하느라 심층적인 논의가 이뤄지기 힘들고 피상적인 이야기만 주고받다가 넘어가버린다. 이때 다음 주제로 넘어가는 게 부자연스러운데 거의 항상 배철수나 정청래가 가벼운 농담을 던지면 화면이 멈추고 CG와 자막이 깔리며 경쾌한 음악이 나오는 식이다. 이는 프로그램의 전체적인 분위기를 지나치게 가볍게 만들고 시청자들에게는 답답함만을 안긴다.

일종의 장르로 유형화된 정치 토크쇼의 포맷이 대중적으로 성공할 수 있었던 까닭에는 시사적 맥락이 큰 부분 작용했을 것이라 생각한다. 최근 몇 년간 대중 사이에서 가장 많이 회자되던 용어들 중 하나로 '사이다'를 꼽을 수 있다. 원래 '사이다'라는 말은 수직적 권력관계에 있는 사람들 사이에서 이른바 '갑질'하는 자에게 속 시원하게 대처하는 상황을 두고 '고구마만 먹다가 마시는 사이다'에 빗대어 나온 말이다. 이를테면 '사이다'란 '을의 정치학'의 상상적 해결인 셈이다.

그런데 소수 커뮤니티에서만 쓰이던 사이다라는 말이 더욱 대중적인 용어로 쓰이게 되면서 그 의미에 약간의 변화가 발생했다. '강자에 대한 약자의 시원한 일갈'에서 '마음에 들지 않는 사람에게 모욕감을 주는 언사' 일반을 총칭하는 것으로 뜻이 옮겨간 것이다. '팩트 폭력'이라는 말의 의미 변화도 같은 맥락을 공유한다고 볼 수 있다. 이러한 맥락에서 좌고우면하지 않고 상대 진영에 막말에 가까운 비난을 보내는 포퓰리스트 정치인들이 '사이다 정치인'으로 둔갑해 대중의 지지를 받게 된 것이다.

다시 정치 토크쇼의 형식에 대한 논의로 돌아가자. 누아르 영화를 연상케 하는 이미지와 일대일 결투의 구도의 결합에 시사적 맥락이 겹쳐 대중이 정치 토크쇼로부터 얻기를 기대하는 재미의 요소에도 점차 변화가 일어났다. 어려운 정치를 쉽게 알려주는 인포테인먼트에서 상대방을 화려한 언변으로 제압하는 것을 보며 쾌락을 얻는 '싸움 구경'으로 이동한 것이다. 〈썰전〉이 전원책과 유시민 고정 패널 체제일 때 전성기를 맞이했던 이유가 여기에 있다. 전원책이 감정을 담아 정제되지 않은 언어로 "좌파" 정치인들에게 일갈을 던지는 '홍분 평론'이 보수 지지층을 소구했다면, 그런 전원책을 유시민이 어린이 달래듯 차분히 논박하며 암암리에 우월한 위치를 점함으로써 진보 지지층으로 하여금 대리 만족을 느끼게 한 것이다. 하지만 유시민과 박형준 고정 체제로 바뀐 지금의 〈썰전〉은 시청률이 하강 곡선을 그리고 있는데, 이 출연진으로는 더 이상 상대방을 제압하는 그림이 그려지지 않는다는 것도 한몫한다고 볼 수 있다. 그러나 그렇다고 해서 시청률 회복을 위해 프로그램을 다시 사이다를 바라는 대중을 소구하는 형식으로 회귀시키는 것이 답이 될 수는 없다. 한국의 정치 지형이 바뀌고 있기 때문이다.

사이다만 마시면 몸에 안 좋다

'사이다 정치'는 좌우를 횡단한다. 어떤 의미냐면 소위 공공의 적을 두고 '나의 적의 적은 나의 친구'라는 인식이 팽배하게 된 것이다. 박근혜·최순실 게이트 국면일 때 특히 그러했다. 그러나 이제 우리는 자의적이든 타의적이든 정치적으로 큰 변화를 맞이해야 하는 시대에 돌입했다. 공공의 적에 대항하여 이합집산을 반복하는 데서 정치적·이념적 다원화를 보장하는 데로 점차 이동하고 있는 것이다. 비로소 비정상의 정상화를 위한 수순을 차례대로 밟고 있는 시기인 만큼, 정치 토크쇼 역시 변화에 맞춰 바뀔 필요가 있다. 더 이상 자유주의 세력과 수구 세력이 진보와 보수를 과잉 대표하는 시대가 아닌 것이다. 주제넘게 한 가지 제안을 던져본다면 진보와 보수의 대립 구도는 유지하되 중간항에 친정부적 자유주의 성향의 패널을 추가해 더욱 역동적인 토론을 만들어내는 것도 괜찮을 것 같다. 사이다를 원하는 대중의 요구에 편승만 하는 것보다 선진화된 정치 지형을 제시하여 건강한 공방의 장을 마련한다면 방송 저널리즘의 격을 회복시키는 동시에 더욱 재미있고 알찬 프로그램으로 발돋움할 수 있을 것이다.

입선

생존을 위해 공존하는

KBS 〈명견만리〉

최은별

〈명견만리〉는 2015년 3월 12일에 시작해 매주 금요일 밤 10시에 KBS에서 방송되었으며 최고 8.0%의 시청률을 찍고 총 66부작을 끝으로 올해 8월 18일에 종영한 시사교양 프로그램이다. '명견만리'는 만 리 앞을 내다본다는 뜻으로 관찰력이나 판단력이 매우 정확하고 뛰어남을 이르는 사자성어이다. 이 프로그램은 사자성어가 가지고 있는 의미를 그대로 담아 한국 사회와 지구촌이 직면한 변화의 흐름을 읽어내고 미래의 비전을 제시하며 그 답을 찾아가는 여정을 그렸으며 통찰력으로 무장한 지성 교양인이 매주 출연해 우리 사회가 당면한 미래 이슈를 직접 취재하고, 강연을 통해 청중과 직접 소통하고 공감을 이루었다. 그리고 가장 큰 특징은 강연(lecture)과 다큐멘터리를 결합해 '렉처멘터리'라는 새로운 장르를 만들어냄으로써 생존을 위해 도전하는 모습을 보여주었다는 것이다. 더불어 이 강연을 모아 책으로도 엮었는데, 문재인 대통령이 휴가 때 읽고 SNS에 "사회 변화의 속도가 무서울 정도로 빠르고 겪어보지 않은 세상이 밀려오는 지금, 명견만리한다면 얼마나 좋겠나?"며 책을 읽은 소감을 밝히면서 책은 불티나게 팔려나갔다고 한다. 또한 KBS 〈명견만리〉 제작팀은 KBCSD 언론상 TV영상부문 대상, KBS 우수프로그램상 다수 수상, 가톨릭매스컴상 방송부문 수상, 정문술 과학저널리즘대상 TV부문상을 수상할 정도로 많은 인기를 누렸으며 시즌 1은 종영하였지만 2017년 10월 27일 시즌 2를 방송할 예정이라고 한다.

1. 생존을 향한 첫 걸음

〈명견만리〉는 대한민국의 생존을 전체적인 주제로 매회 김난도, 김영란, 최재천 등 각 분야의 최고 전문가부터 서태지, 성석제 등 문화계 인사까지, 더불어 4200%의 수익률이라는 경이로운 기록을 가진 금융 투자왕 짐 로저스 등 세계 각국 사회 주요 인사들이 출연하여 진행된다. 생존을 주제로 하고 있음과 더불어 이 프로그램 역시 생존을 위해 만들어졌다는 점에서 전체적인 포맷들이 동일한 구조로 이루어졌고 여기서 작품의 통일성을 볼 수 있다. 여태까지의 방송을 보면 강연이면 강연, 다큐멘터리면 다큐멘터리, 예능이면 예능 이렇게 단일한 형식으로 이루어진 프로그램이 대부분이었다. 그리고 전통적인 다큐멘터리 작법인 경우 내레이션과 인터뷰 중심이어서 많은 장점에도 불구하고 계도적일 수밖에 없는 한계가 있었고, 강연은 국내에서 수요가 폭발적으로 증가하고 있었다. 〈명견만리〉는 이를 잘 활용해 취재와 다큐, 강연과 VCR을 적절히 합쳐서 보여주면서 새로운 형식의 프로그램, 일명 '렉처멘터리'라는 새로운 장르를 탄생시켰다.

그리고 이 프로그램에 나오는 다큐멘터리는 길지 않고 짧게 진행된다. 심지어 평소 다큐에서는 볼 수 없는 예능적 자막 요소도 등장한다. 더불어 일반인 청중으로 구성된 '미래참여단'의 역할이 더해져 집단지성의 힘으로 인류 공동의 미래를 모색하는 형식에 강연 도중 아나운서 진행자의 막간 토크까지 추가되어 진행된다. 이 같은 요소는 시청자들이 다큐나 강연을 보면서 느끼게 되는 결핍을 빠르게 파악하여 보안된 요소라 볼 수 있다. 이 장르들에서 오는 결핍은 바로 '재미'이다. 다큐나 강연은 사람들이 지루함을 느끼기 쉽다. 그래서 예능이나 드라마만큼 인기를 잘 끌지 못한다. 이를 빠르게 파악해 방송에서 살아남기 위해, 즉 전체적인 주제, 생존의 콘셉트에 맞게 이 같은 예능적 요소를 추가했다고 볼 수 있다. 즉 '강연+다큐', '지식+공감', '전문가+대중'이 융합된 새로운 방식으로 '콘텐츠의 진화'를 이끌어냈다는 점에서 높은 평을 받아 마땅하다.

하지만 결코 적지 않은 세 가지의 장르가 합쳐져 있고 융합 콘텐츠의 첫 도전이기에 장르적 혼란을 일으킬 수 있다는 점을 우려해야 한다. 욕심이 과하면 화를 부르듯이 시사교양이 주를 이루는 거라면 예능적인 요소는 딱 지금만큼만 넣는 것이 적당하다고 본다. 재미적인 요소에서까지 생존을 위해 너무 욕심을 부린다면 '렉처멘터리'라는 장르 자체가 아직은 사람들에게 알려지지도 익숙하지 않은 장르이기에 지금의 줄기가 무너질 수 있다고 본다. 나도 처음에 이 작품을 접했을 때 강연을 하는데 자료화면에 VCR 영상까지 등장하는데 대체 장르가 뭐지 하는 의문을 가짐과 동시에 예능적이게 느껴지는 자막까지 등장하고, 방청객과의 대화까지 이루어지는 것을 보고 뭘까 하는 생각이 들었으며 '렉처멘터리'라는 새로운 장르로서의 출발이라는 것을 알고 난 후에도 아직은 낯설고 신기함을 느꼈다. 시청자의 입장에서는 충분히 의문을 가질 수 있는 우려가 있기에 조심해야 할 필요가 있다고 본다.

한 가지 생각해볼 요소가 또 있다. 바로 동시통역이다. 세계적인 내용을 다루기에, 투자왕 짐 로저스 편과 같이 외국인 강연자가 출연하면 동시통역이 사용된다. 하지만 이 요소가 오히려 시청자들의 눈살을 찌푸리게 한다. 녹화장에서 미래참여단에게는 동시통역이 오히려 도움이 된다. 하지만 막상 텔레비전으로 접하는 시청자의 입장에서는 강연을 듣는 데 방해 요소가 된다. 동시통역이 아닌 차라리 자막을 넣는다면 시청자들이 귀에 거슬리는 것 없이 강연을 듣고 보기도 편하지 않았을까 하는 생각이 든다.

2. '문제'보다 잠재된 '기회'에 주목하는 〈명견만리〉

〈명견만리〉는 윤리, 인구, 기술, 경제, 북한, 의료, 교육, 정치, 생애, 직업 등과 같이 문제가 되고 있는 소재들을 가지고 각종 트렌드와 사례, 데이터를 통해 문제를 지적하기보다는 현재의 변화와 기존의 예측을 깬다거나 우리 공동체와 개인의 미래를 바꿀 기회들을 포착해 탐색했다. '김영란법', 착한 소비, 융합 교육, 4차 산업혁명, 플랫폼 혁명, 주링허우 세대, 인공지능 같이 다루는 주제들이 과거와 확연히 달라질 미래의 기회들을 모두 모았다고 볼 수 있다. 가장 급변하는 환경에 놓여 있는 과학기술 분야는 물론, 변화의 속도가 느리게 느껴지는 교육 현장에 이르기까지, 각 분야의 종사자들이라면 반드시 알아야 할 내용들을 중심으로 한 렉처멘터리가 방송된다. 그간 사회를 진단하고 미래를 예측하는 콘텐츠는 많았지만, 다가올 미래를 불안하게 조망하거나 경고하는 데 그치는 경우가 많았다. 게다가 고령화, 일자리 등은 이미 익숙해진 문제들인 탓에 오히려 기존 담론에 갇혀 해결이 난망했다. 그러나 〈명견만리〉는 전 세계 전문가들과 동시대 사람들이 찾아낸 가장 첨단의 해법을 나누며, 차별화된 사고와 발상의 전환을 요구했다. 예를 들면 일자리 문제에 대해 기계가 따라오지 못할 창의성을 갖추도록 다그치는 것이 아니라 고용을 대하는 방식에 주목하고 지역사회와 기업의 역할을 묻는다. 이처럼 이제까지와는 다른 접근법으로 뻔한 문제의 해답을 찾아가는 다른 길을 제시한다. 결론적으로 시청자들은 이 프로그램을 통해서 앞으로 지금까지와는 굉장히 다른 세상이 펼쳐질 것이고, 그런 것들에 대해서 지금부터라도 제대로 대응해야겠다, 잘못하면 생존이 힘들어질 수 있겠다는 절박감을 느끼게 된다. 이처럼 시대적 이슈에 대한 공감을 이끌어내면서 3040대 시청층은 물론 1020대 시청층을 많이 확보한 것은 매우 잘한 일이라고 생각한다.

하지만 현재의 문제보다 잠재된 기회에 주목하여 진행된다는 것은 조금 생각해볼 필요가 있다. 시청자의 입장에서 문제에 대한 인식을 먼저 인지시켜주어야 하는 것이 맞지 않을까? 아직 잘 모르는 미래에 대해 알아야 할 필요성이 있는 것은 맞다. 하지만 참여하는 미래참여단만 봐도 알 수 있듯이 학생들이 더 많고 그만큼 학생들이 미래에 관심이 많다는 것은 사실이나, 현재 상황도 잘 모르는 학생들이 미래를 먼저 바라보면 잘못된 이해를 하게 될 확률이 높다. 학생뿐만이 아닌 주변을 둘러봐도 현재 상황에 대해 무관심하거나 아직 잘 모르는 사람들이 비교적 더 많다. 그렇기에 문제보다 기회에 주목한다는 것은 색다르고 좋은 도전이었지만 첫 시도이기에 조금은 살살 다루어야 할 필요성이 있다고 본다.

3. 정말 공정하고 객관적인가

〈명견만리〉는 '방송법' 제3조(시청자의 권익보호) "방송 사업자는 시청자가 방송 프로그램의 기획·편성 또는 제작에 관한 의사결정에 참여할 수 있도록 하여야 하고, 방송의 결과가 시청자의 이익에 합치하도록 하여야한다", 제6조(방송의 공정성과 공익성) "⑥ 방송은 지역사회의 균형 있는 발전과 민족문화의 창달에 이바지하여야 한다"와 같은 사회의 이익, 균형, 발전과 관련된 '방송법'을 매우 잘 지킨 예로 볼 수 있겠다. 또한 대다수의 방송 프로그램에는 상당수 방청객들이 동원되는 반면 〈명견만리〉는 자발적으로 참여한 방청객들이 무보수로 방청한다는 특징을 지니고 있다, 즉 사회와 관련된 시민들인 미래참여단이 자발적으로 의사결정에 참여할 수 있게 해놓음으로써 시청자의 권익 보호는 물론 방송의 공정성과 공익성이 모두 공존하였다 볼 수 있다.

〈명견만리〉 제작팀 측에서는 강연자들이 일방적인 주장을 하면서 강연하는 것이 아니라 시청자들과 질의응답 시간을 갖는다고 말한다. 즉, 이 프로그램에서는 한국 사회를 더 좋은 방향으로 발전시키는 공론의 장이 열리는 것이다. 하지만 막상 방송을 보면 '미래참여단' 부분이 편집되었는지 조금밖에 안 나온다. 미래참여단이 프로그램의 중요한 일부분인데 이 부분에 대한 보완이 매우 중요하다고 생각한다. 잘못하면 이는 '방송법' 제6조(방송의 공정성과 공익성) "① 방송에 의한 보도는 공정하고 객관적이어야 한다"를 위반할 우려가 있다. 다큐멘터리와 강연의 공통적 결핍인 '재미'를 위해 예능적인 요소를 넣고 편집이라는 것을 하면서 과장하게 되고 결국 약간의 오류가 섞인 보도를 하게 된다. 공정하고 객관적이어야 하는 방송이 생존에만 너무 집중하다 보니 편중된 내용이 보도되는 경우가 있었고 강연자의 입장에서만 전달된 경우도 있었다. 그렇게 되면 시청자들은 보고 들은 대로 믿는 경향이 커서 신뢰성이 강한 강연자의 말을 믿게 되고 과장된 정보를 인식해 세상을 바라보게 될 우려가 있다. 세계 모두를 크게 다루는 만큼 조심스러울 부분이 있다고 본다. 또한 방송되는 주제들이 다소 시청자들에게 가볍지만은 않다는 것을 고려해야한다. 그래서 미래참여단의 참여도를 높이고 토론장처럼 서로 대화를 많이 나누는 모습을 더 많이 보여주어야 한다고 생각한다.

또한 〈명견만리〉의 주제나 강연자들을 조금 더 깊이 생각해볼 필요성이 있다. 주제들을 보면 현실보단 꿈같은 이야기들이 많다. 심지어 강연자들도 보통의 사람들이 아닌 성공한 사람들이나 보통의 사람보단 뭔가 뛰어난 사람들이다. 이런 요소들이 시청자들에게 오히려 괴리감을 느끼게 할 수 있다. 시청자들은 자신들의 욕구나 결핍을 충족하기 위해 프로그램을 접하고 대리 만족을 할 것이다. 더불어 잠깐이나마 작심삼일이라도 행할 것이지만 바로 현실을 깨닫고 돌아오기 마련이다. 그렇게 되면 오히려 괴리감이 드는 것이다. 강연자들은 보통의 시청자들과는 삶이 다르기 때문에 자신들의 시야에서 얘기를 전달할 가능성이 크다. 조금 더 현실적인 얘기들과 시청자들의 눈높이에 맞추어나간다면 더 나은 프로그램이 될 수 있을 거라고 생각한다.

4. 더 나아가 다른 콘텐츠로의 확장

앞서 말했듯이 〈명견만리〉의 제작진이 방송 프로그램에서 다룬 미래사회의 주요 키워드를 모아 시리즈별로 나누어 책을 출판했다. 시리즈는 『명견만리: 향후 인류에게 가장 중요한 것들을 말하다』(인구·경제·

북한·의료 편), 『명견만리: 우리가 준비해야 할 미래의 기회를 말하다』(윤리·기술·중국·교육 편), 『명견만리: 지금까지 경험하지 못한 새로운 사회를 말하다』(정치·생애·직업·탐구 편) 총 3권으로 구성됐다. 책은 각 주제마다 꼼꼼한 자료 조사를 바탕으로 한 탄탄한 취재와 코닥시티, 테슬라, 로컬모터스 같은 풍부한 국내외 분석 사례, 세계적 기관과 연구소, 전문가들의 데이터를 바탕으로 해당 이슈에 접근하는 균형 잡힌 길을 안내한다. 아울러 사진과 픽토그램, 그래프 등으로 시각적인 이해를 도우며 정서적인 접근을 돕고 있다. 글의 말미에는 방송에서 미처 풀어내지 못했던 취재 과정의 결정적 에피소드와 인터뷰, 제작 의도를 풀어낸 취재 노트가 담겨져 있기에 방송에서보다 좀 더 꼼꼼히 파악할 수 있고 방송을 접하지 못했거나 녹화장에 직접 갈 수 없었던 사람들도 책을 통해서 미래 이슈에 대해 공감할 수 있다는 장점이 있다.

하지만 이렇게 책을 냄으로써 책이 더 관심을 끌게 되는 경우도 생각해보아야한다. 물론 책으로 인해서 〈명견만리〉 방송 프로그램에 대해 관심이 생길 수 있다. 하지만 책이라는 콘텐츠는 영상으로 볼 때와는 다르게 독자들에게 상상력을 자아낸다. 그래서 영상으로 볼 때보다 생각하는 재미를 느낄 수 있다는 큰 매력을 가지고 있다. 심지어 방송에서 풀어내지 못했던 부분을 담아냈다면 소비자들은 프로그램을 찾아볼까, 책을 사서 볼까? 즉, 출판 시장을 통해 다 함께 공존 할 수 있는 방법을 모색해봤으면 하는 기획 의도는 좋았으나 조금은 제작진의 욕심은 아니었을까하는 생각이 들었다. 이 프로그램 자체가 처음 시도하는 것들이 많은 부분이다 보니 물론 색다르게 다가오는 사람들도 있는 반면 어색하게 다가오는 사람들도 있을 것이다. 그렇기에 다른 콘텐츠로의 확장은 사람들이 변화된 환경에 조금 적응된 후에 진행하는 것이 바람직하다. 마지막으로 만약에 나중에라도 다시 출판하게 된다면 어린이를 위한 책을 내는 것이 좋을 것 같다. 미래참여단을 보면 학생의 비율이 좀 더 많은 것을 볼 수 있었다. 이는 현재의 학생들이 그만큼 사회에 관심이 많다는 말이고 결국 이 학생들이 미래를 이끌어갈 주요한 사람이기에 조금 더 아래층인 어린이까지 대상으로 한 조금 쉽게 접할 수 있는 책을 내는 것이 시청층을 확대하는 또 하나의 방법이라 생각한다.

입선

인문이란 화려한 관보다 돋보였던 객쩍은 한담

tvN 〈알쓸신잡〉

서동진

1. 어떤 배경화면

몇 년 전 텔레비전의 어느 예능 프로그램을 보고 있었다. 갑자기 밑도 끝도 없이 화면이 깜깜해졌다. 아니 화면만 어두워진 것이 아니라 오디오도 사라졌다. 자막 하나만 슬며시 떠올랐다. "지금 여러분들은 정선의 밤하늘을 보고 계십니다." 이 비슷한 문구였으리라. 〈삼시세끼〉의 초기 에피소드 중 하나였다. 연출자 나영석표 예능이란 이런 것이다. 필요하다면 상상을 뒤엎는다. 하지만 뒤엎어진 판을 자세히 들여다보면 엉망이 된 것이라곤 거의 없다. 절묘하게 낯선 제 자리를 낯설지 않게 차지한다.

〈알쓸신잡〉은 '알아두면 쓸데없는 신비한 잡학사전'의 줄임말이다. tvN은 2017년 여름 단 두 달 동안 이 불가해한 '잡담 프로그램'을 내걸었고, 세간의 화제를 끌어모으는 데 충분한 동력을 얻었다. '예능이라고? 인문교양 같은데.' '교양은 무슨? 왁자지껄 예능 맞잖아.' 사람들은 설전을 벌였고 그러다 보면 '아, 이 괴이쩍은 프로그램이 당대의 성공작 〈썰전〉만큼이나 흥미롭구나' 하는 자각을 하게 되었다.

2. 기이한 출발점

한 번 부르면 잊히지 않을 이름이 상식이다. 입방아에 오르기 마련인 텔레비전 프로그램이라면 더욱 그렇다. 내가 그의 이름을 불러주기 전에는 그것은 다만 하나의 무명씨 프로그램에 불과한 것이다. 연출자는 그걸 몰랐을까? 〈알쓸신잡〉이라니. 통념의 마케팅으로는 쓴맛만 올라온다. 그런데 기이하게도 '알뜰신잡'이라고 제목을 오해하는 사람이 꽤 많았다. 쓴맛에서 친근한 맛으로 진화하는 것은 금세다. 알뜰한 반전이 아니고 무엇이랴.

'인문학이라뇨? 이 무슨 당치않을…….' 혹시 연출자는 내심 그런 말을 하고 싶었을지도 모른다. 최소한 프로그램 안내에서도 '인문'이라는 두 글자는 찾을 수 없다. 단지 "분야를 넘나드는 잡학박사들의 신비한 수다빅뱅"이라는 설명이 눈에 들어온다. 당연하다. 그는 허황된 유행을 좇기보다는 밀림에 투신할지언정 복귀 루트는 확보해두는 스타일이다. 아이슬란드를 무작정 찾았던 그의 에세이집 『어치피 레이스는 길다』의 마지막 챕터가 이거다. "오로라는 가슴 속에, 두 발은 다시 땅 위에."

〈알쓸신잡〉이란 프로그램에 인문이란 당의정을 입힌 것은 그러므로 오롯이 시청자들과 섣부른 몇몇 저널의 선택이다. 아마도 '지식 소매상'을 자처한 유시민을 필두로 하는 출연진에서 지레짐작이 꽃피었을 것이다. 제작진의 입장에서 그런 선입견을 굳이 마다할 필요는 없었고 인문이란 수식의 관(冠)을 거절하기보다는 모르는 체하는 편을 택한 듯 싶다. 귀 밝은 연출자가 이 나라를 온통 뒤덮은 정체불명의 '인문학 열기'를 모를 까닭이 없지 않은가. 그는 그저 넌지시 발을 담갔을 뿐이다.

3. 인문학이란 장마전선

두말할 나위 없이 인문학은 이 나라에서 위기다. 인문학과 연계된 학과들도 위기이며 그 졸업생들은 위기의 첨병들이다. 그럼에도 곳곳에 인문학 강좌는 성업이고 출판 시장에서 인문으로 버무릴 수 있는 한 모든 것은 인문으로 귀결된다. 음식도 인문이며 맛집 탐방도 인문적 행각이라 치부한들 할 말이 없다. 미디어에서 인문 예찬은 날로 더해가는데 심지어 인터넷 포털의 첫 화면에도 인문 강연은 의연히 한몫을 차지한다.

인문학은 살 만해진 걸까? 어림없는 얘기다. 대학에서의 고난의 인문학과 사회에서의 팔리는 인문학이 내포한 불화는 상식적으로 이해 가능하기 때문이다. 대중들이 원하는 인문의 범주란 잡학적인 교양의 수준에서 반걸음쯤 더 나아간 지점이며 일부 성공한 인문학 강사들이 양팔 벌려 보여주는 인문의 상차림을 보면 쉽게 납득할 수 있다. 그러므로 어느 프로그램이 시도했던 동유럽의 철학자를 초빙한 강좌는 대중들에게 인문이 아니다. 어쩌면 그것은 가닿을 수 없는 곳의 학술의 영역으로 간주될 것이다.

애초부터 위정자들이 생각했듯이 인문학을 살리고자 함은 스티븐 스필버그의 영화나 스티브 잡스의 스마트폰처럼 과학과 공학에 대적할 만한 일당백의 경제성에 있었으리라. 스스로를 깨닫게 하고 사람을 성장시키는 내면적 질문의 인문학이란 그들에게 너무 먼 지적 도취나 향연에 불과했을지도 모르겠다. 한편 대중에게 인문학이란 사회적인 관계에서 부끄럽지 않을 만큼의 지식 체계를 뜻하는 것이었고, 종이신문조차 관심의 대상에서 멀어진 오늘날 인문학은 스타강사들이 버무려주는 소소한 지식이나 한두 권의 다이제스트 책으로 자리 잡게 되었다. 독서를 하기 위해 독서하는 법을 먼저 사들이는 사회에서 이해할 수 있는 풍경이다. 인문의 공복감은 누구나 느끼지만 건강한 식단을 찾기에는 마음이 급할 따름이다.

4. 등장인물들의 정교한 행마

대체 이게 무슨 조합이란 말인가? 누구나 수긍할 만한 인물로 유시민과 정재승을 들 수 있겠지만, 맛 칼럼니스트로서의 황교익과 대중적 언변을 짐작하기 어려운 작가 김영하의 기용은 독특했다. 거기다 음악 하는 유희열에게 사회자의 몫을 기대하다니. 적어도 첫 프로그램을 보기 전까지는 그랬다. 결과적으로 기우란 이럴 때 쓰는 말이다.

사람과 사람 사이의 대화에서 모든 예능이 꽃핀다고 믿는 연출자 나영석은 변함없는 용인술의 경지를 과시했으니, 무엇보다도 유희열의 재능은 감추어진 곳에서 프로그램을 덥힌 온기와도 같았다.

〈알쓸신잡〉은 지식을 뽐내는 프로그램이 아니다. 그나마 지식도 '쓸데없는 지식'임을 자처하는 자기 고백은 잡다한 지식을 교양의 첨병으로 믿고 싶어 하는 이 시대에 대한 통렬한 농담과도 같다. 저명한 음대를 졸업한 유희열에게 학력의 증표를 내세울 일도 인문학의 통찰을 자랑할 길도 원천 봉쇄된다. 그는 정말 제대로 아는 게 없는 위인일까? 그걸 짐작할 길이야 없다. 적어도 연출자는 이 백가쟁명의 잡학 난전에서 유희열을 대중의 지표 삼아 내세우고 싶었을 것이다. 대중이 감내하는 지점에 그는 기꺼이 가서 섰으며 자신을 낮추어 네 명의 지적 재담을 조율하는 데 놀라운 기량을 발휘했다.

유시민은 〈알쓸신잡〉의 마스터 셰프와도 같다. 익히 알려진 대로 달변과 이슈 제기는 그의 장기였고 때로 아슬아슬할 정도로 멀리 나가긴 했다. 〈썰전〉에서의 정치적 언변이 모두 걸러진 것은 아니었으나 부드러움을 얹어 변화를 모색했다. 그가 없다면 프로그램을 독전할 인물 또한 사라지는 것을 부인키 어렵다. 부여 낙화암 에피소드에서 보여준 소위 '삼천궁녀 진위설'의 재치 있는 제기는 한껏 그를 돋보이게 했다. 내심 그가 유희열만큼이나 연출자와 확고한 교감을 자아내고 있지 않나 싶었다.

정재승은 많은 강연과 미디어 등장으로 단련된 능숙한 대화술을 보여주었다. 유시민이 감탄했듯이 과학적 소재를 짤막한 문답으로 풀어내는 솜씨는 TV 앞의 시청자들에게 과학기술의 무게감을 덜어내 주었다. 그가 제시한 많은 분량의 대화가 편집되어 최종회에 비로소 소개된 점이 아까울 정도였다. 이 부분은 연출자가 〈알쓸신잡〉을 본격 교양 프로그램으로 부상시킬 계획이 전혀 없었음을 암시해준다. 무엇보다도 곳곳에 찔러 넣는 정재승의 위트는 군계일학이었다.

김영하는 그의 소설처럼 스토리텔러의 위치에 자리 잡았다. 역사에서 사회 전반까지 그의 관심 스펙트럼은 넓었으며 때로는 유시민의 보완재로, 때로는 스스로의 방향키를 틀어 설파하는 진지한 이야기꾼으로서 제 몫을 다해냈다. 작가로서 또는 솔로이스트로서 그의 퍼스낼리티가 다른 세 사람과 완전히 달랐으니 절묘한 균형감이 아닐 수 없다.

황교익은 마중물 역할을 하는 배역으로 손색이 없었다. 왜 연출자는 가장 인문과 거리가 먼 듯싶은 음식 전문가를 배치했을까? 〈알쓸신잡〉 프로그램을 점화하는 데 〈1박2일〉처럼 여행의 개념이 불가피했다고 믿었기 때문이다. 황교익 자신의 말처럼 여행의 끝에 남는 것은 결국 음식이다. 역사와 경제와 과학과 문학은 쉽사리 닿을 수 없는 곳에 있었지만 음식이란 누구에게나 공평한 한 그릇이다. 각 지역의 화사한 상차림과 의외의 메뉴판이 없었더라면 〈알쓸신잡〉은 도리 없이 지루한 인문 표방 토크 프로그램으로 전락했을지도 모른다.

5. 짧았던 불꽃놀이

홍대에서 펼쳐진 마지막 회가 종합적 뒤풀이에 해당된다는 점을 이해한다면, 〈알쓸신잡〉은 고작 8편의 에피소드로 쏘아 올린 폭죽일 따름이다.

통영을 필두로 춘천, 보성, 강릉, 경주, 공주, 세종, 부여, 전주, 순천 등 십여 곳의 지역을 넘나들며 125개의 여행지를 섭렵했다. 유희열의 설명에 따르면 57종의 음식과 마주했던 셈이며 날이 지새는지 모르고 나눴던 대화의 주제가 무려 282개에 달한다는 것이다. 이쯤 되면 실로 잡다하다는 프로그램 본령의 취지가 무색치 않다.

한 회 분량이 결코 짧지 않았음을 감안한다면 잡학박사들의 재담만큼이나 편집의 신출귀몰함이 칭찬받아야 할 것이다. 아마도 연출과 작가가 도출한 각각의 에피소드는 충분한 숙의를 거쳐 출연진에게 전달되었을 것이고 이들은 시청자들의 눈높이를 어지럽히는 일 없이 본연의 임무를 완성해냈다.

6. 딱히 쓸데는 없지만 홍이 나는 예능

애초에 제시했던 좌표에서 연출자는 한 치도 벗어나지 않았다. '딱히 쓸데는 없지만 알아두면 홍이 나는' 그런 프로그램이 알고 보면 이 나라에 결코 흔치 않다. 아침부터 저녁까지 먹거리 예찬과 식탐에 꽂힌 프로그램들이 지칠 무렵 〈알쓸신잡〉과 같은 신원 불명의 '잡담 나누기'는 눈길을 끌 것이다. 사람들이 원하든 원치 않든 인문학은 이미 길을 잃었으나, 그렇다고 해서 그 무거운 짐을 예능 프로그램이 나누어져야 할 책무는 없다. 〈알쓸신잡〉을 대중 인문학의 어떤 기항지쯤으로 여기는 시청자들이 생겨난다면 그것으로 프로그램은 제 몫을 분에 넘치도록 이뤄낸 것이리라.

인문학이란 태생적으로 질문의 학문이다. 물음표보다 느낌표를 중시하는 우리의 교육과 사회 시스템에서 더더군다나 당장의 환금 가치와면 인문학은 슬프다. 사람이 스스로를 되물어 길을 찾는 일은 TV로서 감내하기 어려운 일임을 이해한다. TV란 느낌표의 선물 상자니까.

다만 늘 짐작할 수 없는 지점에서 발화했던 나영석표 예능이 수다 끝에 가끔은 잠시 불을 꺼두어도 될 것 같다. 그가 예능을 통해 시대에 질문하고 대중을 위해 점등하는 보기 드문 연출자인 까닭에 기대는 늘 부풀어 오른다.

입선

자신감을 갖고 '나눔'으로부터 오는 행복 즐기기, 현실의 윤식당을 꿈꾸며

tvN 예능 〈윤식당〉

문영주

요즘 시청자들이 생각하는 예능 프로그램의 의무는 무엇일까? 아마 '사람들을 웃고, 행복하게 해주는 것'일 것이다. 과거에는 예능 프로그램들이 시청자들을 웃게 해주는 것만으로도 그 의무를 다했다고 생각했다. 그러나 요즘은 그렇지 않다. 시청자들은 웃음 외에도 우리를 행복하게 해달라고, '힐링'시켜달라고 요구하고 있다. 호평을 받은 많은 예능들이 '힐링 예능'이라는 별명을 갖고 있는 것이 그 증거이다.

시청자들은 왜 '힐링 예능'을 요구하게 되었을까? 그 이면에는 두 상황의 절묘한 조합이 존재한다. 신자유주의 물결 속에서 끊임없이 달리고 있지만 그 끝은 보이지 않는 것, 4차 산업혁명이라는 새로운 시대가 희망이 아닌 위기로 다가오는 것, 계층 간의 이동은 어느새 기적이 되어버린 것 등등. '지쳐버릴 수밖에 없는 상황'과 점점 줄어들고 있는 여가시간 속 체력과 돈이 충분치 않아 '여가시간 대부분 TV 시청을 할 수밖에 없는 상황'이 만나 시청자들로 하여금 예능이 도피처와 같은 역할을 하도록 요구하게 만들었다.

그동안 많은 예능 프로그램이 '힐링 예능'이라는 표창장을 받기 위해 노력했다. SBS의 〈힐링캠프〉처럼 힐링을 전면에 내세운 예능 프로그램도 있었다. 약 4년 6개월 동안 수많은 유명인들이 나와 자신의 이야기를 털어놓으며 시청자들의 공감을 사기 위해 노력했다. 그러나 자신도 힘든 시청자들에게 남들의 아픈 이야기를 듣는 것은 버겁게 느껴졌고, 〈힐링캠프〉는 그저 하나의 장수 토크쇼에 그쳤다. 큰 인기를 끈 〈꽃보다 할배〉 또한 여행지 곳곳의 멋진 풍경과 할배들과 이서진의 관계 등 '보는 재미'들은 많이 있었으나 제한된 돈으로 할배들을 모시고 여행을 해야 한다는 미션 때문인지 묘한 긴장감이 느껴짐에 따라 행복을 느끼기는 쉽지 않았다. 이처럼 그동안 예능 프로그램이 시청자들을 행복하게 해주는 것은 쉬운 일이 아니었다.

하지만 〈윤식당〉에는 항상 '힐링 예능'이라는 꼬리표가 따라붙는다. 〈윤식당〉을 보는 시청자들은 너도나도 나까지 행복해지는 기분이라고 말한다. 그리고 그 원인을 외국인 여행객들의 여유로움, 섬의 여유로운 모습 등 '우리는 누리지 못했던 여유'로 꼽는다. 하지만 〈윤식당〉이 시청자들을 행복하게 만들어줄 수 있었던 진짜 요소는 따로 있다.

욕심을 버린 것이 가능성이 되었다

〈윤식당〉은 발리의 한 작은 섬에서 한식당을 여는 연예인들의 도전기이다. 우리가 외국에 한식당을 차린 것은 이번이 처음은 아니다. MBC 〈무한도전〉의 "식객" 특집에서는 비록 단 하루였지만 한식을 알리기 위한 목적으로 뉴욕에 한식당을 여는 프로젝트를 진행했다. 박명수 팀과 유재석 팀으로 나누어 각 팀의 손님 수와 손님들이 각 팀 음식에 매긴 가격을 두고 경쟁하는 형식이었다. 멤버들은 이를 위해 뉴욕 길거리 곳곳을 누비며 뉴요커들의 입맛을 파악하기 위한 설문조사를 하고 다녔다. 전문 셰프까지 초빙해서 뉴요커들이 좋아할 만한, 너무 자극적이지 않고 향이 강하지 않은 메뉴를 개발하려 노력했고, 시각적으로도 훌륭한 음식을 만들려고 노력했다. 여기에는 한식 알리기에 성공해야 한다는 압박감이 가득했다. 외국인들에게 한식도 괜찮다는 것을 인정받기 위해 그들의 입맛에 맞춘 음식을 만들었고, 그 결과 우리가 평소 먹고 즐기는 우리의 음식이 아닌 '하나의 작품'이 탄생했다.

비빔밥을 알린다는 이유로 멤버들이 뉴욕 길거리에서 사람들에게 비빔밥을 아느냐고 묻고 다니는 부끄러운 광경도 연출되었다. 멤버들의 입에서 "두 유 노 비빔밥(Do you know Bibimbab)?"이라는 말이 나온 순간, 비빔밥은 세계가 알 필요가 있을 정도로 훌륭한 음식이 아니라 외국인이 알아주었으면 하는 음식이 되었다. 음식 한류를 이끌어야 한다는 욕심 끝에 남은 것은 우리답지 않은 한식과 스스로 격하시킨 한식, 그리고 한식 알리기에 성공할 수 있을까 하는 긴장감뿐이었다.

반면 〈윤식당〉은 욕심내지 않았다. 외국 사람들이 불고기를 좋아한다는 정보 하나만 가지고 단 세 가지의 메뉴(불고기 라이스, 불고기 누들, 불고기 버거)만 만들어 영업을 시작했다. 홍석천, 이원일 셰프의 도움을 받아 메뉴 개발을 했으나 그것은 전혀 새로운 것이 아닌 우리가 평소 먹을 법한 조합이었다. 메뉴가 너무 부족하다는 것을 느끼고 출연진들이 자진해서 만든 팝 만두, 치킨, 라면 등도 우리가 평소 먹는 형태 그대로의 것이었다. 외국인 입맛에 맞추려는 노력은 손님 개개인의 요청에 한해서만 이뤄졌다. 플레이팅 또한 그저 접시 위에 채소나 빵 혹은 과자를 올리는 수준에 그쳤다.

그럼에도 불구하고 외국인들은 충분히 우리 한식을 즐겨주었다. 음식이 색다르고 매우 훌륭하다는 호평을 쏟아냈다. 라면 한 방울까지 탈탈 털어 먹기도 하고 추가 주문을 하기도 했다. 또한 한식당임을 알고 김치가 있느냐고 묻고 김치를 내어주자 매우 좋아하며 리필까지 해 먹는 외국인도 있었다.

가게의 규모는 또 어떤가? 〈무한도전〉처럼 수십 개의 테이블이 아닌 몇 개의 테이블과 비치체어가 전부였다. 소박한 가게 규모 덕에 시청자들에게도 출연자들에게도 손님이 많이 찾아올까 하는 불안감과 압박감은 줄어들었다. 가끔은 테이블이 부족한 상황이 발생했지만 외국인들은 스스로 합석을 하고 새로운 사람들을 만나 이야기꽃을 피우며 그 순간을 충분히 즐겨주었다.

한식을 알리는 데 욕심내지 않은 〈윤식당〉의 태도가 오히려 우리의 것 자체만으로도 전 세계인들을 행복하게 해줄 수 있다는 가능성을 열어주었다. 그리고 시청자들은 보다 편안한 자세로 그 가능성을 확인하며 자신감을 얻게 되었다.

'네가 좋아하니 나도 좋다': 나눔으로부터 오는 행복

윤식당은 경제적인 측면에서 바라보았을 때 망한 식당이다. 벌어들인 돈보다 쓴 돈이 더 많았다. 하지만 그보다 더 큰 것을 얻었다. 바로 '나누는 행복'이다. 〈무한도전〉은 뉴욕으로 한식 오디션을 보러 떠났었다. 우리가 '을(乙)'인 입장에서 뉴요커 심사위원들로부터 '한식도 괜찮네'라는 평을 듣기 위해 무던히 노력했다. 외국인 손님들로 하여금 멤버들이 여러 날을 고생하며 만든 음식에 금액으로 평가하도록 한 것에서 우리는 평가받는 입장이라는 것을 확실히 느낄 수 있다.

하지만 〈윤식당〉에서 우리는 '인심 좋은 부잣집 주인'이 된다. 이익을 따지지 않고, 여행을 하다 쉬러 온 '나그네' 외국인 여행객들에게 보다 맛있는 한 끼를 대접해주기 위해 노력한다. 윤여정은 "아주 잘해줄 거야", "많이 줄 거야" 라고 말하는 한편, 영업이 끝난 후 그냥 발걸음을 돌리는 한국인 여행객을 불러 세워 만두라도 튀겨준다. 그리고 베지테리언 손님이 시킨 불고기 누들에 행여 양이 적을까 싶어 고기 대신 빵이라도 썰어서 내어주기도 한다. 음료와 홀을 맡은 이서진도 마찬가지이다. 잔돈이 부족하자 그냥 공짜로 물을 내어주기도 하고, 한국인 손님이 반가워 서비스로 레모네이드를 만들어주기도 한다.

윤식당을 찾아온 외국인 손님들은 윤식당에서 정말 행복한 시간을 보낸다. 음식을 맛있게 먹어주는 것은 기본이고 사진을 찍기도 하고 처음 해보는 젓가락질을 즐기기도 한다. 또한 주변 풍경을 감상하며 흘러나오는 노래를 즐기고, 서로 애정 어린 대화를 나누는 등 여유롭고도 즐거운 시간을 보낸다. 이를 보는 출연진과 시청자들은 외국인들이 행복해하는 모습에 덩달아 뿌듯함을 느낀다. 즉 시청자들이 외국인들의 여유 있는 모습이 보기 좋다고 한 것에는 '그렇게 여유를 즐길 수 있는 공간을 만들어준 사람으로서의 행복감', '나눔으로부터 오는 행복감'이 담겨 있는 것이다.

윤식당에서는 스트레스도 즐겁다

우리는 항상 성과주의에 시달려왔다. 항상 입시생의 마음으로 타인으로부터 또 자신으로부터 호평을 받아야 한다는 압박감에 시달려왔다. 그리고 호평을 받지 못했을 시, 실망하고 자책해왔다. 이러한 성과주의는 개인에 한정되지 않고 대한민국이라는 국가까지 확장되었다. 우리 자신에 대한 자신감 부족 및 불안감이 세계로부터 인정받아야 한다는 압박감을 낳았고, 이는 세계로부터 국가에 대한 자긍심을 과하게 찾으려는 '국뽕'(국가와 히로뽕의 합성어) 현상으로 이어졌다.

가수 싸이가 강남스타일로 전 세계적인 스타가 되었을 때 우리는 전 세계인이 한국 음악과 한국 가수를 인정해주었다는 사실을 무척 자랑스러워했다. 그리고 내한하는 해외 스타마다 "두 유 노 강남스타일(Do you know Gangnam style)?", "두 유 노 싸이(Do you know PSY)?"라고 질문하는 촌극을 찍기도 했다. 하지만 싸이는 해외로부터 인정받아 대단한 것이 아닌 그 자체의 능력이 뛰어난 스타였다. 전 세계의 유명 TV쇼들은 앞다투어 싸이를 모셔가려고 했다. 세계가 그의 능력을 인정해주는 와중에 우리만 가수 싸이의 능력을 '인정받았기 때문에 훌륭한 것'으로 평가 절하했다.

반면 〈윤식당〉에서의 출연자들은 한식에 대한 자부심이 넘쳤다. 출연자들 스스로 우리 입맛에 맛있는 음식은 곧 외국인 입맛에도 맛있을 것이라는 확신을 갖고 있었다. 손님들이 음료만 시키자 윤여정이 "우리 불고기 맛있는데"라며 안타까워하거나 손님이 없어 만든 시식용 불고기 버거마저 이목을 끌지 못해 결국 출연진들이 먹어버리면서도 "완전 맛있는데요"라고 말하는 것에서 이를 확인할 수 있다. 출연자들은 실패한 장사에도 속상해하지 않고 '이 맛있는 것을 안 먹는 것은 너의 손해다'라는 태도를 취했다.

물론 〈윤식당〉이 처음부터 자신감에 차 있었던 것은 아니다. 맨 처음 상권을 분석할 때 손님도 많고 규모도 큰 옆집에서 식사를 하면서 우리가 만든 파인애플 음료와 별반 다르지 않다는 점을 강조하는가 하면 처음 음식이 나올 때까지 40분이나 걸렸다는 점을 강조하기도 했다. 그리고 음료밖에 팔리지 않자 날이 매우 덥다는 것을 강조하며 "이렇게 더운 날엔 시원한 음료를 마셔야죠!"라는 자기 합리화식의 자막을 내보내기도 했다.

하지만 방송 회차가 거듭됨에 따라 행여 실패하지는 않을까 전전긍긍하지 않아도 우리의 것으로 충분히 다른 사람들을 행복하게 해줄 수 있다는 자신감을 갖게 되었다. 이렇다 보니 외국인들로부터 우리의 음식을 평가받는 것으로부터 오는 스트레스, 인정받아야만 한다는 압박감으로부터 오는 스트레스는 자연히 줄었다. 대신 그 자리에는 윤식당을 찾아온 손님들에게 더 맛있는 음식을 대접해주고 더 잘해줘서 그들을 행복하게 만들어줘야 한다는 '즐거운 스트레스'만 남게 되었다. 비록 땡볕이 내리쬐는 뜨거운 날씨에 하루 종일 불 앞에 있다든가 서서 손님들을 받아야 하는, 노동으로부터 오는 스트레스가 있긴 했지만 이는 '손님들을 행복하게 만들 수만 있다면 이 정도쯤이야'라는 마음가짐으로 승화되며 그 또한 즐거운 것이 되었다.

이러한 점을 미루어보았을 때 〈꽃보다〉 시리즈나 〈삼시세끼〉에서 툴툴거리기만 하던 이서진이 〈윤식당〉에서는 그 누구보다 부지런하고 열심인 사람으로 돌변한 것이 이해가 된다. 아마 그도 남을 행복하게 해준다는 것으로부터 오는 즐거움에 흠뻑 취했으리라.

현실의 윤식당을 꿈꾸며

〈윤식당〉은 한식에 대한 자신감을 바탕으로 성공해야 한다는 부담감을 떨쳐냈고, 더 나아가 나누는 행복이 무엇인지 시청자들에게 보여주었다. 물론 모든 시청자들이 이를 전부 받아들인 것은 아니었다. 몇몇 시청자들은 윤여정이 장갑을 갈아 끼지 않는다고 지적하며 그가 위생 관념이 부족하다고 주장했다. 논란이 불거지자 그 후의 방송에서는 윤여정이 장갑을 끼는 장면을 계속 비춰주는 '웃픈' 현상이 벌어지기도 했다. 그리고 전기 문제와 조리부의 서투름으로 치킨이 늦어지자 그들의 행동이 답답하다며 욕을 하기도 했다. 출연진도 시달리고 있지 않은 과업 달성에 대한 사명감에 시청자들이 시달렸던 것이다.

우리는 뛰어난 능력을 가지고 있다. 꼭 남에게 인정받지 않더라도 우리의 뛰어난 능력은 결코 퇴색되지 않는다. 내 능력이 의심될 때는 인심 좋은 부잣집 주인 입장에서 이를 한번 베풀어보자. 아마 내 능력으로 남을 행복하게 해주었다는 것으로부터 오는, 즉 '나눔으로부터 오는 행복'을 느낄 수 있을 것이다.

'많은 사람들이 자신감을 가지고 나눔으로부터 오는 행복을 즐기게 되는 것', 이것이 〈윤식당〉이 우리에게 던지는 가장 큰 메시지이다. 부디 현실의 윤식당이 많이 늘어났으면 하는 바람이다.

입선

불의를 향한 '분노의 온도'

tvN 〈비밀의 숲〉, 인간의 이성으로 정의를 추구하는 이 드라마만의 방법

조만희

tvN 토일 드라마 〈비밀의 숲〉(연출 안길호, 극본 이수연) 첫 회의 시작은 이러했다. 어린 시절 뇌섬엽 이상으로 절제 수술을 받은 후 감정을 느끼지 못하게 된 주인공 황시목(조승우)이 운전 중 찾아온 수술의 후유증으로 도로 한복판에 차를 세운 채 극심한 고통을 감내하고 있다. 갑작스레 멈춰버린 그의 차 뒤로 줄을 이은 차들의 신경질적인 경적 소리. 이미 도로는 엉망이다. 귀를 찌르는 이명의 고통에서 깨어난 황시목은 가까스로 멈추었던 차를 움직인다. 그의 차가 움직이자, 꽉 막혔던 대교 위의 차들이 서서히 빠져나가기 시작한다. 카메라는 이 차들의 흐름을 부감한다. 황시목이 움직이기 시작하자 그를 뒤따르는 것처럼, 엉망으로 막혔던 물길이 황시목으로 인해 뚫리자 드디어 흐르게 된 것처럼. 이 첫 장면은 황시목이란 인물이 〈비밀의 숲〉에 존재하는 이유를 상징적으로 그려내고 있다.

〈비밀의 숲〉은 조직사회에 길들여진 개인들이 그 조직을 유지하기 위해, 그리고 그 안에서 자신만의 이익을 추구하기 위해 저마다의 정의 안에서 법과 원칙을 이용하는 세상을 묘사한다. 이러한 세상 안에서 박무성 살인 사건을 좇는 황시목의 움직임은 이들과 전혀 다른 구심력을 이룬다. 그 힘의 원천은 오로지 객관적인 사실관계만으로 세상을 바라보고 판단하는 '인간의 이성'이다.

그리고 이것은 드라마 안에서 어떤 푯대가 된다. 그리하여 드라마의 사건은 황시목의 객관적인 시선과 이성적인 판단으로 해체되고 재구성되어 해결에 이른다. 이 과정 속에서 인간의 뜨거운 감정 따위는 찾아볼 수 없다. 드라마는 감정의 호소를 통해 관객을 설득시키지 않는다. 이것을 매우 경계한다. 황시목이 감정을 느끼지 못한다는 설정의 이유도 바로 이 지점에서 찾을 수 있을 것이다. 감정의 호소를 제거한 자리에 남은 것은 인간의 냉철한 판단력이다. 이 단호함이야말로 이 드라마가 여타 장르물과 다를 수 있는 근거가 된다. 그 기준점이 바로 주인공 황시목인 것이다.

도덕적이고 자율적이며 이성적인, 칸트적 인간형

드라마 시작의 포문을 연 박무성(엄효섭) 살인 사건은 주인공 황시목이나 한여진(배두나)과는 사적으로 아무런 관계가 없다. 드라마는 주인공 가족의 원한이나 억울한 죽음으로 인물과 사건을 결부시키지 않는다. 그들은 오로지 검사로서, 경찰로서 사건을 대할 뿐이다. 주인공이 사건에 몰두할 수밖에 없는 동기를 '개인적인 사연'으로부터 배제시킨 설정은 인물이 사건을 바라보는 '객관적인 시각'을 확보하게 한다.

개인적인 사연에서 비롯되는 강력한 동기를 보완하기 위해 드라마는 강진섭(윤경호)의 죽음을 배치시킨다. 황시목이 CCTV 화면을 증거로 전과자 강진섭을 잡아들이고 징역을 선고한 것이다. 강진섭은 억울함을 호소하다가 결국 죽음을 맞이하게 된다. 한여진의 단서를 통해 CCTV 화면은 조작된 것이며, 이 또한 범인의 설계임을 파악한 황시목은 방송에서 두 달 안에 진범을 잡겠다고 선포한다. 주인공에게 일종의 책임감을 부여하는 방식을 사용함으로서 사건 해결의 동기를 더욱 강화시킨다.

여기서 황시목이 방송을 통해 재수사를 선포하는 지점은 매우 중요하다. 매스컴은 광장이나 다름없다. 황시목은 사건 해결의 동의를 검찰 내부의 부장이나 지검장이 아닌 대중에게 구한 것이다. 정의로운 세상을 원하는 보이지 않는 대중은 암묵적으로 황시목의 행보를 지지한다. 그렇게 황시목은 박무성 살인 사건을 파헤칠 두 달의 시간을 확보해낸다.

그는 가장 먼저 박무성의 모친을 찾아간다. 그의 머릿속에 배열된 용의선상에 가족이라서 배제되는 일은 없다. 가족이라서, 검사라서, 경찰이라서 당연히 '믿는다'는 말을 황시목은 예민하게 경계한다. 으레 그러하리라는 짐작의 뒤에 숨어 손쉽게 판단하고 상황을 모면하려는 많은 사람들에게 황시목은 '왜'라는 질문을 집요하게 던진다. 황시목은 사건의 원점으로 돌아가 범행을 복기하고, 복기하고, 또 복기한다. 모든 상황을, 모든 대상을 의심한다. 이 의심의 힘으로 드라마의 추리구조는 탄력을 받는다. 여기서 재미있는 것은 황시목의 상상 속 복기 장면에서 범행의 주체가 황시목 본인이라는 점이다. 황시목은 타인뿐만 아니라, 자기 자신도 객관화하여 바라보는 인물임을 드러내는 지점이기도 하다. 경사 한여진은 이러한 황시목을 사건의 용의선상에 올려놓는다. 그녀

또한 늘 사건의 중심에 있었던 황시목을 배제하지 않는 것이다. 황시목은 한여진이 자신을 용의자로 의심하고 있음을 알고 있다. 그래서 그녀가 이 일을 자신과 함께 할 수 있는 사람이라고 판단한다. 강진섭의 죽음으로 이미 결론 난 사건을 뒤집는 단서를 들고 왔을 때, 그는 그녀의 '행동'을 보고서 그녀가 어떠한 사람이라는 것을 판단한다. 늘 황시목을 의심하고 지켜보고 있다는 한여진에게 처음으로 웃음을 보인 이유도, 모든 대상을 객관화할 수 있는 시선을 가진 한여진을 신뢰하고 있기 때문이다.

이렇게 드라마에서 묘사되는 황시목은 칸트가 말한 '이성적인 인간'에 매우 부합하는 인간형이다. '칸트적 인간형'이란 표현이 적절한지 모르겠다. 그러나 황시목은 칸트의 도덕 원칙과 자율성, 그리고 조건이 없는 정언 명령에 의해 작동하는 이성적인 인간임은 자명하다.

박무성 살인 사건은 이창준(유재명)에 의해 황시목에서 영은수(신혜선) 검사에게로 전담된다. 공판검사가 영은수로 배정된 상태에서 사실상 황시목의 손에서 떠난 사건이었다. 그러나 사건검사로 강진섭을 구속한 황시목은 초동수사에 실패한 책임을 스스로 진다. 그리고 그 책임을 완수하기 위하여 반드시 범인을 검거하겠다는 약속을 대중에게 한다. 자신의 과오를 인정하고 책임을 지는 행위는 도덕적인 행동일 것이다. 칸트는 "선한 의지가 선한 까닭은 그것이 어떤 효과나 결과를 낳기 때문이 아니다"라고 말했다. 중요한 것은 동기이다. 옳은 일을 하더라도 그것이 옳기 때문에 하는 것이 중요하지, 이면에 숨은 다른 동기 때문에 하는 것은 도덕적 가치가 없다고 말한다. 황시목은 영은수를 위기에서 구하기 위해, 검찰의 부실수사 책임을 떠안기 위해 사실을 밝히는 것이 아니다. 그 스스로 부실수사를 인정하고, 범인 검거라는 책임을 지는 도덕적 행위는 그 행동 자체가 옳기 때문에 하는 일이다. 이 행동으로 초래될 자신을 향한 조직의 불이익 등은 전혀 고려하지 않은 채 말이다. 여기서 황시목이 칸트가 말한 자율적 인간이라는 사실이 드러난다. 그는 외부에서 주어진 목적에 반응해 행동하는 인간이 아니다. 그는 스스로 부여한 법칙대로 행동한다. 그래서 그는 검찰 조직 내에서 의도적으로 소외된다. 감정이 없는 그는 이러한 조직 내부의 압력을 개의치 않는다. 이렇게 조직에 반하는 그의 자율적인 행동이 우리에게 감명을 주는 것은 목적 그 자체를 선택하는 이 자율적인 행동이야말로 인간만이 할 수 있는 선택이기 때문이다. 마침내 황시목은 검찰조직의 장이 아닌, 매스컴을 통해 '범인을 잡겠다'는 의지에 대중의 동의를 구함으로써 자율적인 행동에 정점을 찍는다. 그렇게 시작된 재수사 안에서 보이는 황시목의 추리력은 "감각 세계의 원인들로 인한 결정으로부터 독립적인 위치"에서 판단하는 행동들이다. 경험이 아닌 오직 이성을 토대로 하는 판단력은 앞서 말했듯 사건의 인과를 해체하고 재구성한다.

그렇다면 〈비밀의 숲〉은 왜 이러한 칸트적 인간형을 창작한 것일까. 그것은 거짓과 진실이 혼재한 세계에서 어떤 기준점을 만들어내기 위함이 아니었을까. 분명 막혀 있는 물꼬를 틔울 무언가가 필요한 시점이었다. 고여 있는 것은 썩기 마련이니까. "썩은 델 아무리 도려내도 그 자리가 또다시 썩어가는 걸 8년간 목도했다"는 황시목의 대사는 불의한 시대에 새로운 기준이 시급하다는 반증일 것이다. 그 새로운 기준은 누구에게나 공평한 법과 원칙이다. 대부분의 사람은 이런 세상이 정의롭다고 생각한다. 조직의 이익이나 욕구에 기초할 수 없는 온전한 '정의의 원칙.' 이 기준에서 행동하는 인물이 반드시 있어야 했기 때문에 '칸트적 인간형'인 황시목은 존재하는 것이다.

불의를 향한 '공적인 분노'

한여진은 경찰대학 졸업 후, 편한 보직을 마다하고 형사부를 택한 4개월 차 신입 경위다. 드라마에서 '신입'이라는 위치는 많은 부분을 시사한다. 감정이 없어 조직 내부의 일원과 감정을 공유할 수 없는 황시목만이 8년 동안 서로가 서로에게 물들어가고 썩어가는 과정을 목도해왔을 뿐, 조직을 이루는 대부분의 개인은 검찰이든, 경찰이든 모두 어떠한 방식으로든 조직 안에서 물들어간다. 그러나 아직 조직에 익숙해지지 않은 '신입'은 자신이 속하게 될 조직에 대해 객관적으로 판단할 수 있는 낯선 눈을 가지고 있다. 그래서 한여진이 신입이었어야 했을 것이다. 한여진 경위가 경찰 내부에서 유일하게 박순창(송지호) 순경을 믿을 수 있었던 것도 그가 신입이었기에 가능한 일이었다. 하지만 한여진은 단지 신입이라는 이유로 조직을 객관적으로 판단하는 그 이상의 인간형이다. 7회 마지막 장면에서 보여주듯 서동재(이준혁) 검사에게 당했던 '개인적인 수모'를 사건 안에 가져오지 않는 냉철함과 객관적인 판단력을 갖추고 있는 인물이며, 공과 사를 구분할 수 있는 인물이기 때문이다.

또한 한여진은 여느 사람과 같이 감정을 가지고 있다. 〈비밀의 숲〉은 인간이 감정을 가진 존재라는 것을 인정하며, 이성을 강조한다고 해서 플라톤이 그러한 것처럼 "감정을 문명화된 인간으로서 행동하기 위해 억누르고 다스려야 할 원시의 유산"으로 취급하지 않는다. 다만 한여진의 분노를 통해 감정의 차이를 정확히 구별하고 있다.

진실을 조작하려는 서동재 앞에서 유력한 용의자로 낙점된 박경완(장성범)은 "시대가 옛날도 아니고, 저 억지로 협박해가지고 집어넣고 이럴 수 없는 거잖아요!"라며 항변하지만, 곧 경찰들에 의해 폭행을 당하면서 이 작은 항변조차 묻히고 만다. 그 폭행의 흔적을 한여진이 발견한다. 박경완이 말한 '이런 시대'에, 이런 일이 버젓이 내가 속한 조직 내에서 벌어졌단 사실에 격분한 한여진은 당장 이 문제를 서에 제기하려 하지만, 황시목에 의해 저지당한다. 그러자 한여진은 황시목에게 분노를 터뜨린다. "나는 당한 사람도 당한 사람이지만, 내가 매일 보는 동료들이, 내 옆의 완전 보통사람들이 이러는 게 나는 이게 더 안 돼요. 받아들이는 게. 저 사람들이 죄다 처음부터 잔인하고 악마여서 저러겠어요? 하다 보니까, 되니까 이러는 거예요. 눈감아 주고 침묵하니까. 누구 하나만, 제대로 부릅뜨고 짖어주면 바꿀 수 있어요."

여기서 한여진의 분노를 보여주는 지점은, 폭행당한 박경완의 상처가 아니라 조직 내부를 향해 있다. 그리하여 한여진의 분노는 매우 이성적이고 차갑게, 우리에게 이입된다. 우리가 인간으로써 분노해야 할 방향성이 어디인지를 〈비밀의 숲〉은 아주 명확하게 제시하고 있는 것이다. 이에 함께 감정을 공유하지 못하는 황시목이라도 그 방향성은 정확하게 인지하기에 그녀가 지적하는 문제점에 대해 해결책을 제시한다. "인권문제는 전문가에게 맡기죠."

인간의 감정을 단순히 자신의 이익을 위해 이용하거나, 쏟아내거나, 배출하는 드라마의 주변 인물들은 모두 황시목을 피곤하게 한다. 황시목은 인간의 감정에 동요하지 않으므로, 인간의 감정을 '판단한다'. 그들의 배설 같은 감정에 황시목은 하품을 하거나, 자리를 박차고 일어나거나, 그저 외면한다. 그러나 황시목은 한여진의 감정에는 시선을 맞추며 응시한다. 그녀의 감정을 직시한다. 그녀의 감정은, 사적인 것이 아니기 때문이다.

작년의 촛불집회를 기억한다. 차가웠던 겨울, 그보다 더욱 차갑고 냉정한 판단으로 촛불을 켰던 대한민국 국민들. 쓸데없는 복수와 울분 없이, 불필요한 폭력 없이, 차가운 분노의 촛불 덩어리는 바로 '공적인 분노'였다. 더 이상 국가 시스템이 망가져서는 안 된다는 대중의 분노. 그 힘은 결국 지금의 결말을 가져왔다. 〈비밀의 숲〉이 전체적으로 감정을 견제하려고 노력한 지점에는 이러한 대한민국 국민의 달라진 정서의 지점과 일맥상통한 부분이 있다. 복수와 울분을 넘어서 대한민국 헌법에 명시된 민주주의를 상식적으로 지켜야 한다는 기본을 지키고자 한 대중의 차가운 판단. 그 기운을 〈비밀의 숲〉은 재현해낸 셈이다.

이성적인 인간은 어떻게 정의를 추구해야 하는가

〈비밀의 숲〉 결말부, 영은수의 죽음 이후 휘몰아치는 전개 속에서 박무성을 살해한 범인은 윤세원(이규형) 과장이며, 이창준 수석이 모든 사건의 배후이자 설계자였음이 밝혀진다. 대체적으로 주인공과 피해자가 우호적 관계로 얽혀 있는 설정과 달리, 주인공들과 범죄자가 사회적 관계로 얽혀 있다는 반전은 과연 주인공이 이 관계의 딜레마를 어떻게 극복하는가라는 질문을 남긴다. 이 과정에서 이성적인 인간형인 황시목과 한여진은 묵묵히 자신이 해야 할 일을 해나간다.

윤세원은 법과 원칙으로 처벌하지 못하는 박무성을 직접 처단하는 방법을 선택했다. 또한 그와 연루된 권력자들의 행악을 세상에 알리기 위해 김가영(박유나)을 상해했다. 이런 방법을 택해야만 했던 윤세원의 절절한 부성을 드라마는 자세하게 묘사한다. 어린아이를 태운 유치원 차량의 교통사고, 그로 인한 화재, 불에 타 죽었을지 모르는 아이의 고통을 늘 상기하며 살았던 아버지. 그 슬픔은 황시목과 윤세원이 마주 앉은 취조실을 가득 채운다. 하지만 박무성에 대한 처벌이 과연 '복수'로 갚는 것이 정당한 것인지, 〈비밀의 숲〉은 황시목의 입을 통해 냉정하게 묻는다. "지금 뭔가 착각하고 있는 것 같은데. 브로커 짓을 하든, 몸을 매개로 쓰든, 윤세원 씨가 그것을 처벌할 권한이 있습니까?"

이창준 수석도 마찬가지다. 밥 한 끼에서 비롯된 단 한 번의 판단 착오. 이창준은 황시목 앞에서 이렇게 묻는다. "너라면 후회할 일을 만들었을까?"

그가 이 모든 범죄의 설계를 주도한 동기는 '죄책감'이었다. 공익의 대표자로서 국법질서를 확립하고 국민의 인권을 보호하며 정의를 실현함을 그 사명으로 해야 하는 검사의 위치에서 나의 가진 걸 누리며 살기 위해 잠시 쉽게 흘러갔던 이창준이 '자기도 모르는 곳'에 닿아버린 곳은 부정부패가 해악의 단계를 넘어 사람을 죽이고 있는 중심이었다. 그는 유서를 통해 이토록 무너진 시스템을 복구시키기 위해 자신의 피를 희생하는 것이라고 밝힌다. 그가 남긴 자료가 강력한 물증으로서 효력과 신빙성을 부여받기 위해 스스로 재벌회장 그늘 아래 호의호식한 충직한 개가 되길 마다하지 않는다. 이러한 이창준의 뒷모습에는 다크히어로의 이미지가 떠오르기도 한다. 하지만 황시목은 이런 그를 '괴물'이라 칭한다. "무죄추정의 원칙을 부와 권력에 맞춰서 적용했고, 시민이 아닌 범죄자를 비호했습니다. 검찰의 가장 본질적 임무에 실패했습니다. 이 실패의 누적물이 이창준 전 검사장이며 우리 모두는 공범입니다."

드라마는 이러한 결말을 통해 부정부패가 만연한 세상의 불의를 해결하는 방법이 분노와 죄책감으로 인한 복수가 되어서는 안 된다고 말한다. 오로지 헌법에 근거한 공정하고 정직한 실천만이 정의로운 세상을 만들어가는 유일한 방법이다. 쉽게 흘러가다가 자기도 모르는 곳에 닿기 전에, 언제나 스스로의 행동과 선택의 순간에 깨어 있으면서 말이다. 이러한 사유는 인간이 이성적인 존재임을 증명하는 순간이 된다.

〈비밀의 숲〉은 살인 사건을 쫓는 검사와 경찰의 공조를 통해 조직 내부의 부정부패를 파헤치는 과정에서 긴장감 넘치는 전개는 물론, 이성적인 인간과 정의로운 사회에 대한 진지한 철학적 사유를 보여주었다. 또한 정치 안팎으로 혼란했던 대한민국의 시의성을 냉철한 이성의 온도로 표현함으로써 시대를 마주하는 시민으로서의 태도에 대한 담론을 이끌어냈다. 장르 드라마로서, 주제의 담론을 여러 가지 분야에서 이끌어낸 〈비밀의 숲〉은 한국 드라마 시장이 끌어올린 올해의 가장 큰 결실일 것이다.

입선

나리의 아빠는 왜 중국에 있을까

SBS 〈질투의 화신〉을 보고

정진아

기존의 아버지들은 역사, 국가, 이념 등과 같은 거대한 것을 표상하며 자녀들이 부정하는 존재이자 저항하고 극복해야 할 대상으로 그려지다가, IMF를 거치면서부터는 권위를 잃어버린 무능력한 존재로서 자녀들의 미움과 연민의 대상이 되었다. 그러나 김애란의 단편소설 「달려라 아비」는 그와 같은 전형성에서 벗어나 새로운 발상으로 아버지를 발언해 주목받았다. 소설 속 화자인 딸은 아버지에게 버림받았지만 그게 자신의 삶과 정신을 망가뜨리도록 두지 않는다. 농담으로, 상상력으로 아버지라는 정신적 상처로부터 자신을 가뿐히 끌어올리며 아버지에 대한 미움 없이도 아버지가 부재한 삶을 유쾌하게 살아간다. 시대의 흐름은 TV 속 아버지의 모습에도 영향을 끼치며 〈내 딸 서영이〉, 〈가족끼리 왜 이래〉 등과 같은 가족 드라마 속 권위를 잃은 아버지, 혹은 〈아빠! 어디 가?〉, 〈슈퍼맨이 돌아왔다〉 등과 같은 육아 예능 속 이상화된 아버지의 모습으로 재현됐다. 그러나 앞의 것은 답습에 가깝고, 뒤의 것은 수많은 노동자 아버지의 현실적 좌절감을 담보하고 있단 점에서 「달려라 아비」와 같은 기발함이나 유쾌함을 말하기 어렵다. 그러던 중 독특하게 아버지를 담는 드라마, 〈질투의 화신〉을 만났다.

〈질투의 화신〉은 한 남성의 마초적 자기이미지가 붕괴돼가는 과정을 삼각관계라는 흔한 로맨스물의 구도를 빌려와 그려낸 작품으로, 아버지를 다룬 드라마는 아니다. 도리어 이 드라마에는 사고로 중환자실에 누워 있다가 곧 사망하는 빨강이 아빠 중신(윤다훈 분)을 제외한 모든 주요 배역의 아버지들이 실체를 지니고 있지 않다. 누군가의 대사를 통해, 뉴스 속 자료화면을 통해, 수화기 너머에서 전화를 받고 있다는 설정을 통해 그들이 살아 있음을 간간이 확인할 수 있을 뿐이다. "내겐 아버지가 없다. 하지만 여기 없다는 것뿐이다"라는 「달려라 아비」 속 문장처럼, 아버지를 살려두고도 아버지의 살아 있는 모습을 보여주지는 않는 드라마. 왜 〈질투의 화신〉은 아버지의 존재를 없애는 대신 아버지의 실체를 감추고 목소리를 소거하는 방법을 택한 것일까. 마초를 다루는 드라마에서 이는 우연이 아닐 것이다. 연애 소동극인 척 의뭉을 떨면서 이 드라마가 실상 꾸미고 있던 대담한 기획. 그를 엿보고자 한다.

마초, 그 자해성에 관하여

얼마 전, 한 야당의 당대표와 혁신위원장이 여성정책 관련 토크콘서트에 참석해 "젠더폭력이 무슨 뜻이냐?", "우리 사회는 성 평등을 넘어서 오히려 여성이 우월적 지위까지 오지 않았나 생각"한다고 하였다.[1] 적절성 여부를 떠나 그들이 인식하는 현실과 많은 여성이 체감하는 현실 사이의 간극을 확인할 수 있던 발언이었다. 남성 중심주의를 시대착오라고 하지만 그건 시대의식에 뒤쳐졌단 뜻이지 이 시대에 없단 뜻은 아니다. 마찬가지로 마초 역시 시대착오적인 인간유형이지만 그들은 일상에서 여전히 마주치는 우리의 현실이기도 하다. 인식과 현실의 낙차. 그게 〈질투의 화신〉이 시대착오적인 마초 캐릭터를 주인공으로 삼았음에도 시의적절함을 획득할 수 있었던 지점이다. 마초가 시대착오라는 건 안다. 숙제는 인식과 현실의 간극이다. 〈질투의 화신〉은 마초의 가해성을 넘어 자해성을 폭로하는 방식으로 마초들이 지닌 왜곡된 남성성을 폐기할 것을 요청하며, 간극 메우기를 시도하는 드라마라고 할 수 있다.

마초의 자해성을 보여주는 드라마는 이전에도 있었다. 〈미안하다 사랑한다〉를 예로 들 수 있겠다. 머리에 총알을 박은 채 자신을 버린 엄마에게 복수를 하러 왔던 상처받은 마초 무혁(소지섭 분). 많은 시청자들이 그를 사랑했던 건 복수의 칼을 휘두를수록 더더욱 고통받게 되는 건 그 자신이라는 아이러니, 그에 대한 연민이 컸을 것이다. 작가 역시 그를 연민했고, 그의 무덤가에 진혼곡 대신 그가 사랑한 여자 은채(임수정 분)의 목숨을 바쳤다. 다분히 제의적이다. 마초가 주인공인 드라마에서 여성을 제의적 도구로 활용한 건 빈번을 넘어 상투다. 고독한 마초의 삶을 위안하는 한 줄기 빛, 그의 삶에 바쳐지는 한 떨기 꽃. 그러나 언제까지고 마초를 용인할 수는 없는 노릇이다. 엄마가 아니라 누구에게 버림받았다 한들 그게 타자, 주로 여성을 제물처럼 취급해도 되는 허가증이 되는 건 아니기 때문이다. 그리하여 〈질투의 화신〉은 마초가 지닌 자해적 성격을 새롭게 정의하기에 이른다. 다시 돌아온 마초는 '내 머릿속

1 유정인, "홍준표 '젠더폭력이 뭐죠… 트렌스젠더는 아는데'", ≪경향신문≫, 2017년 9월 19일 자.

총알'이라는 남성적이고 누아르적인 기폭장치 대신 '유방암'이라는 이질적 이미지의 질환을 안고 있다. 마초들의 믿음과 달리 그들 역시 여성과 똑같은 가슴을 지닌 존재라는 걸 알리며, 수많은 드라마들이 오랜 시간 구축해온 '상처받은 마초=고독하기에 매력적인 남성'이라는 허황된 신화를 깨부순다. 자해의 결과물인 마초의 고독은 자기 돌봄 능력의 결여를 의미하는 것이지 남성적 강함을 반영한 것이 아니란 걸 보여준 것이다. 〈질투의 화신〉은 그에 그치지 않고 남자주인공 화신(조정석 분)이 마초가 된 구체적 기원을 극에 게시하지 않음으로써, 어떤 예외적 이유로 마초가 되었든 더 이상 개의치 않음을 선언한다.

〈질투의 화신〉도 마초를 연민한다. 그러나 연민의 성격은 비극에 대한 안타까움보다 마초를 고집하는 것에 대한 딱함에 가깝다. 연민을 해소하는 방식 역시 여성을 제물로 바치면서 씻김굿을 해주는 대신, 특권으로 보이는 남성성이 사실은 자기와 타자 양단을 상처 입히는 파괴적 속성을 지닌 짐이라는 걸 증명하면서 짐 내려놓기를 당부하는 방식으로 바뀌었다. 〈질투의 화신〉은 마초가 망가지는 모습을 전시하지만 이는 조롱이 목적이 아니다. '남근은 남근이다!'라는 기만적 사고구조를 가진 마초에게 그렇다면 당신이 믿던 남근이 헛것임이 밝혀졌을 때 거기에 남아 있는 당신은 누구인가를 묻고자 함이다. 유방암에 걸려도, 종족 번식 능력을 잃어도 그는 그라는 '남자'이다. 시대는 변했다. 남근숭배는 시대착오다. 시대착오적인 것이 여전히 시대를 활보하기에 간극을 메워야 한다. 여기에 아버지의 얘기가 온다.

존재하되 실체를 감춘 아버지의 의미

여자 주인공 나리(공효진 분)의 아버지는 첫 화와 마지막 화에 짧은 대사로만 언급될 뿐이며, 그를 통해 알 수 있는 건 그가 현재 중국에서 일을 한다는 정도다. 나리는 유방암에 걸린 엄마를 돌봤고, 남동생의 학비와 생계를 책임지며 살았다. 그렇다면 그때 아버지는 어디에 있었을까, 함께 살며 생계에 도움을 줬을까. 가족을 돌보며 억척스럽게 살았던 나리는 아버지를 어떻게 생각하며 살아왔을까. 물을 법도 한데 〈질투의 화신〉은 그를 묻지도, 답하지도 않는다. 가부장제 안에서 아버지는 가족의 생계를 책임지는 인물이다. 그러므로 무능력하거나 무책임한 아버지는 무언가 혹은 누군가와 반드시 불화하며, 이는 드라마에서 중요한 극적 장치로 활용돼왔다. 그런데 〈질투의 화신〉은 그를 과감히 생략한다.

마초의 남성 우월주의를 가부장적 이데올로기와 따로 두고 볼 수 없다. 남근은 가부장적 시스템 안에서 작동하는 응축된 가부장의 권력을 상징하며, 남근주의는 이를 합리화하려는 이데올로기이기 때문이다.[2] 생계부양자로서 아버지의 역할이 축소되고 가부장제가 흔들리면서 남성들은 소외감과 불안감을 호소했다. 이는 곧 '남성성의 위기'나 '아버지의 위기'로 정의됐으며, 이에 부적응한 이들은 '일베'와 같은 왜곡된 창구를 통해 강한 남성에 대한 향수를 드러내기에 이른다. 그러나 경제적 능력을 바탕으로 가족 안에서 권력을 누렸던 꼭대기로서의 '가부장'은, 이미 우리 시대의 아버지를 대변하지 못한다. 시대를 비켜난 가부장을 언제까지 망부석처럼 쳐다보고 있을 순 없다. 이탈리아의 정치인인 안토니오 그람시는 "과거의 것은 죽어가는데 새로운 것이 나타

2 신형철, 『몰락의 에티카』(문학동네, 2008), 685쪽.

나지 않는 것, 그게 위기"라고 했다. 그렇다면 지금 우리는 어떤 역할 모델을 가지고 있는가. "좌표가 사라지면 자유가 오는 것이 아니라 좌표를 만들어야 하는 책임이 온다"던 문학평론가 신형철의 말처럼 이젠 폐허 위에서 결핍감과 갈등, 화해를 말하는 걸 넘어서서 새로운 좌표를 탐색해야 한다. 〈질투의 화신〉은 나리의 아버지를 살려둔 채 그의 흔적만 덜어냄으로써, 수많은 드라마들이 아버지에 대해 논해왔던 아버지의 부재, 부성 결핍, 아버지와의 갈등, 아버지에 대한 연민 등과 같은 관습에서 나리를 분리시킨다. 관성에서 탈출한 〈질투의 화신〉은 시선을 옮겨, 이제 아버지(가부장)가 아닌 아버지 이후를 바라본다.

또 하나, 화신의 가족이 이미 해체된 상태에서 이 드라마가 시작된다는 데 주목할 필요가 있다. 화신의 가족은 형인 중신을 중심으로 구성된 가족으로, 해체 이전의 그들 가족에 관한 이야기는 매우 압축적이고 파편적으로 제시된다. 성공한 사업가인 가장, 삼대(三代)로 구성, 바깥일을 중시하는 여성에 대한 혐오, 고부갈등 등 가부장적 가족문화의 전형적 요소를 그대로 투영한 듯한 이 가족은 중신의 사업 실패로 붕괴된다. 우리네 가족사의 알레고리다. 주요 배역의 아버지 중 중신만이 실체를 드러낼 수 있었던 건 그가 가진 이 상징성 때문이다. 그의 죽음은 시대와 맞물리지 못하는 가부장의 종언이다. 그의 장례식을 통해 뿔뿔이 흩어졌던 가족이 다시 만나는 것, 그의 이름이 '중신'이란 것이 반증하듯 그라는 존재는 과거의 가족문화와 이후 이 드라마가 그려낼 미래의 가족문화를 연결하는 오작교로 기능한다.

가부장제 이후, 새로운 가족

〈질투의 화신〉은 나리와 화신의 로맨스물인 동시에 해체된 화신 가족의 재구성을 그리는 가족물이다. 둘은 표면적으로는 달라 보이지만 둘 다 '새로운 가족 구성'을 향해 나아간다는 점에서 동일한 얘기라고 볼 수 있다.

나리와 화신의 로맨스는 간단히 말해 균형 맞추기다. 짝사랑을 주고받는 데 이어 사랑이 이뤄진 뒤에도 자신이 상대를 좋아하는 만큼 상대가 자신을 좋아하지 않는다는 불안감에 한 명은 싸움을 걸고 한 명은 싸움을 겁낸다. 화신의 '나리의 애정 되찾기'와 나리의 '날씨 일로의 복귀'는 이 드라마의 주요 줄기로 두 가지 모두 원점으로 회귀하는 구조인데, 이는 그들이 왜 그렇게 돌고 돌아야 했는지 질문하게 만든다는 점에서 중요한 의미를 지닌다. 여성을 폄하하던 화신이 개별적 주체로서의 나리를 인정하고 궁금해하며 진정한 동반자로 받아들이는 과정을 위해 화신의 지난한 러브스토리가 필요했다면, 나리의 '날씨 일로의 복귀'는 나리의 주체성 회복을 위해 필요한 과정이었다. 나리는 가족의 생계를 책임지는 인물이지만 자신이 무슨 일을 할 때 행복한지는 모른다. 그녀의 꿈은 '화신 옆'에 앉아서 진행하는 것이고, 그녀가 정원(고경표 분)에게 흥미를 느끼는 것도 "거긴 네 자리가 아니야!"라고 말하는 사회 안에서 흔쾌히 본인의 비행기 좌석을 양보해준 남자이기 때문이다. 마초인 화신과 비교해 나리에게 뭐든 해주는 정원을 바람직한 남성처럼 생각하기 십상인데, 사실 정원이라는 캐릭터의 진짜 존재 가치는 뿌리 깊이 남아 있는 여성들의 남성 의존성을 까발려 보여준다는 데 있다. '친절한 정원 씨' 역시 화신과 다를 바 없이 "계집애같이 왜 그래?"라는 성차별적 말을 하고, 여자가 자신들의 우정을 망가뜨릴 순 없다 단언한다. 심지어 외국 출장 때 아내를 비행기 옆 좌석에 태우고 다니고 싶다며 아내의 삶을 자기 삶에 부속시키는 발언을 하는데도, 여자에게 잘해준단 이유로 여전히 많은 여성 시청자들이 그를 편히 느낀다는 사실이야말로 가장 의미심장한 지점이라 할 법하다. 나리와 화신 사이의 마지막 고비가 화신의 질환도, 재벌남 정원도 아닌 나리를 먹여 살려줄 화신의 월급 봉투였다는 사실은 그래서 중요하다. 돌고 돌아 진심으로 자신이 사랑하는 일을 찾고 나서야 나리는 화신에게 "나 때문에 하기 싫은 걸 참고 살 필요는 없으니 사표를 내고 싶으면 내라"고 선언하며 주체적인 모습으로 변모할 수 있었다. 이는 가부장이 져야 할 경제적 책무에서 화신을 해방시키는 일이자 가부장의 '한 식솔'이라는 불균형한 지위에서 스스로를 해방시키는 일이기도 했다. 결국 나리와 화신의 러브스토리는 화신의 '엄마 되어보기'(유방암)와 나리의 '아빠 되어보기'(경제적 책임)로 정의될 수 있으며, 이는 가부장제 속 낡은 부부간 역할의 경계를 허물고 파트너로서의 부부관계가 새롭게 시작됐음을 알리는 역할을 한다.

전형적인 가부장제 가족 같던 화신의 가족이 치고받고 싸운 끝에 새롭게 재구성한 가족의 형태도 재미나다. 중신의 죽음 이후 중신을 대신해 남은 가족을 줄곧 살폈던 중신의 친한 동생 김락(이성재 분)의 경우 유사 가장 역할을 수행했고 집안의 유일한 남성이었던 화신은 다음 가장 역할을 자청했지만, 결론적으로 만들어진 가족은 남성이 빠진, 빨강과 2명의 엄마로 구성된 3인 가족이다. 여성연대는 남근주의를 전복하는 하나의 방법이다. 고부 갈등, 시누올케 갈등에서 엿볼 수 있듯 가부장적 구조 및 가치관은 여성과 여성의 갈등을 야기하며, 동시에 그 갈등을 통해서 자기 생명을 유지한다. 남성 중심적인 시스템을 여성들이 수호하게 만든다는 점에서 기만적이다. 이는 가족에 한정된 문제가 아니다. 수도 없이 들어온 '여성의 적은 여성이다!'라는 말. 가부장적 지배구조를 지닌 사회 안에서 남성 중심적인 시선을 내면화해온 여성들이 남성 중심적 언어를 빌려 같은 여성을 어떻게 재단하는지 지켜봐오지 않았는가. 그러므로 여성들이 연대해 '아빠 곰, 엄마 곰, 애기 곰'이라는 유명 동요에 깃들어 있는 정상 가족의 개념을 폐기하고 남자 가장이 없는 새로운 형태의 가족을 완성해낸 모습은, 굳이 설명을 덧붙이지 않아도 큰 시사성을 가진다.

결론

〈질투의 화신〉은 연애 소동극의 얼굴을 한 채 가부장제 너머를 엿봤다. 아버지와 거리를 두고 더 이상 연민하지도 비난하지도 않음으로써, 남성들이 실체 없는 남근을 부여잡고 거듭된 상해와 자해를 반복하는 걸 그만두게 함으로써, 여성들이 남성 의존성에서 벗어나 자기 주체성을 회복하게 함으로써 겨우 엿볼 수 있는 곳이었다. 그 세계에는 남성 가장을 대신하여, 파트너가 된 부부가, 이성애적이고 혈연 중심적인 기존 가족에서 탈피한 가족(빨강의 엄마 중 한 명인 자영(박지영 분)은 빨강과 혈연관계가 아니다)이 존재하고 있었다. 이는 드라마가 제시한 몇 가지 가족의 예에 불과하다. 소위 미혼모/미혼부 가족으로 불리는, 한부모 가족들이 더 이상 비정상적이고 결핍된 가정으로 표현되지 않는, 그런 세계가 찾아올 수도 있었단 것이다.

기존의 것에서 벗어나 새로운 걸 모색해보고자 했던 〈질투의 화신〉. 파괴와 창조를 거듭하는 디오니소스적 세계관을 공유하고 있기에, 이 드라마가 소동극의 성격을 띠는 건 어쩌면 자연스러운 일이다. 춤추고, 노래하고, 싸우고, 질투하고, 부딪히면서, 변해가는 역동적인 세계.

이는 보수적 미디어인 TV와 충돌하는 성격이기에 더욱 도발적이고 발칙한 인상을 남긴다. 저마다의 이유로 이 드라마의 깜짝 놀랄 만한 시도에 동의하지 못할 수 있다. 그러나 강남역 살인 사건, 일베, 여성/남성 혐오, 젠더감수성 등 성 관련 담론들이 유달리 주목받고 있는 이때, 주인공의 아버지를 중국으로 보내는 방식으로 젠더 갈등의 원인이 되는 가부장주의와 잠시 선을 긋고 새로운 세계를 도모해보고자 시도했다는 것. 그 시의적절함은 인정해야 할 것이다. 시대는 변해가고 있고, 〈질투의 화신〉은 달라진 시대를 증명하는 소박하되 유의미한 징후일지도 모른다.

입선

시대의 초침이 향해 있는 '우리'라는 초상

타임슬립 드라마 KBS 〈맨홀〉, tvN 〈명불허전〉, SBS 〈다시 만난 세계〉를 중심으로

윤성호

드라마가 도착하려는 곳

"만프레드는 단지 미래를 예지하는 것 이상의 능력을 가진 것이 아닌가 하는 생각조차 들어. 어떤 의미에서는 미래를 제어하는 능력을 갖고 있다고나 할까. 여러 가능성 중에서 최악의 결과를 불러오는 재능이 있는 것 같아." 최근 개봉한 〈블레이드 러너〉의 원작자인 필립 K. 딕의 소설 『화성의 타임슬립』. 여기서 최악의 결과를 불러오는 능력이란 무엇일까? 그리고 허구로 만들어진 소설에서 구태여 최악의 결과를 보여주는 이유는 무엇일까? 하지만 우려와 달리 소설에서 만프레드의 능력은 단지 실패와 비극에 빚을 지고 있는 것만은 아니다. "만프레드의 현실이 우리를 침식하고, 우리의 인식을 대체해버리는 거야. 그 결과 우리가 일상적으로 보고 익숙해진 사건들은 더 이상 일어나지 않아." 만프레드는 최악의 결과를 '현실의 원래 그것'처럼 가공하여 사람들에게 일종의 심리적 방패막을 만들어준다. 마치 존재하지 않았던 건물들이 그곳에 있는 듯, 다시 말해 존재했던 것처럼 느끼게 하는 것이다.

그런데 만프레드의 드라마가 도착하려는 시간은 어디일까. 『화성의 타임슬립』은 1994년 고도로 발달된 기계문명 사회의 광기 속에서 만프레드가 상상을 통해 시공간을 초월하는 환상을 그린다. 황량한 황무지가 드넓은 푸른 초원으로 변하는 유토피아적 상상. 현실을 도피하기 위해 도착하는 또 다른 현실. 바로 그곳에서 '드라마'가 시작하는 것이 아닐까. 만프레드의 초상은 1964년 저 먼 과거에서 현재로의 시간여행(time slip)을 예견이라도 하는 것일까. 시공간을 훌쩍 뛰어넘는 모험은 낯설지 않게 우리 주변의 각기 다른 화면에서 볼 수 있는 일이 되었다.

최근 넷플릭스를 통해 190개국에 공개되었으며, tvN 10주년 특별기획으로 제작된 드라마 〈시그널〉은 2016년 1월 대단한 열풍을 불러왔다. 30년을 넘나들며 무전기 하나로 연결된 프로파일러와 형사의 만남은 타임슬립 드라마의 전형을 만들었고, 사회적 반향을 일으켰던 밀양의 여중생 집단 성폭행 사건을 모티브로 삼아 드라마의 시사적 성격을 확대시켰다. "우리의 시간은 이어져 있다", '시간'을 새로운 시각으로 다룬 〈시그널〉의 시작이 예사롭지 않았던 점은 이후 지속적으로 제작된 타임슬립 드라마들에서도 찾을 수 있다. 실존 인물을 재해석할 수 있도록 과거와 미래를 오가는 SBS 〈사임당, 빛의 일기〉는 〈시그널〉이 공개된 지 1년 후 방영됐다. 이후 tvN 〈내일 그대와〉는 〈시그널〉에서 과거와 송신한 프로파일러 박해영을 연기한 이제훈이 자유롭게 시간여행을 오갈 수 있는 인물로 그려졌으며, 〈시그널〉과 유사하게 지하철 참사를 다루며 과거의 비극을 새로운 서사로 구성하는 데 성공했다. OCN의 〈터널〉, tvN의 〈시카고 타자기〉는 기존의 수사극을 강화하거나 '경성'

이라는 과거의 매력적인 도시를 그려내며 타임슬립물을 더욱 풍성한 극으로 만들었다.

각기 다른 시간. 그 시간을 오가는 친근하고도 낯선 인물들. 끊임없이 우리의 화면 속에서 상상 속의 이야기와 인물이 시간의 유령처럼 존재하는 건 무슨 이유에서일까. 어쩌면 〈시그널〉에서처럼 현재의 우리들에게 무슨 신호를 보내는 것일까? 그렇다면 우리는 그 신호를 어떤 메시지로 읽어야 하는 것일까. 시간여행의 드라마들이 도착해야 할 시간은 언제일까. 과거가 현재가 되는, 현재가 과거로 뒤엉킨 시간의 세계에서 우리는 어떤 곳을 바라봐야 하는 것일까.

'역사'의 반대말은 '일상'

"오늘이 행복하지 않은 당신에게." 오기와라 히로시의 『타임슬립』을 사기 위해 든 책의 표지에 적힌 문구다. 이 소설은 1945년과 2001년을 오가는 시한부 청년과 소년병의 이야기가 담겨 있다. 제목에서 유추할 수 있듯이 이 소설의 주요 소재 또한 시간여행이다. 1945년과 2001년은 각각 제2차 세계대전과 9·11테러가 있었던 시기다. 비극이 주요 분기점이 되는 시간여행은 앞서 말한 국내 드라마에서도 찾을 수 있는 설정이다. 과거는 언제나 현재를 구성할 수 있는 가장 좋은 근거가 되어준다. 과거를 바라보는 방식이 곧 현재를 정의하는 방식이기 때문이다. 오기와라 히로시의 시간여행은 '과거를 경유한' 오늘이 행복을 가져올 것이며, 모래성처럼 쌓인 과거는 곧 우리가 기억하는 현재라는 역사적 순간임을 상기시킨다. 다시 말해 타임슬립은 과거와 현재의 시간성을 역동적으로 구성하며 찾아오지 않은 '오늘의 행복'을 찾게 만들어주는 셈이다. 타임슬립물의 주요 소재가 비극적 사건, 다시 말해 되돌릴 수 없는 사건임을 인지할 때, 요즘의 국내 타임슬립 드라마는 뭔가 독특한 지점이 있다.

KBS는 드라마 〈맨홀: 이상한 나라의 필〉(이하 〈맨홀〉)의 제작에 앞서 이것이 청년 시청자층을 고려한 결정이라고 밝혔다. 〈맨홀〉이 이러한 결정의 시작은 아니었다. KBS는 수년 전 〈꽃보다 남자〉에서 시작해 〈화랑〉, 〈최강 배달꾼〉, 〈쌈 마이웨이〉, 최근의 〈학교 2017〉과 현재 방영 중인 〈란제리 소녀시대〉까지 주요 청춘물 라인업을 언급하며 청춘물의 다양한 변화와 새로운 트렌드를 예견했다. 이들 중 〈맨홀〉은 청춘물의 궤와 함께하면서도 낯설지 않은 장르적 특징을 가진다. 자조 섞인 내레이션으로 시작하는 이 드라마는 어느 날 우연히 맨홀을 통해 시간여행을 하게 된 봉필의 이야기를 다룬다. 봉필이 첫사랑과 해피엔딩으로 이어지기 위해서 타임슬립이 필요하다. 로맨스에 더해진 타임슬립. 최근의 타임슬립 드라마는 제각기 로맨스 서사를 필두로 시간여행의 목적성을 부각시킨다. KBS 〈다시 만난 세계〉 또한 마찬가지다. 19세에 사망한 성해성(여진구)은 12년이 지난 2017년에 자신의 첫사랑 정정원(이연희)을 만난다. 〈다시 만난 세계〉는 마치 별똥별처럼 금방 사라질 빛처럼 서로의 운명을 직감하지만 영원히 서로를 사랑한다고 기억한다는 고백을 잊지 않고 건넨다. 드라마의 마지막 회에 등장한 이 고백은 극 중 가장 큰 심리적 몰입을 끌어온다. 그런가 하면 tvN의 〈명불허전〉도 마찬가지다. 400년을 오가는 드라마는 한의학과 현대 의학의 최전단에 있는 허임(김남길)과 연경(김아중)의 로맨스로 핍진성을 획득한다. 침통으로 인해 조선과 서울을 오가는 허임은 다시 조선으로 돌아가게 되고 두 사람은 서로의 시대를 그리워하며 묵묵히 일상을 살아간다. 이별 뒤 2년 만에 재회하는 이들의 로맨스는 〈명불허전〉이 방점을 찍는 순간이다. 10월 1일 방영된 〈명불허전〉의 마지막 회에 나온 "메스를 든 손, 흰 가운을 입은 모습, 환자를 향한 그대의 마음을 가져가겠다. 그대로 인해 뛰었던 내 심장만 기억해달라"는 허임의 대사는 연경의 "나 저 사람 따라가면 안돼요?"라고 오열하는 순간과 호응하며 드라마의 긴 여운을 장식한다.

올여름 시작한 이 세 편의 드라마는 작년 초부터 시작된 국내 타임슬립 드라마의 과도기적 작품이라고도 할 수 있다. 과거를 변화시켜 새로운 현재를 맞이한다는 독특한 설정은 수많은 드라마의 시간대 속에 진부함과 상투성을 부각시켰고, 이 속에서 간간이 일어나는 변주는 드라마의 인기를 가늠하는 척도가 되었다. 기존의 타임슬립물은 SF장르로 범주화되곤 하는데, 이는 시간여행을 통해 현실이 아닌 우리가 모르는 상상 속의 세계를 현실 속에서 구축하는 장면으로 보여주기 때문이다. 그들은 우연히 곁에 놓인 맨홀을 통해, 적을 피해 도망가던 중 화살을 맞고, 혹은 이유 모를 운명의 끌림으로 각기 다른 시간대로 빨려 들어간다. 수도 없이 반복되는 드라마의 이러한 우연적 설정이 새로움을 얻는 순간은 바로 그 법칙에서 벗어나는 것에 있다. 〈다시 만난 세계〉, 〈맨홀〉, 〈명불허전〉은 새로운 세계가 아닌, 모두가 지나쳐 간, 이미 도착했던 종착지인 '일상'으로 시선을 돌린다. 이 세 드라마가 선택한 변주는 아이러니하게도 바로 이 진부한 일상 속에 있다. 이 드라마들이 도착하고 싶은 시간은 지나간 과거도, 오지 않은 미래도 아닌 바로 지금의 현실이다. 이 현실은 우리의 현실과 다른 것일까? 우리는 이 현실에서 무엇을 보게 될까?

장르가 변주해낸 자기반영적 탐구

〈다시 만난 세계〉는 첫사랑이 죽은 지 12년이 지난 다음 서로를 재회하게 된 연인을 다룬다. 그 어떤 드라마보다 '착하고 진실된' 드라마로 평가받는 〈다시 만난 세계〉는 서로를 향한 믿음 속에서 어떻게 사랑을 되찾고 회복하는지를 중점적으로 다룬다. 재회한 연인이 다시 사랑으로 결실을 맺는 서사는 어렵지 않게 찾아볼 수 있다. "지난번 별똥별을 보고 너랑 영원히 행복하게 해달라고 빌었어"에 응하는 "사랑해"란 고백은 찰나에 사라지는 불빛보다 더 진한 여운을 남기지만, 그들이 서로를 영원히 기억하고자 다짐하는 것과 달리 금방 기억에서 사라지는 진부함을 남기기도 한다. 역사가 반복되는 시간 속에서 만들어지는 것이라면, 역사 속에서 돌출된 일상이 다시금 반복될 것이라는 예상은 쉽게 할 수 있기 때문이다.

영원한 사랑을 판타지로 봉합하는 〈다시 만난 세계〉처럼 〈맨홀〉과 〈명불허전〉 또한 로맨스 서사에서 벗어나지 못하지만, 〈다시 만난 세계〉가 벗지 못한 반복된 진부함과는 달리 조금은 색다른 변주를 보여준다. 바로 '코미디'라는 장르적 특징 안에서다. 〈맨홀〉의 봉필은 우연히 맨홀을 통해 시간여행을 하지만 12시가 되면 다시 현실로 돌아온다. 고전 〈신데렐라〉를 쉽게 연상시키는데 〈신데렐라〉와 다른 것이 있다면 12시의 종이 울린 뒤 봉필의 현실은 달라져 있다는 점이다. 발견하지 못했던 일상성이 새로운 현재를 발견하게 해주는 것. 타임슬립 드라마의 미덕이 발휘될 때 〈맨홀〉은 더 나아가 판타지와 현실을 뒤섞어버린다. 공시생 3년차 봉필은 다 큰 성인임에도 부모를 찾아 용돈을 구걸하고 낡은 트레이닝복 차림을 벗지 못하며 자조적으로 현 세대를 반영한다. 마치 거울을 바라보듯 비현실적 공간에서 현실의 낙인을 발견하는 것은 타임슬립의 여정이 결국엔 현실의 반복과 변주라는 것을 증명하기 때문이다. 이런 이유로 극화된 서사 속에서 봉필의 코미디는 자기반영적이다. '인간은 태어날 때부터 모방을 본성적으로 가지고 있다'는 아리스토텔레스의 말은 유사함 속에서의 차이가 어떻게 자신의 욕망을 드러내주는 것인지를 시사한다. 봉필의 욕망이 봉필을 바라보는 시대의 욕망으로 대체될 때 그것이 무엇인지 정확히 드러나는 것처럼 말이다. 봉필의 사랑이 성공적이라면, 봉필의 처지와 유사한 세대의 미래도 크게 다르지 않을 것이다. 『화성의 타임슬립』의 만프레드가 보여준 익숙한 미래는 봉필의 미래와 다르지 않다. 우리는 시간여행의 자기반영적 속성을 시대를 바라보는 시선 속에서 발견하는 셈이다.

〈명불허전〉의 허임도 이 반복과 변주 속에서 자유롭게 왕래한다. 조선의 한의사 허임은 손쉽게 실존 인물 '허준'을 연상시킨다. 하지만 허임은 전기의 훌륭한 위인과는 달리 세속적 욕망에 사로잡힌 인물이다. 허임은 2017년으로 온 미래에서도 의사가 돈을 많이 버는 직업인지를 수차례 질문한다. 그런데 만약 우리가 1990년대에 허임을 보았다면 어땠을까. 허임은 마치 반면교사로서 응당 처벌받아야 할 대중의 죄의식을 반영하는 인물이 되지 않았을까? 2000년 이후부터 본격적으로 장기화된 경제 침체 속에서 미덕을 갖춘 인물이 공감을 요구하기란 힘든 법이다. 2017년 허임의 속물적 태도는 오히려 쾌감을 제공하며 일관된 캐릭터의 변주를 보기 좋게 구현한다. 출중한 의술을 가지고 있지만 신분의 벽을 넘지 못한 허임은 부패한 현실에 종속되는 대신 부패와 부조리를 일삼으면서 자신의 실속을 잊지 않고 챙긴다. 코미디의 인물은 매력을 획득하기 위해 희화화된 극 속에서 현실적 명분을 찾아간다. 400년 전의 부조리가 2017년의 그것과 겹쳐질 때, 대중은 쉽게 시간여행에 동승한다. 이후 드라마는 허임의 감각을 전면화하여 타임슬립의 장치를 성공적으로 이행하게 만든다. 허임은 2017년 청계천 한복판에 도착하여 생경한 미래의 감각을 느끼고 카메라는 입체적으로 이를 담아낸다. 매일 반복되는 현실이 낯설게 느껴지는 순간, 타임슬립 드라마의 명분은 더욱 확실해진다. 우리가 당도한 현실이 타인의 낯선 현실과 맞닿는 순간, 시대가 그려내는 우리의 초상은 더욱 뚜렷한 형체를 얻게 된다.

과장된 방식 속에서 희극적 요소를 획득하는 코미디는 한편으론 오해와 무지 속에서도 발견된다. 〈맨홀〉의 재기발랄한 배경음악과 컴퓨터 기술의 입체적 효과는 〈명불허전〉의 허임의 코믹한 표정이 수차례 클로즈업되는 것과 다름없다. 서사에 더욱 효과적으로 몰입시키기 위한 장치로서 두 드라마는 현실을 과장되게 극화한다. 타임슬립이라는 장르적 신선함이 현실과 다른 시공간을 위치시킬 때, 수 세기 동안 반복되어온 로맨스는 오해와 무지 속에서 서로를 잃어버리고, 되찾고 또다시 잃어버리게 만들면서 우리가 그 속에서 무엇을 볼 수 있을지를 끊임없이 질문한다. 오해와 무지는 코미디의 요소이면서, 로맨스물의 갈등을 고조시키고 이를 봉합하는 절정의 순간을 만들어낸다. 봉필이 수진에게 남긴 카메라 고백은 진숙에 의해 삭제되고, 군대에서 봉필이 쓴 편지는 수진에게 제대로 도착하지 못한다. 서로의 마음을 다양한 물리적 요소로 확인하지 못한 이들의 안타까움은 로맨스가 수반하는 필수 요소이기도 하다. 연경은 정체불명의 허임을 CCTV로 지켜보며 그를 오해하기를 반복한다. 하지만 이들을 지켜보는 시청자들은 드라마 속 인물이 어긋나는 지점이 있기에 감정이입이 가능해진다. 봉필이 수진을 되찾을 수 있는 것을 직감했듯, 허임과 연경이 서로를 사랑하는 마음은 변치 않을 것이다. 상상의 서사가 생생한 현실로 느껴지는 것은 존재하지 않는 기억을 봉합시키는 서사의 기능이기도 하다. 타임슬립 드라마의 시간여행은 극 중 인물이 떠나는 여정이 아닌 우리 스스로가 떠나는 여정이기 때문이다.

시대의 초침이 향해 있는 '우리'라는 초상

봉필이 사랑한 수진(유이)은 왜 사진가였을까. 수진은 왜 결정적인 순간에 카메라를 들고 있었던 것일까. 〈맨홀〉에서는 극 중 인물들이 사진 속 자신을 바라보는 순간이 제법 등장하는데 1화의 수진은 약혼 사진을 보며 "왜 나는 이때 안 웃었을까"를 스스로에게 묻는다. 하지만 이제 막 시작한 드라마의 분위기에서도 감지할 수 있는 것은 그런 수진이 봉필로 인해 '행복하게, 곧 웃는 미래를 맞이할 것'이라는 점이다. 정적인 순간적 감정이 각인된 사진은 과거만을 가리키고 있는 것은 아니다.

수많은 타임슬립 드라마들은 흩뿌려진 행성처럼 서로 다른 시간을 여행하고 있지만, 이 시간여행을 바라본 사람들은 언제나 같은 종착지에 도착한다. 사진 속의 나를 바라보기. 즉 자기 자신의 정지된 순간을 바라보는 장면은 물리적 조건의 자유로운 변화가 가능한 타임슬립물이 결국 시간여행을 하는 주체가 누군지를 각인시키는 장면과도 같다. '나'라는 주체는 시간여행의 단순한 등장인물이 아닌, 현재를 바꿔갈 수 있는 가능성을 보여줄 수 있기 때문이다. 조선과 서울을 왕복하는 〈명불허전〉은 각기 다른 시대의 물리적 삶의 요건을 확인시키며 이 속에서 어떻게 일상을 지켜내는지를 눈여겨보게 만든다. "그대의 웃음만 가져가겠다"고 말한 허임과 허임을 400년 전으로 보내준 인경은 각자의 자리에서 할 수 있는 만큼 사람들을 치료하고 돕는다. 시간의 속성은 우리에게 얼마만큼의 여유가 있는지를 알려주기도 하지만, 우리가 지금 무엇을 해야 할지를 지시하는 최소한의 기호이기도 하다. 과거와 미래는 '현재'라는 용어가 없다면 존재하지 않을 단어와도 같다. 〈맨홀〉은 플래시백과 시간여행 시퀀스를 적절하게 뒤섞어 후회와 갈등 속에서 어떻게 원하던 미래를 쟁취하는지를 보여준다. 시간의 완급 조절 속에서 변화를 일으키는 순간은 매번 '지금과는 다른 현실'을 위해서다. 그렇기 때문에 타임슬립 드라마는 모방보다 허구를 강조하는 자기반영적 성질 속에서 진동할 수밖에 없다. 존재하지 않는 이야기에 대한 심리적 밀착감은 곧 내가 존재하고 있는 곳의 거울이 된다. 타임슬립 드라마의 시간 속에서 째깍거리는 현시대의 초침이 향해 있는 곳은 언제나 지금, 여기의 '우리'일 수밖에 없다.

입선

네모의 꿈

JTBC 드라마 〈이번 주 아내가 바람을 핍니다〉

남지행

JTBC에서 방영한 〈이번 주 아내가 바람을 핍니다〉(이하 〈이아바〉)는 외도를 나타내는 직접적인 제목으로 방송 시작부터 큰 관심을 받았다. 그 때문에 사람들은 이 드라마를 그저 단순한 불륜 드라마로 여겼고 이 안에서 '바람'이라는 소재가 어떻게 다루어지는지에 대해서만 얘기했다. 물론 불륜 드라마는 맞다. 하지만 제목에 대한 이해를 여기서 그치면 안 된다. 우리는 이 드라마의 제목이 주인공 도현우(이선균)가 아내 정수연(송지효)의 외도를 알게 된 후 '인터넷 커뮤니티에 올린 첫 글'의 제목과 일치함에도 주목해야한다.

21세기 인간 세상에 스마트폰이라는 작은 네모가 등장하면서 우리의 삶은 완전히 뒤집어졌다. 특히 실제와 밀접하게 연결되어 있지만 그와는 엄연히 다른 또 하나의 현실 세계가 더욱 활발해질 수 있는 환경을 구축해놓았고, 그 덕에 사람들은 전보다 훨씬 쉽게 물리적인 제약에서 벗어나 다양한 정체성과 관계를 형성할 수 있게 되었다.

〈이아바〉는 이처럼 한 손에 다 들어갈 정도로 작은 '네모'가 꾸고 있는 거대한 '꿈'에 주인공을 투입시켜 내용을 전개한다. 방송을 본 시청자들은 이 공간을 단순히 한 인물의 고민 상담소로 여길 수 있다. 그러나 그 뒤에는 아주 중요한 한 가지가 숨어 있는데, 바로 현실에서 상처받은 이들의 '소통(疏通)'이다.

'5인치' 안의 은신처

21세기에 살고 있는 우리는 눈부신 기술의 발전 덕분에 성공을 이룰 수 있는 경우의 수가 많아졌다. 하지만 이는 반대의 경우에도 마찬가지인데 즉, 성공할 수 있는 방법이 많아진 만큼 '실패'에도 쉽게 노출되어 있다는 것이다.

학업, 취업, 그리고 인간관계 등에서 연속되는 실패를 겪고 있는 현대인들에게 이제 "실패는 성공의 어머니"라는 에디슨의 명언은 더욱 잔인하게만 다가온다. 오늘날의 실패는 그저 사람을 나약하게 만들어버리는 독약일 뿐이다. 그렇게 우리들은 자신에게 상처를 준 세계를 점점 회피하게 되고 고통스러운 지금의 나를 숨긴 채 타인과 교류할 수 있는 또 다른 공간을 찾아 나선다. 수연이 다른 남자와 호텔에 가기로 한 사실을 알게 되면서 사랑과 남편이라는 역할에 실패한 현우도 마찬가지였다. 그가 자신의 비참한 상황을 넋두리하기 위해 죽마고우인 안준영(이상엽)의 집을 찾아간 것이 아니라 '주식 갤러리'(이하 주갤)라는 익명의 인터넷 커뮤니티에 접속한 것처럼 말이다.

그렇게 현우는 주갤 안에서 '토이크레인'이라는 또 다른 정체성을 형성한다. 그리고 "이번 주 아내가 바람을 핍니다"라는 글을 게시한다. 그렇게 도현우의 아내 정수연이 바람을 피운 사실은 대한민국 불특정 다수에게 삽시간에 퍼졌다. 하지만 그 속에서는 아무도 도현우를 동정하지 못하고 정수연에게 손가락질하지 못한다. 이건 도현우의 일이 맞지만 그 세계에서는 남자라는 것밖에 밝혀진 게 없는 토이크레인이라는 사람의 일이기 때문이다. 누군가에게는 이 같은 익명의 공간이 비겁하고 불필요하게 느껴질 수 있다. 하지만 누군가에게는 자신이 갖고 있는 상처가 더 곪아질 일이 없는 안락한 은신처의 공간으로 남을 뿐이다.

그저 서툰 사람들

인터넷 커뮤니티인 주갤에서 도현우를 대신하는 토이크레인이라는 별명은 단순히 그가 인형 뽑기를 좋아하기 때문만이 아니다. 그의 닉네임은 인형 뽑기 기계와 같았던 현우와 수연의 결혼 생활을 대변하는 듯하다. 현우는 마음에 드는 인형을 목표로 삼고 열심히 조종했지만 기계는 절대 마음대로 될 리 없었다. 집중해서 인형을 집어 들었지만 생각과 다른 인형이 나오기도 했고 아예 바닥으로 떨어져버려 아무것도 손에 못 쥐게 되기도 한 것처럼 말이다.

이와 마찬가지로 주갤 사람들도 자신의 닉네임을 통해 각자 내면의 상처를 간접적으로 보여주고 있었다. 대표적으로 '독수공방녀'는 남편과 사이가 굉장히 좋지 않은 주부이고 '외톨이'는 어떤 일로 인해 바깥 생활을 전혀 하지 않는 히키코모리였다. 또한 '한강갑시다'는 계속 한강 다리에 서서 자살을 고민하는 아저씨였고 '참지마요'는 참지 말라는 별명과는 다르게 바람둥이 남편을 그저 지켜만 보는 인물이었다. 이처럼 아무 공통점이 없어 보이는 것 같았던 주갤 사람들은 알고 보면 그 안에서 모두 소통의 부재 속 서로와 닮은 아픔을 간직하고 있었다.

이들은 현우, 즉 토이크레인의 일을 두고 개개인의 사연 속에서 각기 '다른 동일시'를 낳기 때문에 모두 상이한 댓글 반응을 보였다. 오랜 시간 남편과 사이가 좋지 않았던 '독수공방녀'는 "여자가 바람피는 건 다 남자 때문이야! 너 때문이라고!"라며 도현우를 질책했고, 히키코모리인 '외톨이'는 "당신을 이해합니다. 힘내셨으면 좋겠어요"라며 혼자가 된 그를 감쌌다. 또한 사이가 좋지 않은 부모님을 원망하는 '휴먼급식충'은 "……어설프게 같이 사는 것보다 깨끗하게 정리하는 게 애를 위해 더 나을 수도 있겠네"라며 이혼 후 남겨질 아이의 입장에 섰다.

이러한 주갤 사람들은 〈이아바〉 속에서 주·조연 못지않게 자주 등장했다. 이들의 공통점은 모두 현실과는 다르게 그 안에서만큼은 댓글을 열심히 달면서 자신의 생각을 거리낌 없이 드러낸다는 것이다. 그렇다. 그들은 그저 자신이 갖고 있는 상처를 더 덧나게 할까 무서워 겉으로는 점점 입을 닫고 있었지만, 막상 그들의 내면에서는 소통을 갈망하고 있었다. 그러한 그들의 갈증을 해소시켜준 곳이 바로 인터넷 커뮤니티이다. 그들에게 댓글은 대화이고 교류다. 하지만 확실히 진짜보다는 어색하고 딱딱하다. 그렇기 때문에 알고 보면 그들 나름대로 건넨 서툰 위로 방식이 주갤에 글을 쓴 지 얼마 안 된 현우에게는 다소 불편하고 거친 오지랖으로 느껴질 수밖에 없었을 것이다.

이토록 소통에 대해서 방황하고 있는 주갤 사람들의 마음을 한 번에 바꿔놓은 사람이 있었으니 바로 주인공 도현우다. 그는 다른 주갤 사람들과 마찬가지로 도현우로 존재하는 현실에서는 수연에게 언성을 높이며 모질게 대했다. 그러나 토이크레인으로 존재하는 주갤에서만큼은 자신의 행동을 후회하고 반성해가는 진심을 내비쳤다. 이렇게 불통과 소통 사이에서 고민하던 현우가 마침내 그녀에 대한 '진짜 마음'을 선택한 것이다. 이렇게 유사한 결핍을 지닌 존재가 내비친 용기는 주갤 사람들의 마음에 작은 불씨를 지피기에 충분했다. 후에 주갤 사람들이 불륜패치에게서 현우를 구한 것도 협박 상황에서 도현우·정수연이 보인 서로에 대한 진심 때문이었을 것이다.

몇 개월 뒤, 주갤 사람들은 인터넷 커뮤니티가 아닌 토사모(토이크레인을 사랑하는 모임)라는 실제 만남을 가졌다. 비록 만나는 이들은 여전히 주식 갤러리에서 알게 된 사이버 친구들이었지만, 치킨집이라는 3D의 공간 안에서 서로가 서로에게 건넨 인사는 더 이상 어색하고 서툴지 않았다.

그러나 조금은 뾰족한 꿈

우여곡절 끝에 자신의 아내를 이해하고 용서하겠다는 글을 쓴 현우. 그는 모두가 자신을 이해해줄 거라 믿었지만 그의 용서가 도저히 용납되지 않는 이들도 있었다. 토이크레인, 즉 현우의 바람난 아내 신상을 털겠다며 등장한 '불륜패치'가 바로 그것이다. 그렇게 현우는 불륜패치에 의해 자신이 의지했던 네모 속 날카로운 모서리에 직면하게 된다.

어느 날, 주갤에 불륜패치라는 자가 "바람난 아내 신상을 털었습니다"라는 제목으로 글을 하나 게시한다. 그는 수연의 직업까지 알고 있어 그녀의 일터에 꽃 배달을 핑계로 협박 카드까지 보내며 현실에서의 수연과 현우를 공포 안에 몰아넣는다.

이 과정에서 불륜패치는 자신을 숨기기 위해 그가 평소에 자주 쓰던 아이디로 글을 올리는 것이 아니라 새로운 아이디까지 만드는 노력을 보이며 치밀하게 일을 진행했다. 그 때문에 현우는 불륜패치에 대한 정보를 하나도 알아낼 수 없었고 결국 자신이 토이크레인이라는 것을 아는 준영과 보영에게 도움을 청한다.

이 사람은 대체 왜 이런 일을 벌이는 걸까? 이 질문에 보영이 이런 말을 한다. 어느 순간 커뮤니티 속에서 다른 이의 고민을 들어주는 상담자는 자신을 '신'과 같은 존재라고 느끼게 된다고 말이다. 모르는 사람이 나에게 답과 응원을 구하고, 나아가 나를 하나님처럼 생각해주기 때문이다. 이러한 과정에서 상담자가 글쓴이와의 지나친 '동일시'까지 이루게 되면 이미 그 사람은 자기 자신을 잃어버린 채 그저 사연 속의 인물로 존재하게 된다.

불륜패치가 딱 이러한 모습이었다. 자신의 가족을 공격하는 불법적인 일을 하지 말아달라는 현우의 글과 쪽지에도 불구하고 이미 지나친 동일시로 수연을 어떻게든 벌주고 싶은 불륜패치는 "당신은 잘못한 게 없어요. …… 당신이 안 하겠다면 내가 벌을 주겠습니다"라는 반응을 보이며 멈출 기미를 보이지 않았다. 그뿐만 아니라 이러는 이유를 묻는 쪽지에는 "그냥 정의 구현 정도로 해두죠"라는 답장을 통해 자신을 토이크레인의 신, 즉 악을 물리치는 '영웅'과 같다고 합리화한다. 그렇게 사람들과 자신의 일상을 공유하고 소통하던 즐거운 공간은 어느 순간 정작 당사자들은 원하지 않는 그들만의 심판대라는 지옥으로 점차 변하게 된다.

고생 끝에 찾은 범인은 다름 아닌 자신의 프로덕션 사장 박영수(박수영)였다. 왜 그랬냐는 현우의 물음에 그는 이렇게 말했다. "억울했어. 나 혼자 당해서 억울한 줄 알았는데, 다른 누가 나랑 같은 일을 당하는 걸 보니까 눈이 뒤집히더라고……." 알고 보니 영수도 현우와 비슷한 그 나름의 사정이 있었다. 그는 오랜 시간 기러기 아빠로 살며 버는 족

족 해외에 사는 아내와 자식들에게 생활비를 보냈지만, 돌아오는 것은 이제는 한국에 들어오지 않겠다는 아내와 자신을 보고 싶어 하지 않는 자식들이었다. 그렇게 허무하게 끊겨버린 소통의 끈은 비뚤어진 합리화 아래 불륜패치라는 정체성으로 이어졌다.

〈이아바〉가 방영된 같은 해 2016년, 이와 비슷한 사건이 있었다. 유흥업소를 드나들며 문란한 행위를 했다는 남성을 폭로하는 '한남패치'와 유흥업소에 종사하는 여성 등의 신상을 공개한다는 '강남패치'가 SNS를 통해 큰 인기를 끌며 엉뚱한 피해자들이 속출한 것이다. 이에 전문가들은 신상 털기 및 유포 행위가 일종의 정의를 실천한다는 심리에서 비롯된 것이라고 분석했다. 도덕적·법적 잘못을 저지른 사람들의 정보를 공개할 경우 이들에게 향하는 사회적 질타를 통해 심리적 쾌감을 느낀다는 것이다.

이렇듯 현실 속 대화의 부재로 인해 사람들의 관심이 필요했던 그들. 하지만 이들이 네모 속에서 택한 자리는 사람들이 많이 모여 있는 가운데가 아닌 옆이 막혀 있는 맨 끝 구석이었다. 그렇게 한 사람만 들어갈 수 있는 좁은 모서리에서 그들은 오늘도 재미있는 꿈을 꾸고 있는 듯하다. 정작 그것이 '악몽'이라는 것을 자신만 모른 채 말이다.

'가짜'를 통한 '진짜'

비록 현실을 완전히 대체할 수는 없지만 그럼에도 '실제인 듯, 실제 아닌, 실제 같은' 네모의 꿈 속에는 얼굴과 이름이 존재하지 않는 수많은 사람들이 실재한다. 다양한 이유로 여러 가지 감정을 갖고 있는 이들 중 누군가는 익명이라는 체제 안에서 타인의 마음에 상처를 주기도 하지만, 또 누군가는 자신의 경험을 바탕으로 상처받은 다른 이를 위로해주고 보듬어주며 그렇게 어울려 살아간다.

21세기의 이 세계는 작은 한 사람 한 사람이 모여 이제 거대한 집단지성의 장으로 존재하게 된다. 그렇기 때문에 이 속에 있는 현실의 나는 기존의 물리적인 제약에서 벗어나 새로운 소통의 가능성을 열게 될 뿐만 아니라 전과 다른 새로운 자아성찰과 자기반성의 기회까지 맞이할 수 있게 되었다. 그리하여 이제 우리는 현실과는 또 다른 작은 사회를 구축하게 된 인터넷 커뮤니티를 그저 인터넷의 공간, 그 자체만으로 말할 수 없게 되었다.

〈이아바〉의 제작진들은 기획 의도를 통해 "익숙함에 속아 소중함을 잃지는 않았나요?"라는 물음을 제시한다. 이 드라마의 남자 주인공 도현우는 익숙함에 속아 소중함을 잃었지만 다행히도 다시 찾았다. 그리고 우리는 그가 어떻게 그 소중함을 찾았는지 다 지켜보았다. 여기서 나도 질문을 하나 하고 싶다. 만약 현우가 '네모의 꿈' 속에 들어가지 않아 '토이크레인'이라는 또 다른 자아를 만들지 않았더라면, 또 그 안에서 서툰 친구들을 만나지 않았더라면 결말은 어떻게 바뀌었을까. 과연 그때도 횡단보도를 두고 현우와 수연이 마주 보며 웃음 짓는 것으로 막을 내릴 수 있었을까?

결론적으로 주식 갤러리라는 곳에서 함께하고 있는 그들은 오늘도 토이크레인의 글을 기다리고 있을 것이다. 그가 예고한 "이번 주 아내와 저의 새로운 이야기가 시작됩니다"라는 제목의 글을.

입선

결혼 제도의 경계선에 선 사람들

JTBC 〈이번 주 아내가 바람을 핍니다〉

이오림

JTBC 드라마 〈이번 주 아내가 바람을 핍니다〉(이하 〈이아바〉)는 『이번 주 아내가 바람을 핍니다(今週, 妻が浮気します)』라는 일본의 에세이집을 바탕으로 제작했다. 원작이 되는 에세이집은 인터넷 사이트 'OkWeb 커뮤니티'의 익명 게시판에 아내가 외도를 한다는 고민을 처음으로 올린 'GoAhead'와 이용자들이 그에 대해 답변을 주고받은 것을 엮어 만든 책으로, 이를 바탕으로 2007년 후지TV에서도 11부작으로 드라마 〈이번 주 아내가 바람을 핍니다(今週, 妻が浮気します)〉를 제작해 방영한 바 있다. 한국 드라마 〈이아바〉는, 큰 뼈대가 되는 등장인물과 이야기 전개는 원작 에세이나 일본판 드라마와 비슷하지만 세부적인 캐릭터 설정이나 에피소드들을 2016년 한국의 현실이나 문화에 맞춰 각색하여 일본 드라마와는 결이 다른 이야기를 풀어낸다.

처음 시작과 전개는 비슷하다. 한국판 〈이아바〉 역시 주인공인 도

현우(이선균 분)가 우연히 아내에게 온 문자메시지를 통해 아내의 외도 사실을 알게 된 후 "이번 주, 아내가 다른 남자와 바람을 핍니다. 저는 어떻게 해야 할까요?"라는 질문을 인터넷 커뮤니티인 디시인사이드 주식 갤러리에 올리는 것으로 시작한다. 그리고 도현우가 계속해서 인터넷 게시판에서 아내의 외도와 관련된 문제를 상담하면서 사람들의 의견을 들으며 가족 내 문제를 해결하려 노력한다.

이 과정에서 한국판 〈이아바〉는 일본판과 달리 도현우가 아내 수연(송지효 분)이 집을 나가 있던 동안 아내가 해왔던 가사노동과 육아를 경험하며 워킹맘으로 살아온 수연의 삶을 돌아보고 이해하게 되는 에피소드를 추가하였다. 일본판에서는 이 부분을 강조하지 않았지만, 한국판에서는 아이 엄마들끼리 만든 단톡방 문화를 통해 어린이집이나 문화센터에서 구축된 엄마들의 커뮤니티를 부각시키고 그 안에서 아이에게 많은 시간을 들여 돌볼 수 있는 전업주부 엄마들이 지닌 권력과, 상대적으로 아이에게 많은 시간을 들일 수 없는 워킹맘의 권력 차이를 보여준다. 워킹맘은 일 때문에 항상 늘 다른 어머니들에게 자기 아이를 잠깐 맡기거나, 어린이집에서 같이 데려와 달라고 부탁할 수밖에 없는 처지이며, 그래서 늘 엄마들 공동체 내에서 가장 약자였던 것이다.

별거 전 평소에 대체 왜 다른 엄마들에게 그렇게 비굴하게 굽실거리느냐며 아내에게 화를 냈던 남편은 '엄마들의 커뮤니티'를 체험한 뒤 아내가 왜 다른 엄마들에게 조아리고, 굽실거려야 했는지 이해한다. 그리고 더불어 일과 육아와 살림을 병행하기가 얼마나 어려운 일인지, 그 모든 것을 몇 년 동안 계속해온 아내가 얼마나 지쳤을지도 알게 된다.

현우는 또한 자신은 육체적으로 외도를 하지 않았지만 마음이 흔들렸던 순간들을 떠올리며 외도에 대한 부분에서는 자신도 결백하지 않음을 인정하고 외도했던 수연을 용서하려 한다. 하지만 현우는 아내가 외도했다는 기억을 떨쳐내기 어려워하며, 별거 후 수연이 돌아와도 불쑥불쑥 외도 사실과, 수연이 바람피운 상대방이 떠올라 당황한다. 수연은 결국 현우와 예전으로 돌아갈 수 없다는 것을 깨닫고 둘은 이혼한다.

물론 여타 불륜을 소재로 한 드라마처럼, 〈이아바〉에서도 배우자의 불륜과 상대방의 복수가 극의 중심을 차지하고 있다. 하지만 〈이아바〉는 복수에 중점을 두지 않고 복수를 하려고 하는 자신에 대한 객관화, 메타적 시선, 혹은 자기반성에 초점이 맞춰져 있다. 도현우의 복수는 여타 드라마에서처럼 갈등을 해결하는 카타르시스를 남기는 완벽한 복수라기보다는 어딘가 삐걱대고 어긋나며 심지어 성공적이라고 보기도 어렵다.

배우자의 외도와 이혼을 둘러싸고 일어난 갈등은 다툼보다는 성찰과 숙고 속에서 마무리된다. 〈이아바〉에서의 이혼은 가족과 배우자에 대한 성찰을 통해 상대방의 입장을 이해하게 되지만, 그럼에도 불구하고 그전으로 돌아갈 수 없다는 것을 깨달은 두 사람이 내리는 결정이다. 〈이아바〉는 이혼을 어떤 부족이나 결핍된 비정상성이 아닌 자연스러운 삶의 갈래 중 하나로 묘사한다. 이것은 다른 등장인물들의 대화나 행동을 통해서 드러나는 주제의식이기도 하다.

일본판 〈이아바〉에는 없는, 〈이아바〉에만 등장하는 독특한 캐릭터의 유사 가족 공동체가 있다. 남편이 떠난 뒤 동거하며 같이 지내는 본처 영옥(김영옥 분)와 후처 혜옥(김혜옥 분)이다. 티격태격하지만 서로를 챙겨주는 자매처럼 등장한 두 사람은, 극이 진행되면서 본처와 후처의 관계였음이 드러난다. 그리고 〈이아바〉의 주제의식이라고도 할 수 있는 외도와 이혼에 대한 시각이 후처인 혜옥의 입을 빌려 간접적으로 드러난다.

극 중에서 혜옥은 토이크레인(극 중 남편인 도현우)의 고민 상담글이 올라올 때마다 이혼하라는 답변을 단다. 영옥이 혜옥에게 대체 왜 자꾸 이혼하라고 하느냐고 물어보자, 혜옥은 영옥에게 바람피운 자신과 남편 때문에 형님이 힘들지 않았느냐, 차라리 이혼했으면 마음이라도 편하게 살았을 것이라고, 잊는다고 해서 잊히는 것도 아니고 문득 생각날 텐데, 당장은 힘들더라도 나중에 웃을 수 있게, 이혼하는 게 나을 것 같았다고 대답한다.

〈이아바〉에서의 이혼에 대한 시각 중 하나는 주인공 도현우의 친구인 변호사 최윤기와 그의 부인 은아라를 통해서 드러난다. 최윤기는 상습적으로 여자들을 꼬시며 동시에 여러 여자를 만나며 바람을 피우는 호색한이다. 그는 아내가 다니는 꽃꽂이 학원의 플로리스트, 백화점 명품 매장의 직원, 자신에게 이혼 소송을 의뢰한 여성 의뢰인과 외도를 즐긴다. 최윤기의 아내 은아라는 그의 외도 여부를 파악하기 위해 발 냄새를 확인할 정도로 집요하고, 자신의 사촌 동생을 최윤기의 변호사 사무실 비서로 취직시켜 남편을 실시간으로 감시한다.

은아라는 이렇게 말한다. "들키지만 않으면 바람을 피우는 것은 상관없다. 들키지 않으려 노력한다는 것 자체가 나를 아직은 사랑한다는 것이니까." 그러나 최윤기는 이미 아내인 은아라를 처가에서 보내주는 돈을 뽑아 쓰는 ATM이자 성실하게 살림하는 공짜 가정부로 취급하고 있을 뿐이다. 그러나 은아라도 사실 최윤기의 외도 행각과, 외도 대상이었던 세 명의 여자를 전부 알고 있었지만, 그동안 참고 지내왔을 뿐이었다.

은아라는 최윤기와의 이혼을 결심한 날, 도현우에게 다음과 같이 고백한다. 다른 여자와 함께 있는 남편이 자꾸만 떠올라 그때마다 남편을 사랑하는 만큼 저주하고 욕을 퍼부었고, 그런 자기 자신이 괴물이 된 것 같아 끔찍하고 괴로웠다고. 은아라의 이러한 자기고백은 도현우가 아내의 외도에 징벌적 복수를 마음먹었다가 이내 후회하고 자신을 돌아보는 과정, 그리고 아내의 외도 사실을 용서했다고 해도 잊을 수는 없다는 괴로움과도 일맥상통한다.

이처럼 〈이아바〉에서는 어떤 경우에는 이혼이 득이 되거나 필요할 수도 있다는 입장을 드러내면서 재결합 혹은 남녀의 결혼을 통한 가족의 결속이나 그 필요성에 대해 의구심을 제기한다. 그리고 현우와 수연이 이혼 플래너의 도움을 받아 친권과 양육권을 나누고 매달 지불할 양육비를 결정하고, 자녀 양육 안내 교육을 받는 등 현실적인 절차 묘사를 통해 〈이아바〉는 서로에게 악의 없는 부부가 법적 분쟁 없이 이혼하는 모습과 그 절차를 사실적으로 묘사하며, 이혼의 과정과 그 이후의 이야기에 초점을 맞춘다. 현우와 수연 두 사람은 이혼 후에도 아이 면접이나 양육 등의 이유로 종종 만나고, 결말에서 둘은 함께 있고, 또 서로를 이해한 후 다시 새로운 이야기를 시작한다고 말하지만, 그것이 꼭 재혼할 것을 암시하지는 않는다.

〈이아바〉는 이처럼 기존 결혼 제도에 의한 가족의 결속에 대해 조심스럽게 접근하며 유보적 입장을 취한다. 이는 주인공 도현우와 함께 근무하는 두 사람, 안준영 PD(이상엽 분)와 권보영 작가(권보아 분)의 에피소드에서도 알 수 있다. 보영은 과거에 이혼을 했고, 준영 또한 3년 전 결혼했지만 신혼 초에 이혼했다. 오랫동안 같은 프로덕션에 근무하면서 티격태격하며 정도 들었던 두 사람은 어느 날 술을 같이 마시다가 하룻밤 잠자리를 갖는다. 이후 보영은 임신을 하고, 준영의 집에서 함께 살긴 하지만, 보영은 준영과 결혼하려고 하지 않는다. 다만 보영은 준영을 자기가 임신한 아이의 생물학적 아버지라고 부를 뿐이다. 아마 이들이 한국에서 결혼을 하지 않고 버티기란 어렵겠지만, 〈이아바〉는 굳이 이들의 결말을 결혼이라는 정상 가족에의 귀속으로 쉽게 닫아버리지 않는다. 일본판에서 이 두 사람과 유사한 캐릭터인 편집자 타마코(한국 역 권보영)와 토도로키(한국 역 안준영)가 결말에서 결혼한다는 내레이션으로 끝나는 것과 대조적이다.

양 부모와 미혼 자녀로 구성된 핵가족이 보편적이고 정상이라는 소위 정상 가족 이데올로기는 전 세계적으로 18세기 이후에 만들어진 근대의 발명품이다.[1] 특히 이 정상 가족 이데올로기는 해방 후 한국 사회에 출현한 권위주의적 집권 세력에 의해 한국의 오랜 가부장주의 사회질서와 결합해 경제 개발 계획에 의한 경제 성장을 위한 수단으로 활용되어왔다.[2] 이런 분위기 속에서 사회는 양 부모와 미혼 자녀로 이루어진 가족만을 정상 가족으로 규정하며 이에 특별한 권위를 부여해왔으며, 결혼을 장려해왔다. 이에 따라 이혼은 그 행위 자체로 비난받는 일탈적 행위가 되었다. 이는 그동안 미디어, 특히 멜로 드라마 장르에서 이혼과 이혼 가정을 불행한 것으로 여기거나 연민의 시선으로 다뤄왔던 것을 통해 알 수 있다. 하지만 2000년대 들어와 〈연애시대〉를 비롯한 많은 드라마에서 이혼을 삶의 과정으로 받아들이는 모습을 보여주기 시작했다. 점점 이혼하는 부부의 숫자가 늘어나다 보니 이혼을 특별한 사건이라고 여기지 않게 되는 방향으로 시대가 변한 것도 그 이유가 될 것이다. 〈이아바〉에서의 보영과 준영처럼 결혼하지 않고 동거만 하는 남녀 커플의 경우도 마찬가지이다. 동거하는 커플들이 늘어나고, 그것이 점차 자연스러운 모습으로 받아들여 지고, 미디어도 그에 따라 동거 커플의 모습을 담아내기 시작했다(최근 JTBC 예능 프로그램 〈한끼줍쇼〉 '이

1 조주은, 『페미니스트라는 낙인』(서울: 민연, 2007), 57쪽.

2 문소정, 「가족이데올로기의 변화」, 여성한국사회연구회 엮음, 『한국가족문화의 오늘과 내일』(서울: 사회문화연구소, 1995). 이영환 엮음, 『통합과 배제의 사회정책과 담론』(서울: 함께읽는책, 2003), 371쪽 재인용.

효리' 편에서는 결혼하지 않고 동거만 하는 남녀 커플이 나왔다). 결혼, 가족 담론과 관련해 사회는 빠르게 변하고 있다. 결혼의 당위성이나, 정상 가족 이데올로기에 의문을 제기하고 균열을 내는 사람들은 점차 늘어나고 있다. JTBC의 드라마 〈이번 주 아내가 바람을 핍니다〉도 결혼 제도의 경계에 서 있는 등장인물들을 통해 이러한 변화의 과도기 속에 있는 한국 사회를 비추는 거울과 같은 역할을 하고 있다고 볼 수 있을 것이다.

입선

시간여행 속 애도와 치유 그리고 정의의 이야기, 〈터널〉

강태경

천 년이 지나간 어제 같으며

(시편 90:4)

죽은 자들이 온전히 받지 못한 애도 …… 그 일을 제대로 해내지 못했다는 사실을 깨달았다.

(한강, 『흰』)

인적 드문 터널에서 연쇄살인 사건 용의자를 추격하던 한 형사가 영문도 모른 채 30년의 세월을 뛰어넘으면서 나선처럼 꼬인 〈터널〉 속 이야기가 시작된다. 2017년 3월 25일부터 5월 21일까지 OCN을 통해 방영되었던 〈터널〉은 범죄 수사물이면서 초현실적인 시간 이동, 즉 '타임슬립(time-slip)' 현상을 이야기 전개의 핵심 장치로 활용한다는 점에서

〈나인: 아홉 번의 시간여행〉(tvN, 2013)이나 〈시그널〉(tvN, 2016)과 궤를 같이한다. 우리나라에서는 〈천년지애〉(SBS, 2004)를 기점으로 타임슬립 소재의 드라마가 본격적으로 제작, 방영되기 시작하고 몇 년 후 〈옥탑방 왕세자〉(SBS, 2012), 〈인현왕후의 남자〉(tvN, 2012), 〈신의〉(SBS, 2012), 〈닥터 진〉(MBC, 2012), 〈프로포즈 대작전〉(TV조선, 2012) 등 다양한 타임슬립 드라마가 쏟아졌다. 현재 문화적 트렌드로 자리 잡은 타임슬립 소재 드라마는 지속적으로 제작되고 있다. 이러한 트렌드는 드라마뿐만 아니라 영화에서도 공고하다.

〈터널〉은 타임슬립 장치를 활용하는 목적과 방식에서 기존의 타임슬립 소재 드라마들과 차이를 보인다. 기존의 유사 장르 드라마에서 타임슬립은 후행하는 시공간(현재 또는 미래)에서 발생한 문제적 상황을 해결하기 위해 주인공, 즉 시간여행자가 선행하는 시공간(과거 또는 현재)을 넘나드는 통로로 활용된다. 그런데 〈터널〉에서 타임슬립은 매우 제한적으로 일어난다. 그 결과 시간여행자인 주인공은 2017년의 화양시, 즉 자신의 시공간에 후행하는 시공간에서 새롭게 만난 동료들과 협력함으로써 문제적 상황을 해결하고자 한다. 다시 말해, 〈터널〉에서의 타임슬립은 30년 전 연쇄살인 사건의 현재성을 부각시키는 장치로 활용됨으로써 사건의 해결 도구로서의 기능보다는 사건의 해석 도구로서의 기능이 강조되고 있다. 이 글에서는 〈터널〉에서 활용된 타임슬립 구조를 분석함으로써 이 드라마가 우리에게 전해주는 애도와 치유 그리고 정의의 이야기를 재구성해보고자 한다.

시간여행의 이야기 구조

타임슬립이란 '시간(time)'과 '미끄러지다(slip)'라는 두 단어의 합성어로서 초현실적인 힘으로 시공의 틈으로 미끄러지는 현상을 일컫는다. 이 합성어는 1964년 미국의 필립 K. 딕의 소설 『화성의 타임슬립(Martian Time-Slip)』에서 유래하였다. 타임슬립은 타임머신과 함께 소설이나 영화·드라마 등에서 시간여행의 수단으로 자주 활용되는 장치이다. 타임슬립과 타임머신은 시간여행의 메커니즘이 서로 다르다. 타임머신은 기계 장치를 통해 만들어진 물리적 현상에 의해 이루어지는 시간여행이지만 타임슬립은 초현실적인 현상에 의해 이루어지는 시공간의 이동이다. 이러한 메커니즘의 차이는 타임머신이 시간여행자의 의지와 욕망에 기초한 시간여행 장치인 데 반해 타임슬립은 특정한 장소나 상황의 우연성에 기초한 시간여행이라는 데에서 선명하게 드러난다.

타임슬립 이야기 구조는 시간여행자의 현재를 기준으로 크게 '과거로의 이동'과 '미래로의 이동'으로 나눌 수 있다. 우선 과거로의 타임슬립 구조에서 시간여행자는 자신이 맞닥뜨린 실존적 문제를 해결하기 위해 과거에서 특정 사건에 조작을 가하는 방식을 취하기 쉽다. 과거 사건의 조작으로 현재 상황이 의도하지 않았던 방향으로 바뀌는 부작용은 과거로의 타임슬립에서 클리셰라고 해도 과언이 아니다. 또 다른 타임슬립 구조인 미래로의 타임슬립에서 시간여행자는 미래에 발생할 문제를 미리 알고 이를 방지하기 위해 현재 특정 사건에 조작을 가하는 방식을 취하기 쉽다. 과거로의 시간여행 구조와 마찬가지로 미래로의 타임슬립에도 현재의 조작이 미래에 의도하지 않았던 방향의 결과로 나타나는 클리셰가 종종 등장한다.

이 두 가지 구조는 시간여행자를 기준으로 시간 이동 방향에서 차이가 나지만 시간여행자가 직면한 문제를 해결하기 위해 문제에 선행하는 시공간에서 여러 가지 시도를 한다는 점에서 공통점이 있다. 그리고 이 두 구조에서 시간여행자는 자신이 직면한 문제에 선행하는 시공간에서 그 문제 해결을 위한 시도를 함으로써 이른바 '나비 효과'를 일으키게 된다. 이에 시간여행자는 나비 효과를 되돌리려고 다시금 시간여행을 감행하게 되기 십상이다. 타임슬립은 그 메커니즘이 타임머신과는 다르지만, 시공간 이동이 수차례 반복되는 것이 타임슬립 이야기의 통상적인 모습이다. 〈나인: 아홉 번의 시간여행〉이 반복적 타임슬립을 활용한 대표적인 예라고 할 수 있다.

이러한 이야기 구조에서 감상자들은 문제를 해결하고자 동분서주하는 주인공의 처지를 통해 필연과 우연의 수레바퀴와 맞서려는 너무나도 인간적인 모습에 감정이입을 한다. 물론 타임슬립을 했음에도 불구하고 문제적 상황을 개선하지도 못하고 더 악화시키는 다소 냉소적 교훈을 시사하는 작품도 소수이기는 하지만 존재한다. 하지만 문제 해소로 나아가는 다수의 타임슬립 이야기에서 감상자들은 누구나 한 번쯤 생각해봤을 '미래를 미리 알 수 있다면' 또는 '과거로 돌아갈 수만 있다면'이라는 가정적 소망을 대리 실현하게 된다.

바로 지금 여기에서의 이야기, 〈터널〉

〈터널〉의 이야기는 1986년 화양시에서 벌어진 연쇄살인범을 쫓던 한 형사의 타임슬립으로부터 시작된다. 1986년 겨울 화양에서 발생한 연쇄살인 사건의 범인을 잡기 위해 밤낮으로 뛰었던 형사 박광호는 마지막 범행 현장이었던 인적 드문 터널에서 용의자를 발견하고 그를 추격하다가 머리를 얻어맞고 쓰러진다. 정신을 차리고 나온 터널 밖은 2016년 겨울 화양시. 박광호는 과거와 현재의 연결 고리들을 하나씩 찾아가고, 30년 전과 같은 패턴으로 다시 시작된 연쇄살인 사건을 해결해나간다. 그는 사건을 해결하는 과정에서 자신이 맡았던 30년 전 사건으로 인해 현재를 사는 여러 사람들의 삶이 어그러졌다는 사실을 알게 되면서 진범 체포를 통해 그들이 그나마 위안을 얻을 수 있도록 고군분투한다.

〈터널〉은 주인공을 기준으로 미래로의 시간여행 구조로 되어 있고, 감상자를 기준으로 과거로부터 현재로의 시간여행 구조로 되어 있다. 이하에서는 분석과 이해의 편의를 위해 감상자를 기준으로 삼아 2016~2017년을 현재로, 1986~1987년을 과거로 이야기하자. 시간여행자인 박광호는 과거의 기억을 가지고 현재 화양 경찰서에서 활약한다는 점이 선행 시간대에서의 문제 해결 시도를 하는 통상적인 시간여행 구조와 구별된다. 〈터널〉의 현재 시공간에서 과거와 현재를 매개하는 것은 박광호의 기억과 연쇄살인범의 범행이다. 이처럼 과거와 현재의 연결을 최소화함으로써 박광호가 현재의 문제를 현재 시점에서 해결하도록 추동한다. 박광호 자신도 드라마 초반부터 현재의 화양시에서 벌어진 사건을 해결하면 집에 갈 수 있을 것이라는 막연한 믿음을 가지고 현재 벌어지는 사건들을 해결하기 위하여 최선을 다한다. 그러면서 현재의 사건들이 자신이 30년 전에 맡았던 연쇄살인 사건과 관련되어 있다는 사실들을 하나씩 알아간다는 점에서 〈터널〉은 시간여행자가 특정한 문제를 해결하기 위해 타임슬립을 활용하는 이야기와도 구별된다. 마치 30년간 냉동 인간으로 있었던 사람이 해동되어 자신의 어제 기억을 가지고 30년의 세월을 뛰어넘어 현재를 살아가게 되는 상황과 유사하다.

〈터널〉에서 박광호가 자신이 왔던 과거로 다시 이동하는 사건은 두 번 등장한다. 첫 번째 복귀는 박광호와 화양대 교수 목진우가 서로의 정체를 알게 된 후 터널에서 사활을 걸고 혈투를 벌이면서 일어난다. 첫 번째 복귀에서 타임슬립의 논리를 알고 있는 박광호는 목진우를 잡을 수 있는 결정적 증거인 목진우의 만년필을 자신의 아내에게 맡겨둠으로써 30년 후에 벌어질 상황에 대비한다. 이처럼 〈터널〉에서는 타임슬립 소재 드라마들에서 적극적으로 활용되는 과거에서의 사건 조작이 최소한도에 그치고 있다. 과거로 돌아간 박광호는 다시 만나게 된 아내에게 자신이 보고 놀랐던 스마트폰에 대한 이야기와 홍미로운 무용담을 전할 뿐 그녀가 교통사고를 당하고 딸이 영국으로 입양된다는 미래에 대해서는 침묵한다. 과거에서의 사건 조작도 증거를 남기는 것으로 제한되었기에 증거였던 만년필은 나비 효과를 야기하는 트리거가 되지 않는다. 다만, 30년 후 현재 박광호의 딸 신재이(박연호)가 목진우의 타깃이 되는 원인 정도에 그칠 뿐이다.

두 번째 복귀는 박광호와 김선재가 협력하여 목진우를 체포하고 30년 전 연쇄살인 사건에 대한 자백을 받아낸 후에 일어나는 결말이다. 이 복귀 후 펼쳐지는 1988년의 장면들을 통해서 쓰이지 않은 이야기를 짐작할 수 있게 된다. 신참 형사 전성식은 박광호와 함께 근무하고 어린 김선재는 박광호의 집에 놀러 오는 장면을 통해서 과거 시점에서 어린 목진우가 검거되었을 것이라고 짐작할 수 있다. 다시 말해, 박광호는 자신이 사는 1980년대로 다시 돌아가 연쇄살인 사건의 범인을 다시 잡았을 것이라는 확신이 든다.

타임슬립 소재 드라마가 '…했었더라면'이라는 가정적 소망을 실현하기 위해서 퇴행적이거나 반추적인 관점을 보인다면 〈터널〉은 현재적이고 실천적인 관점을 보인다. 앞서 언급하였던 〈나인〉의 주인공은 정해진 한도 내에서 반복적인 시간 여행을 통해 과거의 자신에게 앞으로 닥칠 불행한 일들을 피하도록 정보를 제공하고자 노력한다. 그리고 〈시그널〉은 현재의 주인공이 과거의 형사와 우연적이기는 하지만 반복적으로 무전 통신을 함으로써 미제로 남은 과거 사건들에 대한 정보를 제공한다. 이러한 드라마들과는 대조적으로 〈터널〉의 주인공은 시공간을 넘어 현재에 내던져지고 약간의 혼란은 있었지만, 터널을 통과하기 전과 후의 박광호는 동일성을 유지한 채 현재에도 여전히 발로 뛰는 형사로서 사건 해결에 전념한다. 이러한 설정은 박광호가 퇴행적이거나 반추적인 태도를 보일 가능성을 봉쇄하고, 우리에게 〈터널〉이 '바로 지금 여기에서의 이야기'라는 점을 알려준다. 박광호는 연쇄살인범을 잡지 못했다는 과거의 후회에 휩쓸리기보다는 현재까지도 밝혀지지 않은 진실을 밝히는 데 주력함으로써 결국 후회를 남기지 않는다.

받지 못한 애도와 아물지 않은 상처

앞서 살펴보았듯이 〈터널〉은 타임슬립 이야기 구조를 가지고 있지만 타임슬립 자체가 문제 해결이라는 목적에 적극적으로 이바지한다고 할 수 없다. 그렇다면 〈터널〉에서 타임슬립 장치는 이야기 구조를 복잡하게 설정하거나 결정적 단서를 확보하는 보조적 수단으로서만 기능하는가? 그리고 〈터널〉을 '바로 지금 여기에서의 이야기'로 이해하는 데 따르는 이득은 무엇인가?

〈터널〉에서의 타임슬립은 30년 전 연쇄살인 사건에 대한 '생생한 기억'을 소환하는 장치로 활용되었다고 볼 수 있다. 〈터널〉은 범죄에 관한 이야기이면서 동시에 기억에 관한 이야기이다. '현재의' 화양 경찰서 강력반 팀원들은 반장 전성식을 제외하면 화양시에서 30년 전에 발생한 연쇄살인 사건에 대한 기억을 가지고 있지 않다. 더욱이 그 사건들은 발생 당시 연쇄살인 사건으로 기록되지 않았다. 그 사건 피해자의 아들인 김선재도 흩어져 있던 기록들을 통해서 사건에 관해 간접적으로 알고 있다. 반장 역시 박광호가 실종된 직후 팀이 해체되어 다른 지역으로 발령을 받았던 터라 당시 사건에 대한 기억은 흐려져 있었다. 반면에 사건에 대한 박광호의 기억은 어제의 것이기에 생생하고 강력한 정서적 반응과 연결되어 있다. 타임슬립을 통해 현재로 이동한 박광호는 30년 전 연쇄살인 사건을 생생하게 기억한다.

그런데 박광호뿐만 아니라 당시 사건 피해자의 유족들도 과거의 사건을 생생하게 기억한다는 점에 주목할 필요가 있다. 피해자 유족들은 30년이 흐른 현재에도 상실의 아픔과 가해자에 대한 분노를 생생하게 안고 살아간다. 박광호와 김선재 그리고 신재이가 유족들을 찾아가는 장면에서 유족들은 당시 사건으로 인한 아픔과 분노를 어제의 일처럼 드러낸다. 그들에게 30년 전 상실의 날은 그저 어제와 같은 날이었다. 박광호가 초현실적인 타임슬립을 경험했다면, 피해자의 유족들은 '심리적 타임슬립'을 경험했다고 해야 할 것이다. 소중한 가족과 친구를 잃은 사람들은 수십 년이 지나도 상실감을 안고 산다. 이렇듯 〈터널〉에서 현재성의 강조는 피해자와 그 유족의 현재적 상실감에 대한 환기로 이어진다.

〈터널〉은 초현실적 타임슬립과 심리적 타임슬립의 대조와 범죄 피해로 인한 현재적 상실감에 대한 환기를 통해서 '죽은 자들이 온전히 받지 못한 애도'와 '남겨진 자들의 온전히 아물지 못한 상처'에 대해서 이야기한다. 연쇄살인범 목진우는 자신의 과거 행적을 수소문하던 88년생 박광호를 바라보며 다 지난 이야기를 들추고 다니는 것에 대해 불평한다. 목진우가 보여준 태도는 감상자가 분노를 느끼게 하면서 동시에, 오랜 기간 사회적 이슈가 된 사건·사고에 대해 심리적 피로감을 토로하는 관찰자로서의 우리 모습을 반성하게 만든다. 살인 사건에서 살인범이 죗값을 치르기 전까지 피해자는 온전한 애도를 받지 못한 것이며, 남겨진 자들의 상처는 치유되지 못한 것이다. 물론 범인이 검거되었다고 해서 사망이라는 피해를 실질적으로 회복할 수는 없다. 그러나 범인을 검거하여 사건의 진실을 밝히는 것은 피해의 상징적 회복이며 형사적 정의의 기초가 된다. 동아시아에서 오랫동안 전승되어 온 무원(無冤)의 정신, 즉 살인 사건에 임함에 있어 원통함이 없도록 하라는 요청도 진실의 발견을 핵심 과제로 삼는다.

법과 정의의 이야기, 〈터널〉

〈터널〉에서 주인공인 형사 박광호는 30년 전 사건 당시 진실을 제대로 밝히지 못해서 죽은 자들이 온전히 애도를 받을 수 없었고 남겨진 자들이 제대로 치유되지 못했다는 사실에 괴로워한다. 박광호가 30년 전 연쇄살인범을 밤낮으로 추적할 수 있었던 주된 동력이 범인에 대한 분노였다면, 현재 시점에서는 피해자와 유족들에 대한 부채 의식이 연쇄살인범을 끝까지 추적할 수 있도록 하는 주된 힘이 되었다. 이 지점에서 박광호를 의인화된 법과 정의로 상정한다면 〈터널〉은 법과 정의의 역할에 관한 이야기이기도 하다.

피해자의 이야기에 자신이 더 분통을 터트리고 악한이 벌을 받는 것이 당연하다고 외치는 박광호라는 캐릭터는 악의 상징인 목진우와 마찬가지로 매우 평면적이다. 하지만 이러한 설정을 박광호의 행위에 일관성을 부여하고, '법과 정의'의 핵심적인 특성인 일관성을 드러내기 위한 단순화로 이해한다면 충분히 수용할 만하다. 만약 박광호가 사람에 대한 의심이 많고 복잡한 감정과 가치관을 가진 인물로 그려졌다면 그를 통해 드러나는 법과 정의의 모습은 우리가 이상적으로 그리는 법과 정의의 그것과는 사뭇 달랐을 것이다. 이런 점에서 〈터널〉은 주인공의 입체성을 다소 희생함으로써 드러나는 법과 정의의 모습에 일정한 방향성과 실천적 활력을 담보하고 있다.

타임슬립이라는 겉모습을 한 〈터널〉은 법과 정의가 맡은 바 임무를 제대로 해내지 못했다는 사실을 깨닫는 그때 그리고 그곳에서부터 다시 법과 정의는 그 임무에 전력을 다해야 한다는 단순하지만 부정할 수 없는 요청을 우리에게 역설적으로 들려준다.

입선

있는 그대로가 좋다

이상진

0. 변화는 무조건 옳다?

바쁜 일상을 살아가는 현대인들은 무언가를 추구하고자 언제나 스스로를 변화시키려고 한다. 때로는 나만의 목표와 바람을 이루고자, 때로는 타인들의 시선과 기준에 의해 좋은 평판을 유지하고자 쉼 없이 더 나은 내일을 꿈꾸는 사람들.

그래서일까. 우리 사회에서는 '스마일마스크 증후군'이나 '카페인(카카오스토리, 페이스북, 인스타그램) 우울증'과 같은 신조어들이 이슈화되면서 오히려 '나 빼고 다 행복해 보인다' 혹은 '내 감정과는 상관없이 웃어야 한다'는 강박관념에 사로잡힌 이들이 증가하고 있는 현실이다.

왠지 무언가를 하지 않으면 남들보다 뒤처지는 것 같고, 그것이 인생의 낙오자 혹은 실패자가 되는 건 아닌가 우려하는 이들에게 KBS 드라마 스페셜 〈웃음실격〉과 〈한 여름의 꿈〉 편은 우리에게 시사하는 바가 크다.

1. 비교하고 실망하고 미워하고

우리의 삶에서 '경쟁과 비교'는 어쩌면 당연할 것일지도 모른다. 태어나면서부터 자연스럽게 우리는 저마다의 울타리 속에서 '더 나은 사람, 능력 있는 사람, 성공한 사람'으로 평가받기 위해 스스로에게 채찍질하고 남들과는 알 수 없는 경쟁심에 시기와 질투를 하기도 한다. 하지만 아이러니하게도 그 상대는 나의 인생에서 결코 떨어질 수도 없는 긴밀한 관계이면서도 나에게는 무엇과도 바꿀 수 없는 소중한 존재인 경우가 많다. 과연 어디서부터 잘못된 것일까.

〈웃음실격〉 편에는 모든 건 완벽하지만 '유머 능력'만큼은 부재하다고 생각하는 기상 예보관 '이지로'와 다른 건 몰라도 웃는 것만큼은 세상에서 가장 힘들다는 기상 캐스터 '신나라'의 에피소드를 그리고 있다. 여기서 남 주인공 이지로가 신나라에게 호감을 가지기 시작하면서 우연히 마주친 자칭 웃음치료사 '주백통'을 만나게 되는데, 어쩌면 '유머감각이 없는 유머치이기에 그녀가 싫어할 것이다'는 출발점부터 잘못된 것이 아닌가 생각되는 부분이다. 남들보다 더 잘 웃기고, 또 잘 웃는 것이 모든 걸 바꿀 만한 요소라고 단언할 수 있을까.

〈한 여름의 꿈〉 편에서 등장하는 주인공 '황만식'은 한때 잘나가는 축산업자였지만 사업 실패를 겪게 된다. 그에게는 남부럽지 않을 만큼 똑똑한 딸 '예나'가 있지만, 미혼부라는 현실 속에서 어린이집을 보내지 못해 늘 미안함을 갖고 있다. 그래서인지 그는 딸을 위해 새엄마가 있어야 한다고 생각하면서도 가진 것 없는 시골 아재라 스스로 비하하며 이웃들로부터 '불우 이웃'이라 동정 어린 시선을 받는다. '내 아이의 행복을 위해서는 꼭 엄마가 필요하다'는 생각은 때로는 현실적인 답이 될 수도 있지만, 돌이켜본다면 남들과 비교하며 자신의 인생을 탓하는 데서 비롯된 것은 아니었을까.

2. 더 이상 자신에게 상처주지 마라

'남들과 달라서는 안 된다', '남들보다 부족해서도 안 되고, 남들보다 더 잘살아야 한다'는 생각은 자칫 자신에게 상처로 돌아올 때가 있다. 행복과 성공만을 좇고자 달리다 보면 그 한계와 실패를 스스로에게 돌리는 경우가 있다. 그러한 결과가 도출되기까지에는 그 과정 속에 수많은 변수들이 존재함에도 오로지 자신 때문에, 자신이라서 불행과 실패를 겪게 된다 생각하다 보면 또 하나의 더 큰 상처만 남기게 되는 것이다.

〈웃음실격〉 편에서 주인공 이지로는 기상 예보관이라는 직업에 사명감을 가지고 있지만, 가끔 자신의 예보가 틀리기라도 하면 깊은 좌절과 고뇌 속에서 헤어나오지 못한다. 드라마 속 주 공간인 방송국은 1분 1초, 실수 하나라도 용납될 수 없으며, 고의 여부를 떠나 그 실수 하나는 방송 사고가 되고, 그날의 방송을 망쳐버리는 '실패'가 된다는 점에서 우리 인생의 극단적인 면을 보여주고 있는 건 아닐까.

〈한 여름의 꿈〉 편에서도 주인공 황만식은 자신과 딸의 현재와 미래는 자신 때문에 불행할 것이라는 자괴감에 빠져 있다. 겉으로는 태연한 척하지만 가끔 밀려오는 삶의 무게 속에서 만식은 양돈 사업만 망하지 않았다면 딸 예나도 남들처럼 행복한 가정에서 자랐을 것이라 안타까워한다. 드라마 속 등장인물인 다방 종업원 '장미희' 또한 부모가 자신을 버리지만 않았더라면 지금처럼 시골 다방에서 의미 없는 삶을 살진 않을 거라 한탄하고 있다. 이러한 자책은 결국 스스로를 더 아프게만 할 뿐, 자신을 변할 수 없게 만들게 된다.

3. 비극은 언제나 비교에서 시작된다

인생을 살다 보면 그 속엔 비극만 존재하는 것도, 희극만 존재하는 것도 아니라 두 가지가 한꺼번에 공존하기도 하고 쓰나미처럼 갑작스레 밀려와 불규칙적으로 번갈아 들이닥칠 때가 많다. 모든 걸 예측할 수는 없지만 분명한 건 그 비극의 시작은 자신이 생각하기에 달려 있다는 것이다. 그것은 꿈이 물거품 되는 순간 또 다른 나 자신에게, 그리고 나를 둘러싼 주위 사람들, 심지어 알지도 못하는 이름 모를 누군가와의 비교에서 시작될 것이다.

〈웃음실격〉 편에서 이지로는 방송국 PD인 '도식'의 유머러스한 면을 부러워하면서도 그것이 그가 인기 많을 수밖에 없는 특별한 재능이라 여긴다. 그래서인지 그는 언제나 도식과 보이지 않는 선을 긋게 되고, 웃음치료사 주백통에게 빠져드는 시발점이 되고 있다. 드라마 속 신나라의 친구로 등장하는 방송국 AD '혜주' 역시 나라를 좋은 친구로 생각하면서도 자신이 인기남 도식에게 고백하지 못하는 건 뛰어난 외모가 아니기 때문이라 생각하며 무의식적으로 나라와 비교하게 된다.

〈한 여름의 꿈〉 편에서도 장미희는 어린 시절 가난과 폭력 속에서 이 모든 건 남들보다 하찮은 존재인 자신 때문이라며 더욱 독하게 살아야 한다고 다짐하면서도 어차피 달라질 건 없다며 절대적 열등감에서 벗어나지 못한 채 비관적으로 변해버린 케이스다. 그리고 만식의 6촌 형으로 등장하는 '권찬수'는 보기엔 평범한 가장으로 살고 있지만 어린 시절부터 친동생 '찬형', 6촌 동생 만식에게 경쟁심을 갖고 조금이라도 앞서야 한다는 조바심에 빠져 살아가는 전형적 인물로 등장한다. 찬형 역시 찬수보다는 사회에서 인정받으며 성공한 인생을 살고자 축산 영농인이 아닌 경찰 공무원이란 꿈을 선택했지만, 현실은 그저 또 다른 누군가를 부러워할 뿐이다.

4. 세상의 모든 일이 당신 탓은 아니다

신이 아닌 이상, 내일을 정확하게 예측할 수 있거나 대비할 수도, 시간을 돌릴 수도 없다. 그럼에도 불구하고, 우리는 장애물을 만나거나 갈등 속에서 자신의 무지함과 무능함으로 실패와 불행을 겪게 되었다고 자학할 때가 있다. 때로는 그것이 정답일 수도 있지만, 보다 넓은 시각으로 본다면 그것은 수많은 요소 중 하나이거나, 심지어 그것이 정답이 아닐지도 모른다는 것이다. 세상의 모든 일에 대해 부정하고 원망하고 후회하는 당신, 모든 게 당신 탓만은 아니라는 점을 명심하라.

〈웃음실격〉 편에서 주인공은 오히려 가짜 웃음치료사 때문에 사랑도, 직장도 잃었다며 애초부터 자신은 남을 웃기지도, 사랑할 자격도, 성공할 능력도 없었다며 세상을 향해 원망하고 분노한다. 하지만 모든 걸 잃고 비를 맞으며 버스에 오른 그의 손에 쥐어진 웃음치료사의 마지막 선물인 교통카드 하나에 웃음을 터뜨리는 승객들을 보며 그제서야 진정한 웃음과 행복의 의미를 찾게 되는 이지로의 모습을 담고 있다. 결론적으로 그는 '유머치'가 아니었으며, 남을 웃기는 능력 하나만으로 삶을 내 마음대로 바꿀 수 없음도 깨달았다. 또한 남을 웃기는 것보다 중요한 건 스스로가 웃을 줄 알아야 한다는 것이다.

〈한 여름의 꿈〉 편에서 황만식은 못 배우고 가진 것 없는 자신 때문에 딸 예나의 미래까지 어둡다고 생각한다. 하지만 실질적으로 성공가도를 달리던 만식의 사업 실패는 그의 무능함이 아닌 불의의 화재 사고에 기인해 있다. 남들보다 뛰어나진 않지만 넉살 좋고, 부지런한 심성 덕분에 그는 한때 방송 출연도 할 만큼 유능한 청년 양돈 사업자였고, 남부러울 것 없는 행복한 가정의 가장이었던 것을 잊고 있었던 것이다. 장미희 역시 무너져버렸다고 생각한 자신의 인생에 한 줄기 빛처럼 다가온 만식과 예나를 보며 짧게나마 소중한 가족과 행복한 가정을 꿈꾸면서도 지난날의 상처가 떠올라, 자신 때문에 만식의 가정도 파탄날 거라 생각되어 그 곁을 떠나지만, 장미희 자신이야말로 부모로부터 상처를 받은 피해자이자, 치유가 필요하고, 나아가 행복할 권리가 있음을 깨닫지 못한 것이다.

5. 지금 이대로 아무것도 바꾸지 않아도 좋다

시대가 변하고, 사람들이 변하듯 나 스스로 변하지 않으면 안 된다는 고정관념이야말로 이 시대를 살아가는 우리들을 병들고 불행하게 만들었는지 모른다. 변한다고 해서 성공하고 행복한 삶을 보장하는 것은 아니다. 중요한 것은 있는 그대로 나를 드러낼 줄 아는 주체적인 마음가짐이 아닐까. 내 인생의 과거와 현재의 모습을 가장 잘 아는 것은 '남'이 아니라 바로 '나'이다. 또한 내 미래를 좌우할 열쇠를 가진 자도, 선택하고 판단하는 자 역시 상대방의 '눈과 입'이 아니라, 자신의 '머리와 가슴'에서

뿜어져 나오는 그것이다. 변하지 않아도 좋다. 아무것도 하지 않아도 좋다. 그냥 지금 이대로 즐기면 되는 것이다.

〈웃음실격〉 편에서 웃음치료사 주백통의 단골 고객이자 제자인 세 명의 인물이 나온다. 개그우먼 황은하수, 수학강사 서루트정, 정수기 판매업자 주먹태에게 주백통은 각각 란타우식, 이르쿠츠크식, 함부르크식 유머 구사자라 명명한다. 그들은 웃기지 못하는 것이 아니라 상대방이 웃을 줄 모른다는 것, 누구나 웃길 수 있는 재능을 가졌지만 그것에 집착하게 되면서 스스로 웃음을 실격하게 되었다는 점에서 주백통의 마지막 한마디는 웃음이 사라진 현대인을 향해 따스하게 보듬어주면서도 넌지시 그 답을 던지고 있다. "받아들여! 받아들여! 받아들여!"

〈한 여름의 꿈〉 편에서도 우리는 예나의 말과 행동을 통해서 삶의 의미를 되찾을 수 있다. 예나가 미희를 위해 읽어준 동화책 『까투리 엄마』의 슬픈 결말을 해피엔딩으로 바꾸어 말하는 장면은, 장미희가 슬퍼하지 않기 위해서도 있지만, 그 결말은 언제라도 우리 모두의 의지에 따라 바꿀 수 있다는 걸 말하고 싶었던 건 아닐까. 또한 장미희가 베트남에서 돈 벌고 온 진짜 엄마가 아닌 가짜 엄마란 걸 진작에 알면서도 말하지 않은 것은 아빠 만식을 웃게 하기 위해서이기도 하지만 이 역시 굳이 진짜 엄마가 아니어도 행복한 가정을 꿈꿀 수 있다는 작은 메시지가 아니었을까. 특히 만식과 예나가 오토바이를 타고 어딘가로 향하는 엔딩 장면은 미희와의 재회를 의미하면서도 행복이란 가까이 있었음을 깨닫는 기나긴 여정의 종착지가 아니었을까. 그런 만식이 우리에게 평소 입버릇처럼 하는 말이 떠오른다. "냅둬유. 뭐 어때유? 괜찮아유."

6. 있는 그대로가 좋다

안드레아스 크누프의 저서 『나를 사랑하지 못하는 나에게』에서 저자는 알 수 없는 불안감에 시달리는 당신에게 지금의 모습을 사랑하기 위한 마음 훈련을 제시한다.

- 마주하라, 제대로 보기만 해도 불안은 해소된다
- 허용하라, 내 안에 머무는 불쾌한 감정들을
- 대화하라, 타인만큼 나에게도 객관적으로
- 이해하라, 내가 느끼는 고통은 나만의 것이 아니다

드라마 스페셜 〈웃음실격〉, 〈한 여름의 꿈〉 편은 각박한 현실 속에서 몸과 마음이 지쳐 있는, 또한 선택의 갈림길에서 방향감각을 잃은 채 표류하고 있는 누군가를 위해 손을 내밀고 있다. 이 시대를 살아가는 또 다른 이지로와 황만식에게 말이다. 그런 점에서 우리는 스스로 해답을 찾기도 하고, 공감대를 지닌 또 다른 누군가를 통해 그것을 수정하기도, 바꾸기도 한다. 주인공 이지로와 황만식은 서로 다른 시간과 공간 속에서 살아가고 있지만, 그 상처와 고민의 근원은 크게 다르지 않을 지도 모른다.

〈웃음실격〉 편의 이지로가 〈한 여름의 꿈〉 황만식에게 말한다.

"만식 씨, 그냥 받아들이세요. 어때요? 그게 바로 소소한 행복이거든요."

〈한 여름의 꿈〉 편의 황만식이 〈웃음실격〉 이지로에게 답한다.

"고마워유, 지로 씨. 그러고 보니 지로 씨는 참 재미있는 사람이네유. 사는 건 마음먹기 나름이구먼유. 괜찮아유~."

우리는 보다 화려하고 특별한 삶을 살아가기를 지향한다. 하지만 우리가 지금껏 잊고 있었던 평범하고 자연스러운 하루하루가 그 언젠가는 내 인생에서 가장 특별한 날로 기억될 것이다. 그냥 받아들여도 괜찮다. '있는 그대로의 나', '있는 그대로의 삶'을 말이다.

입선

숲에서 길을 찾다

tvN 〈비밀의 숲〉이 현실을 소환하는 방식

김현순

검사 혹은 검찰은 언제부턴가 한국 드라마에 자주 등장하면서 서사를 이끌어가고 캐릭터를 책임지는 흥미로운 직업군으로 자리 잡았다. 처음엔 고발이었다. 그들의 부패와 비리, 그리고 왜곡된 권력 사용과 권력에의 유착이 만들어내는 우리 사회의 부조리를 고발하는 것만으로도 시청자에게 카타르시스를 주고 불의의 구조를 깨닫도록 하는 정서적 통찰을 제공했다. 이후 우리 현실을 돌아보도록 하는 기능적 역할 때문이든, 장르적 재미를 위해서든 검사와 검찰을 대상으로 하는 드라마는 꾸준히 만들어졌고 이제 〈비밀의 숲〉에 이르렀다.

비리 검사나 검찰을 다루는 드라마가 여전히 많다는 것은 현실이 변화하지 않았을 뿐더러 악의적으로 진화해왔음을 반증하는 것일까. 아니면 현실에 대한 소박한 형태의 고발로 시작했던 드라마가 점차 현실을 개선하고 치고 나가는 힘을 얻게 된 것일까. 그래서 검찰 드라마가 그 힘을 확장시키는 데 일정 부분 기여함으로써 계속 만들어질 동력을 드라마 밖에서 얻고 있는 것일까.

무엇이 먼저든 검찰 드라마는 부패와 정의가 공존하는 우리의 현실을 소환하고 현실은 또한 그 극적인 요소들을 통해 드라마를 끌어당긴다(최근의 한 드라마 작가는 현실의 도덕적 파탄이나 부패, 탐욕이 너무나 극적이고 상상 이상이어서 오히려 드라마에서는 현실을 그대로 드러내지 못한다고 했지만, 현실은 여전히 가장 중요한 드라마의 원재료이다). 허구의 세계를 훌쩍 뛰어넘는 현실과 그 현실을 어떤 식으로든 반영할 수밖에 없는 드라마는 때로 길항하면서 또 때로는 긍정적인 자극을 주면서 나란히 왔다. 〈비밀의 숲〉이 현실을 소환하는 방식은 그래서 유의미하고 그것이 주는 울림과 한계를 돌아볼 현실적 필요를 갖는다.

비밀의 숲에 갇힌 사람들

드라마 〈비밀의 숲〉(tvN, 2017년 6월부터 7월까지 방영)은 살인 사건을 수사하는 서부지검 황시목 검사와 용산경찰서 한여진 형사 팀이 검찰 스폰서에 얽힌 비리를 파고드는 과정을 그리고 있다. '비밀의 숲'은 "보통 사람들은 들여다볼 수 없는 거대하고 울창한 검찰 조직"인 동시에 다양한 욕망을 가진 사람들이 모여 있는 일상적인 삶의 결정체이기도 하다. 그리고 주인공들은 "그 숲을 헤치고 들어가 가장 깊은 곳에 있는 것을 세상에 끄집어내는" 역할을 한다.

살인 사건을 매개로 검찰 권력의 비리를 파고드는 〈비밀의 숲〉에서 검찰과 경찰은 서로의 약점과 비리를 눈감아주고 끌어주면서 그들만의 숲을 지켜낸다. 그 어둡고 촘촘한 비밀스런 숲의 한가운데 이창준 검사장과 용산경찰서 서장, 그리고 정치권력과 재벌이 있다. 그들은 어린 여성에게 성 상납을 받으면서 부끄러워할 줄 모르고 자신의 크고 작은 비리를 단지 관행일 뿐이라고 여기며 자신의 사적 권력 확대를 위해 법을 이용하고서도 직업인으로서의 수치심을 느끼지 못한다. 검사에서 청와대 수석으로 가는 이창준은 공직자는 너무 더러워서도, 너무 깨끗할 필요도 없다는 말로 자신을 합리화하지만 그렇게 말하는 그의 표정은 자기기만에 가득 차 있다.

그리고 그것은 부패 검찰 한두 명의 비리가 아니다. 살해된 브로커 박무성은 "무수히 많은 접대를 했는데 거절한 사람이 딱 두 명"이란 말로 뇌물과 상납이 일상적인 관행임을 고발한다. 하다못해 친구 사이인 검사장과 경찰서장은 같은 소녀에게 성 상납을 받을 정도이다. 윤리적 몰락에서 더 나아가 법적인 죄악까지 스스럼없이 저지르는 그들은 자신들이 스스로 만든 비밀의 숲에서 길을 잃고 헤매는 썩은 나무들이다.

숲에는 크고 작은 나무들과 잡목이 함께 있듯이 이 드라마에는 커다란 부패만이 아니라 그 틈새로 서식하는 작은 죄악과 비리도 존재한다. 성 상납의 피해자인 소녀는 애써 자신을 구출한 형사의 만류에도 불구하고 여전히 자신의 몸을 파는 일에 거부감이 없다. 검사라는 직업의 본질보다는 그걸 통해서 무언가를 잡으려는, 그러나 자기 자신의 별 볼 일 없는 배경 때문에 처세의 달인이 된 서동재 검사는 어쩌면 현실에서 가장 흔하게 볼 수 있는 인물일지도 모른다. 그런가 하면 수습 검사 영은수는 뇌물수수 혐의로 법무부 장관 자리에서 물러난 아버지의 억울함을 풀기 위해 검사라는 자신의 직업을 이용해 자기 방식으로 진실을 파헤치려 나선다. 그의 방식은 때로 조직의 규칙과 어긋나고 어리석을 정도로 맹목에 가까워 보인다.

그렇게 조직의 한 부품으로 평가받는 소소한 인간들조차 모두 저마다의 욕망과 저마다의 비밀이 있고 자신이 가진 힘의 범위 안에서 이루고 싶은 목적이 있다. 그 때문에 그들 모두 어느 정도는 비겁하고 또 어느 정도는 타인에게 지옥으로 존재한다. 그러면서 욕망과 현실 사이의 균형을 잃어버린 채 욕망에 이끌려 길을 잃고 헤맨다. 그 과정에서 가까운 사람을 속이기도 하고 자신의 직업을 이용하기도 한다. 혹은 죽음의 방조자가 되거나 억울한 죽음의 방관자가 되기도 한다.

이 숲에서 길을 잃지 않고 자기 자신을 잃지 않는 대표적인 두 사람이 황시목 검사와 한여진 형사다. 어릴 때의 뇌 수술로 다른 사람들처럼 감정을 느낄 줄 모르는 황시목은 "감정에 구애받지 않는 성문법이 내 삶의 가이드라인"이라고 말하는 검사다. 그는 감정을 잃어버리고 오직 이성으로만 세상을 보는 냉정한 영혼이지만 그 덕분에 갖은 비리와 부패로 얽힌 현실 앞에서 원칙을 잃지 않고 "법대로" 대응할 수 있다. 그는 사건 앞에 정의감을 앞세우지도 않고, 섣부른 타협을 말하지도 않는다. 오직 사실에 따라 일을 처리하며 결과에 온전히 책임을 지는 직업인으로서의 검사다. 그런 그도 법을 어기고 힘 있는 자에게 봉사하며 부패권력의 핵심이 되어버린 검찰과 이창준 검사장을 보면서 시스템을 완전히 뒤엎기 전엔 개혁이 불가능하다는 판단을 한다. 그리고 그 판단은 자신의 상사이자 이 모든 걸 설계한 이창준의 현실 진단과 같은 지점에 닿아 있다. 비리의 당사자와 비리를 수사하는 두 인물이 같은 해법을 내렸다는 건 그만큼 현실의 부패가 깊은 뿌리를 가지고 있음을 반증한다.

또 한 인물, 한여진 형사는 황시목과는 다른 지점에서 '올바른' 직업인이다. 경찰로서의 완력을 전면에 내세우지 않고도 일을 훌륭하게 처리해낸다. 성 상납을 받은 직속 상관인 경찰서장을 체포하는 상황에서도 그녀는 흔들리거나 직업적인 자존감을 잃지 않는다.

"경찰 존심이 있지, 난 타협 안 해요."

이 말이 한 형사가 세상을 살아가는, 그리고 자신을 대하는 방식이다. 그건 스스로를 세우는 동시에 끊임없이 흔들어대는 외부 압력에 대해 흔들리지 않으려는 다잡음이었다. 강력계 형사로 세상의 추한 면도 많이 보고 인간 내면의 어두움도 많이 겪지만 그녀에게는 항상성과 긍정성이 있다. 정서적 안정감과 균형, 그리고 철저한 직업의식이 잘 조화를 이룬 사람. 신체적인 이유로 감정을 거의 느끼지 못해 이성적인 판단을 할 수 있는 황시목과는 달리 한여진 형사는 감정을 느끼되 그 감정에 흔들리지 않는다.

이들과는 조금 다른 서사를 가지고 있으면서 살인 사건의 한 가운데 있는 인물이 검찰청의 윤세원 과장이다. 고무 땜질한 재생 타이어를 사용한 버스가 사고를 일으켜 유치원 다니던 아들이 죽은 윤 과장은 아이들의 생명보다 이익을 우선한 버스 회사의 비리와 브로커의 청탁으로 사건을 축소시킨 검찰을 증오한다. 그는 어른들의 그 맹렬한 이기심에 환멸을 느끼고 비리투성이인 검찰 대신 자신이 직접 악인을 응징하기로 한다. 그렇게 아이의 어이없는 죽음은 당사자에게 복수의 뇌관이 되어 그의 삶을 파괴하고 사회의 시스템에 상처를 입힌다. "왜 죽였냐"는 검사의 추궁에 "죽여야 되는 놈이니까"라고 담담하게 말하는 그의 내면은 이미 지옥이며 살인을 통해서 그가 증오하는 부정의의 당사자가 되어버린 모습이 씁쓸하고 안타깝다.

그렇게 〈비밀의 숲〉은 사적 복수에 대한 욕망과 출세욕이라는 사적인 추동력, 혹은 직업의식이라는 공적 사명감이 그들 직업과 만나서 행해지는 일들이 드라마의 외적인 이야기 구조를 끌어간다. 그 이야기는 나무가 모여서 만들어내는 숲처럼 거대하고 음울하고 촘촘한 서사의 숲을 만들어낸다. 그러나 인물들이 드라마에서 현실을 소환해내는 방식은 부패와 비리로 얼룩진 이야기가 아니다. 얼마나 현실을 닮아 있는

가를 말하려는 게 아니라 그 현실에 대응하는 인물들의 캐릭터를 통해서 현실을 불러낸다. 드라마 밖으로 나가서 현실을 바꿀 힘도 바로 그 캐릭터에서 온다. 그것이 이 드라마가 검경의 유착, 그리고 검찰 내부의 비리라는 흔한 주제를 다루었으되 기존의 검찰 드라마와 다른 지점이다. 〈비밀의 숲〉은 기존의 드라마에서 획득한 장점들을 수용하면서 동시에 거기에서 벗어나 있다.

〈비밀의 숲〉이 현실을 소환하는 방식

〈비밀의 숲〉이 펼쳐내는 단단한 이야기 구조와 쉽게 흐트러지지 않는 캐릭터의 일관성, 그리고 끝까지 감정적 호소에 기대지 않는 건조함은 이 드라마의 매력이다. 그러나 그 속에서 이루어지는 검찰과 경찰과 재벌의 비리, 그리고 서로 이어진 부패 고리가 펼쳐지는 이야기 구조는 너무나 익숙한 것들이다. 권력을 가진 자들의 비리와 부패도 그렇지만 일견 그와 반대되는 것으로 보이는 상황들, 예컨대 버스 회사의 비리와 그를 눈감아 준 검사 때문에 아이들이 탄 버스가 사고가 나고 아이가 죽은 박 과장의 사례도 우리가 살아가는 현실에서 얼마든지 접하는 일들이다. "지금 현실은 대다수 보통사람은 그래도 안전할 거란 심리적 마지노선마저 붕괴한 사회 해체 단계"라는 이창준의 진단처럼. 부패와 비리의 당사자가 아니라도 그 쓰라린 열매는 우리 모두가 떠안게 되는 게 현실의 삶이다.

그렇게 아이들의 생명을 빼앗고 비리와 부패, 성 상납이 이루어지는 그 거대한 해악도 처음에는 그저 일상적이고 하찮은 호의에서 시작되곤 했다. '밥 한 끼, 내가 살 수도 있었던 술값을 다른 사람이 내준 것'

으로 시작된 비리가 죄 없는 아이들을 죽게 하고 거대한 부패의 사슬을 만들어낸다. 그래서 이창준은 말한다.

"뿌리쳤어야 했는데. …… 몰랐어. 후회돼. 단 한 번의 판단 착오가."

별거 아닌 '밥 한 끼'가 만들어낸 부적절함. 그 '밥 한 끼'는 점점 커져서 비리와 부패의 비밀스런 숲이 된다. 그리고 그 비밀스런 결탁이 만들어내는 관행적인 비리는 결국은 구조적으로 얽힐 수밖에 없는 사회 속에서 누군가에게는 삶을 파괴하는 아픔으로 돌아온다. 그렇게 나와 무관해보였던 거대하고 구조적인 악은 어느 순간 내 삶의 문제로 회귀해서 내 존재를 뒤흔들고 내 선택을 강요할지도 모른다. 검찰과 버스 회사의 비리로 어느 날 갑자기 사랑하는 아이를 잃고 삶이 무너진 박 과장처럼. 또한 그가 그랬듯 공정한 법의 집행을 신뢰하지 못한 누군가는 사적인 복수를 꿈꾸기도 하리라.

이창준은 "부정부패가 해악의 단계를 넘어 사람을 죽이고 있다. 이제 입을 벌려 말하고 손을 들어 가리키고 장막을 치워 비밀을 드러내야 한다. 나의 이것이 시작이길 바란다"며 부정부패의 증거를 후배 황시목에게 넘기고 자살로 생을 마감했다. 그리고 그의 죽음 뒤로 재벌과 부패한 경찰이 법의 심판을 받는 장면이 이어졌다. 이창준의 자살과 이후의 부패 척결 등은 감정을 절제한 황시목 검사만큼이나 건조하고 냉정하게 진행되던 이 드라마에서 조금은 다급하고 작가의 의도가 직접적으로 드러나는 대목이었다. 이건 작가의 드라마적 조급함일까? 아니면 현실에 대한 절망의 반어적 표현일까?

역시 검사를 주인공으로 내세웠던 드라마 〈펀치〉(SBS, 2015)에서 한때 비리 검사였으나 우여곡절 끝에 자신과 검찰의 비리를 스스로 폭로하며 "내가 버린 오물은 내가 치울 테니 당신들이 버린 오물은 당신이 치우라"던 박정환 평검사의 역할을 〈비밀의 숲〉에서는 검사장 출신의 청와대 수석 이창준이 한다. "대한민국이 무너지고 있다"(이창준의 유서 첫머리)고 진단한 이창준의 죽음은 그런 방식을 통하지 않고는 현실의 그 비열하고 견고한 비밀의 숲을 파헤칠 수 없다는 다급함의 반영이리라. 그럼에도 이 모든 것의 설계자인 이창준의 죽음이 시청자에게 조금은 비현실적으로 다가오는 그만큼, 딱 그만큼이 이 드라마의 한계일 것이다. 동시에 현실의 한계일 것이다. 그 한계가 절망이나 희망의 포기가 아니라 작은 시작이길 바라는 것이 작가의 기대일지도 모르겠다. "나의 이것이 시작이길 바란다"는 이창준의 유서처럼. 그것이 이 드라마가 현실을 불러내는 방식이다.

숲에서 나와 길을 걷다

"이 드라마가 시청자에게 놀라움을 주고 현실에 선한 영향력을 줄 수 있을 거란 믿음이 있었다."

주인공 황시목 검사 역을 맡았던 조승우는 〈비밀의 숲〉을 두고 이렇게 말했다. 그러나 황시목 검사라면 그렇게 말하지 않았으리라. 그가 추구하는 것은 정의를 위한 충격요법이나 선한 영향력이 아니라 "범죄로부터 내 이웃과 공동체를 지키는 막중한 사명을 부여받은, 오로지 진실만을 따라가는 공평한 검사"(대한민국 검사 선서 중에서)이기 때문이다.

검사라는 직업에 대한 지극히 건조하고 상식적인 황시목의 인식은 시청자의 요구와도 맞닿아 있다. 대부분의 사람들이 그렇듯 검사 역시 적당한 정의감과 적당한 타협 사이에서 나름대로 균형을 잡으려고 애쓰면서 직업에 충실하려는 보통의 사람들이다. 시청자는 과도한 정의감으로 똘똘 뭉쳐 부패와 비리를 한 방에 해결하는 검사를 원하지 않으며 또한 비리와 부패의 몸통으로 과장된 서사 속에서 소모되는 걸 원하지도 않는다. 드라마 안에서도, 밖에서도 검사에게 요구하는 것은 직업의식이다. 불법과 부당함을 법적인 제도 안에서 해결하고 그걸 통해서 사회가 좀 더 합리적이고 투명해지도록 만드는 조력자의 역할.

그럴 때 〈비밀의 숲〉의 황시목 검사가 그 모델이다. 그는 자신이 일하는 직업을 통해서 무언가를 성취하려고 하지 않는다. 검사에게서 흔히 보이는 사회 정의나 불의에 대한 응징을 그는 입에 담지 않는다. 다만 법에 근거해서 법률적 판단과 처벌을 할 뿐이다. 그가 자신의 존재 그 너머를 통해 무언가를 얻으려 하는 대신 자신이 있는 그곳에서 그곳의 매뉴얼을 통해 정확하게 일을 처리하는 방식. 어쩌면 그것은 가장 현실적인 궁극의 처방전이다. "치유의 핵심은 일상성의 복원"이라는 사회심리학자의 말을 빌리자면 부패와 비리 근절의 핵심은 일상에서 행해지는 직업의식의 복원이겠다.

그래서 검사라는 직업에 철저함으로써 결과적으로 불의를 바로잡는 황시목 검사의 태도와 방식이 거대한 비리의 숲을 파헤치고 제거하기 위해 스스로 목숨을 끊는 이창준의 방식보다 훨씬 현실 가능한 방식이다. 그걸 잘 아는 황시목은 이창준을 정의를 위한 희생자로 말하는 대신 시대가 키운 괴물이라고 평한다. 황시목이 현실이라면 이창준은 드라마다. 결국 작가는 드라마를 통해서 현실을 말하는, 아주 익숙한 방식을 취하고 있는데 이 드라마의 장점은 그 지극히 실제적이고 유의미한 문제 해결 방식이다.

각자의 욕망과 독자적인 논리를 가진 개인들이 모여 유기체로 굴러가는 사회에서 누군가의 선의, 누군가의 희생, 누군가의 죽음으로 문제를 해결하는 것은 결코 온당하지도 않고 그 효율성이 오래 지속되지도 않는다. 우리를 구원하는 것은 정의의 사도도, 권력자의 선의도, 내부 고발의 희생도 아니다. 그래서 두 주인공(황시목 검사와 한여진 형사)이 자신의 직업을 통해서 사회의 부조리한 문제들을 제거해나가고 하나하나 풀어가려는 입장은 가장 안정적이고 신뢰할 수 있는 해법이다. 그리고 그건 드라마 밖으로 나왔을 때도 마찬가지로 가장 신뢰할 수 있는 현실적인 해법이 된다. 그렇게 삶을 한 발 더 내딛도록 하는 드라마는 현실에서도 힘이 세다.

입선

뉴스의 혁명적인 변혁을 이끌다

JTBC 〈뉴스룸〉

김지민

1. 캐고 묻는 탐사 보도의 힘

미국 미주리 대학교 탐사 기자 및 편집인 협회는 "탐사 보도란, 특정 개인이나 집단이 숨기고자 하는 중요한 사안을 독자적으로 파헤치는 보도 행위"라고 정의했다. 탐사 보도 연구의 대가인 미국 노스웨스턴 대학교의 데이비드 프로테스 교수는 탐사 보도를 "세밀하고 분석적이며 때로는 지루하게 인내를 필요로 하는 취재 과정을 거쳐 권력자의 부정부패나 사회 비리를 파헤친다. 나아가 국민 여론을 형성하고 사회정의를 위해 정책의 변화를 유도한다"라고 일컬었다. 1960~1970년대 미국의 역사와 함께 그곳에서 본격적으로 시작된 탐사 보도는 이후 많은 나라들뿐만 아니라 우리나라의 언론에까지 영향력을 펼쳤다.

그 영향을 받아 우리나라의 주요 언론들은 1990년대부터 탐사 보도를 시도해왔다. 그러나 지금 우리가 잘 알고 있듯이 그들의 보도는 '수박 겉핥기' 수준의 정보의 나열뿐이었다. 언론이 정부의 눈치를 보는 경우가 다분했고, 그들 역시 국민들에게 최소한의 알 권리만 보장했을 뿐 우리가 진정 알아야 할 사회의 문제들은 제대로 짚어주지 못하였다. 작년, 최순실 게이트가 터지고 난 뒤, JTBC의 탐사 보도의 힘은 그 성과를 발휘하기 시작했다. JTBC 특유의 집요함과 사건의 물고 늘어지기를 통해 진정한 탐사 보도에 걸맞은 길을 걸어가기 시작했고, 다른 뉴스 보도 프로그램과는 차별성을 보였다. 그들의 적극성은 시청자들에게도 진심으로 다가왔다.

JTBC 〈뉴스룸〉의 기자들은 직접 고소장, 법률 문서, 세금 기록, 정부 보고서, 규제 보고서, 기업 회계 서류 등 문서들을 분석하여 진실을 캐내고, 그 진실 속에서도 과실을 찾아낸다. 또한 그것들을 데이터화시켜 시청자들이 쉽게 볼 수 있도록 보도 자료로 내보낸다. 정부가 언론 보도를 통제하면서 봐야 할 문제들을 짚지 못하고, 같은 형식의 멘트와 보도 방식을 몇십 년간 봐왔던 우리에게 JTBC 〈뉴스룸〉은 뉴스의 공정성뿐만 아니라 언론의 역할이 무엇인지 톡톡히 보여주고 있는 셈이다.

2. 대화하는 뉴스로 향하는 길

JTBC 〈뉴스룸〉은 뉴스 보도 방송이라는 한계를 극복하고 '대화하는 뉴스'의 형식을 보여준다. 앵커의 일방적인 질문과 기자의 보도 자료화면이 아닌, 앵커와 기자가 직접 전화 통화를 하거나 스튜디오에서 면 대 면으로 의사소통을 하는 '심층적인 대화·토론 방식'을 선택했다. 앵커는 단순히 "상황이 어떤가요?"와 같은 평면적인 질문이 아닌, "…라는 말은 무슨 뜻인가요?", "…는 어떨까요?"와 같은 질문을 던지면서 대화를 구체적으로 이끌어간다. 또한 앵커와 기자뿐만 아니라 다양한 분야의 인사들을 섭외하여 그들과 뉴스 스튜디오 내부에 대화의 장을 만들고 다양한 질문을 주고받는다. 2015년 11월 4일에 방송된 〈뉴스룸〉에는 배우 강동원이 출연하여 손석희 앵커와 편안하게 대화를 나누는 모습을 보여줬다. 그는 상업 배우와 예술 배우 중 본인이 어느 쪽이라고 생각하는지에 대한 질문에 상업 영화에 대한 본인의 뚜렷한 생각을 밝히며 그의 이야기를 솔직담백하게 털어놓았다. 또한 가수 이효리가 출연했을 당시에도 손석희 앵커는 가십 위주의 질문이 아닌 그녀의 음악 작업과 사회 활동 등 다양한 주제에 대한 질문을 통해 그녀의 속사정을 훌훌 털어놓게 만들었다.

일방적으로 듣기만 하던 기존 보도 형식 뉴스와는 달리, JTBC 〈뉴스룸〉은 시청자보다 앞서 물음을 던지고 그를 해소시켜줄 명쾌한 답안을 뽑아내며 스튜디오에서 많은 사람들과 함께 대화한다. 앵커와 기자가 대화하고, 앵커와 출연자들이 대화하며 건네는 수십 개의 질문들을 통해 시청자들이 일방적으로 정보를 받는 뉴스가 아닌 더 깊이 있고 진솔한 뉴스 보도를 만들어낸다. 이러한 전개 방식은 시청자들마저 대화 상대로 끌어들이는 듯하다. 그러한 점들이 JTBC 〈뉴스룸〉이 갖는 차별성이며, 일방적 보도 방식의 뉴스가 아니라 시사, 교양까지 장르를 나아가는 뉴스의 새로운 패러다임을 제시하는 역할을 한다.

3. 시청자들과의 연대로 극복해낸 신뢰도

시사IN과 칸타퍼블릭이 지난 9월 21일부터 23일까지 일반시민 1000명을 대상으로 사흘간 2017년 방송·언론 매체 신뢰도 조사를 실시하였다. '신뢰하는 방송 매체'로 43.4%가 JTBC를 꼽았고, 그다음으로 KBS, MBC, SBS 순이었다. '신뢰하는 언론 매체'로는 가장 많은 사람(30.8%)이 JTBC를 뽑았다. 또한 '가장 신뢰하는 방송 프로그램'도 JTBC 〈뉴스룸〉(24.7%)이 차지했다. 〈뉴스룸〉의 앵커 손석희 JTBC 보도부문 사장은 조사 이래로 한 번도 1위 자리를 놓친 적이 없다. 올해 역시 40.5%가 그를 ' 가장 신뢰하는 언론인'으로 꼽으면서 역대 최대였던 지난해 기록(36.8%)을 또다시 경신했다. 〈뉴스룸〉이 지상파 뉴스를 제치고 '시청자들이 신뢰하는 뉴스'라는 타이틀을 갖는 것을 보며, 지상파 뉴스들은 점점 〈뉴스룸〉의 입지를 인정할 수밖에 없게 되었다.

JTBC 〈뉴스룸〉에 대한 시청자들의 호평은 지상파 뉴스의 딱딱한 틀을 탈피한 것도 있지만, 종편 뉴스가 '시청자들의 신뢰도'를 높였다는 점에서 기존 지상파 뉴스의 한계를 분명하게 보여준다. 이는 〈뉴스룸〉의 앵커와 기자들의 '시원한 사이다' 같은 보도에 시청자들이 환호할 뿐만 아니라 뉴스 프로그램에서 그들의 인간적인 면 또한 비춰지게 되면서 더욱 설득력 있게 다가왔기 때문이다.

"저희는 내일도 최선을 다하겠습니다." 이는 JTBC 〈뉴스룸〉의 앵커 손석희의 단골 어록이라고 손꼽히는 수많은 멘트 중 하나이다. 〈뉴스룸〉이 대중들의 환호를 받는 것은 언론인 손석희가 진정성과 소신으로 그의 가치를 먼저 인정받았기 때문이다. 사건을 사건으로만 한정되게 바라보지 않고, 진정성 있는 시선으로 때로는 시청자들을 위로하며 감성을 자극했다. 2014년 4월 21일 JTBC 〈뉴스 9〉에서 세월호 침몰로 인해 실종된 이들의 가족 이야기를 보도하던 도중 그의 울컥한 모습이 기사화되었다. 해당 방송에서 앵커와 실종자 가족과의 인터뷰가 예정되어 있었지만, 그는 실종자의 시신이 발견되었다는 비보를 접하게 되었다. 그는 인터뷰가 취소되었다는 사연을 전하면서 결국 고개를 떨어뜨리고 말았다. 절제된 목소리로 소식을 전하던 그의 목소리에 심한 떨림이 느껴졌고 그는 카메라를 응시하지 못했다. 이를 지켜보던 시청자들은 몇 초간 아무 말도 하지 못하고 눈물만 참아내는 그의 모습에 공감하며 함께 울었다. 일방적인 나열성 정보 전달을 추구하던 지상파 뉴스와는 달리, 뉴스가 시청자와 인간적인 공감대를 형성하게 되었다. 이 사건은 대중들이 그를 주목하고 신뢰하기 시작한 발단이었다. 그의 모습에서 진정성을 본 대중의 신뢰는 이후 〈뉴스룸〉까지 이어졌다.

지상파 뉴스의 앵커와 기자들은 같은 말투와 같은 표정으로 60분 동안 우리에게 최대한 다량의 정보를 제공한다. 사건에 대한 그들의 주관적인 관점을 비치지 않고 객관적인 시선으로 바라보는 태도를 보인다. 이와 달리 JTBC 〈뉴스룸〉은 앵커의 감정이 드러나는 가치판단적인 멘트와 표정으로 뉴스에 주관성을 더한다. 뉴스를 보도하는 앵커는 자신의 생각을 드러내선 안 되며, 모든 보도는 객관적이어야 한다는 관행을 뿌리 뽑은 것이다. 이는 역설적이게도 시청자들에게 '객관적이지 못한 뉴스'가 아닌 '신뢰할 수 있는 뉴스'라는 평을 받았다.

사실에 입각한 소식을 전하되 소식을 듣는 시청자들을 먼저 생각하며 그들과 하나가 된다. 소식 전달만으로 그치지 않고, 시청자들과의 연대를 형성하여 그들을 위로하는 뉴스를 전달하며 얻은 신뢰는 쉽게 무너지지 않는다. 이러한 시도들이 나열적 뉴스만을 추구하는 지상파 뉴스에 새로운 지표가 되길 바라며, JTBC 〈뉴스룸〉이 지표의 표본을 만들어가는 선두 역할을 하고 있다.

4. 설전으로 끝나버린 인터뷰

'뉴스가 필요 이상으로 엄숙주의에 빠질 필요는 없다'는 손석희 사장의 결정에 의해 〈뉴스룸〉 2부에는 스튜디오 인터뷰 코너가 있다. 그러나 뉴스 스튜디오를 생생한 대화의 장을 만들고 싶었던 욕심일까, 필요 이상으로 엄숙하지 못할 때가 있다. 때로 정해져 있지 않은 질문을 하는 앵커와 이를 거부하는 인터뷰이의 설전에서는 아쉬움이 남는다. 미리 질문을 주지 않고, 예측 못한 날카로운 물음으로 상대의 솔직한 답변을 얻으려 한다는 점에서 예리하고 심층적인 취재를 하고 있다고 보인다. 하지만 어색한 인터뷰가 이어지면서 바라보는 시청자들의 심기는 불편해져만 간다. 인터뷰이의 공격적인 반응으로 예상치 못하게 인터뷰가 길어지게 되면, 의혹은 제기하였으나 원하는 답변은 도출하지 못한 채 흐지부지 마무리하는 모습을 보인다는 점에서도 실망스럽다.

언론학의 아버지라고 불리는 윌라드 블레이어(W. Bleyer)는 "뉴스란 많은 사람들에게 흥미를 주는 시의에 적절한 것, 그래서 최선의 뉴스란 최대 다수의 독자에게 최대 흥미를 갖게 하는 것"이라고 뉴스 가치 판단에 대해 언급했다. 2017년 4월 4일 방송된 홍준표 자유한국당 당대표의 인터뷰는 시의성은 적절했으나, 대중들에게 흥미를 주지 못한 대표적인 사례이다. 〈뉴스룸〉 제작진이 당시 대선 후보였던 홍준표 대표 인터뷰가 시의에 적절한 것이라고 판단하여 보도를 결정했지만, 긴 설전으로 끝나고 만 인터뷰는 다수의 시청자들에게 흥미를 주지 못하고 방송 이후 비난을 받았다. 당시 인터뷰에서는 대선 후보인 홍준표 대표에게 손석희 앵커의 날카로운 질문이 이어지자 홍준표 대표는 좋은 얘기를 하자며 다른 얘기를 꺼내기 시작했다. 이에 손석희 앵커는 다시 본 질문을 하며 홍 후보의 논란에 대해 얘기하였다. 그러자 홍 후보가 다시 역공으로 질문을 던지기 시작하고, 지나친 발언에 앵커마저 얼굴을 붉히며 과한 논쟁을 이어가게 된다. 결국, 인터뷰는 다음에 직접 〈뉴스룸〉에 출연하여 다시 얘기하자며 어수선하게 마무리되었지만, 실시간으로 변화하는 두 사람의 심리 상태와 논쟁을 보는 시청자들의 눈살은 찌푸려졌다. 논란에 대해 질문을 하며 의문을 제기하려 했던 제작진의 의도에는 보도 프로그램으로서의 책임 의식과 소명 의식을 다하려 했음에 가치가 있지만, 인터뷰가 형식이 제대로 갖춰지지 않은 채 요점을 흐리는 답변과 질문을 나누는 장으로 그쳐서는 안 된다. 집요한 인터뷰를 통해 숨겨져 있던 새로운 답을 캐치해내고, 생방송 뉴스의 맛을 살린 적극적인 시도는 높이 평가하고 싶다. 하지만 제작진마저 예측 불가능한 설전으로 끝이 나며 논점을 흐리는 식의 인터뷰 보도 방식에 대해서는 다시 한번 생각해보아야 할 필요가 있다고 보인다.

5. 시청자들의 징검다리가 되어주는 뉴스

JTBC 〈뉴스룸〉은 나열적 형식에 그친 우리나라 뉴스의 새로운 패러다임을 보여주는 성공적인 뉴스 보도 프로그램이다. 국민의, 국민에 의한, 국민을 위한 뉴스를 만드는 노력이 빛나는 프로그램이기도 하다. 특유의 집요함과 물고 늘어지기를 통한 취재와 심층적인 보도를 통해 시청자가 한 발씩 사회문제에 다가갈 수 있도록 징검다리를 놓아주는 모습은 기존 지상파 뉴스들을 위축시킴이 틀림없다. 설전으로 끝을 내버린 인터뷰 방식에 대해서는 아쉬움을 제기하였으나, 우리가 진정 알아야 할 사회의 문제들을 정확하게 짚어주는 뉴스 프로그램은 반드시 필요하다. 과거 KBS가 탐사 보도의 명가라는 평을 받으며 영향력, 신뢰도 면에서 모두 1위를 차지하던 때와는 다르게, 현재 기존 공영방송의 뉴스들은 진실을 가린 사실들만 보도하며 그들의 뉴스에는 '눈 가리고 아웅' 하는 식의 기사로 가득하다. 정권의 눈치를 보기 급급한 공영방송국의 보도를 그들 스스로 뒤엎지 않는 이상 '공영방송의 수난사'는 계속될 것이다. 그리고 사람들은 여전히 믿지 못할 진실에 의문만을 제기할 것이다. 그렇기 때문에 진실을 캐내고 과실을 찾아내며 대중들이 사회문제를 제대로 볼 수 있도록 돌다리를 하나씩 놓아주는 JTBC 〈뉴스룸〉의 노력에 큰 박수를 보내고, 그들의 용기 있는 도전이 계속되길 바란다. 사회와 사회 구성원들의 문제에 대해 더 날카로운 시선으로 바라보고, 일방적인 보도가 아닌 시사·교양으로 장르를 나아가는 뉴스의 혁명적인 변혁의 길을 열심히 닦아냈으면 하는 바람이다.

입선

인적 자본 상품화의 진화

Mnet 〈프로듀스 101 시즌 2〉

심수현

2016년 방영된 여자 아이돌 연습생 101명의 서바이벌 〈프로듀스 101〉을 이어 2017년 남자 아이돌 연습생 101명의 서바이벌 〈프로듀스 101 시즌 2〉가 방영되었다. 반응은 폭발적이었다. 〈프로듀스 101 시즌 2〉는 4월 첫 방송 이후 방송 기간 내내 TV 화제성 1위의 자리를 지켰으며 종영하는 주에는 역대 드라마·비드라마 종합 화제성 순위의 1위에 올랐다.[1] 하지만 〈프로듀스 101 시즌 2〉는 방송 전부터 잡음이 끊이지 않는 프로그램이기도 했다. 특히, 식사와 인터뷰 심지어 화장실에 가는 것

1 김지연, "[화제성 VS] '프로듀스101 시즌 2' 10주 연속 TV 화제성 1위 … 압도적 점유율", ≪시크뉴스≫, 2017년 6월 12일 자, http://chicnews.mk.co.kr/article.php?aid=1497253937145004010; 양소영, "'프로듀스 101 시즌 2' 화제성에서 '도깨비' 제쳤다", ≪Spotv Star≫, 2017년 6월 19일 자, http://star.spotvnews.co.kr/?mod=news&act=articleView&idxno=142124

까지 A등급의 연습생부터 순서대로 허용했다는 보도는 첫 방송이 시작되기도 전부터 큰 논란을 만들었다.[2] 이른바 출연자들을 상품화한다는 것이었다. 〈프로듀스 101 시즌 2〉에서는 분명 노골적이지만 이전의 방송에서 드러나는 상품화와는 전적으로 다른 상품화의 전략이 나타난다. 〈프로듀스 101 시즌 2〉가 노골적인 상품화에 대한 논란으로 많은 질타를 받았음에도 시청자들의 사랑을 받아 성공했다는 것은 어떠한 점을 시사하는 것일까?

대량생산 체계 안의 소년들, '나야 나'의 부재

시즌 1에서 〈프로듀스 101〉을 대표하는 노래가 「pick me」였다면, 〈프로듀스 101 시즌 2〉를 대표하는 노래는 「나야 나」이다. 101명의 연습생은 네 개의 삼각형으로 나누어진 무대에서 '국민 프로듀서님'의 눈에 들기 위해 「나야 나」를 열창한다. 하지만 군무와 합창 속에서 '나'라는 개성을 드러내는 것이 허용되는 시간은 약 3초 정도 나오는 엔딩 부분을 제외하고는 존재하지 않는다. 출연자들은 트레이닝 과정 속에서 개성을 지우고 그룹에 맞는 인재가 되기 위해 규격화되는 과정을 끊임없이 거친다. 똑같은 색깔과 디자인의 유니폼을 입고 무대에서 춤을 추는 출연자에게 "눈에 띈다"라는 지적은 칭찬이 아니다. 남성적인 색깔의 출연자는 상큼함을 표현하지 못한다는 지적을 받고, 독특한 음색의 출

2 박재영, "프로듀스 101 시즌 2 A등급만 제육볶음? 화장실도 참아 … 차별 논란에 네티즌 불만↑", ≪서울경제≫, 2017년 3월 21일 자, http://www.sedaily.com/NewsView/1ODGHX3P0C

연자는 솔로에 더 어울리는 음색이라는 지적을 받으며 낮은 음역대의 목소리를 가진 랩 포지션의 출연자도 「나야 나」의 높은 음역대를 소화할 것을 요구받는다.

〈프로듀스 101 시즌 2〉에서 기획하는 것은 자신의 개성을 표출해내는 아티스트가 아니라 트렌드를 파악한 전문가들의 요구를 구현해낼 '아이돌'이다. 그래서 〈프로듀스 101 시즌 2〉의 세계는 철저히 효율성과 생산성의 논리에 기반을 둔다. 거대한 분업의 체계 안에서 맡은 바를 잘 수행해내는 것이야말로 그들에게 있어서 프로페셔널한 것이 되는 것이다.[3] 이 프로페셔널함을 테스트하기 위해 〈프로듀스 101 시즌 2〉는 매번 랜덤한 방식으로 팀을 짜며 출연자들에게 평가곡을 부여한다. 이 체계에 적합함을 증명하기 위해서는 설령 그들이 마음이 맞거나 음악적 색채가 비슷해서 모인 게 아니라도 모든 콘셉트의 모든 춤과 노래를 팀으로서 잘해내야 한다. 마찬가지로, 데뷔의 기회를 얻게 되는 상위 11명의 출연자들은 그룹으로 활동하게 되지만 우연적으로 만나게 된 것일 뿐이다. 하지만 그들이 우연적으로 만나게 되었다는 것은 그들이 대체 가능한 인적 자원이 됨을 시사한다. 이전의 방송 출연자들에게서 또한 상품화의 양상은 나타났지만, 〈프로듀스 101 시즌 2〉에서 나타나는 출연자의 상품화 현상은 훨씬 더 대량생산 체계 안의 상품화라는 것에서 큰 차이가 나타나는 것이다. 이전의 방송인들이 회사 및 매니저의 보조를 받아 스스로를 상품화했다면, 〈프로듀스 101 시즌 2〉에서 나타나는 상품화는 조금 더 조직적이며 비자발적이다. 분업의 체계 안에서 가장 영향력이 큰 것은 전면에 드러나는 출연자들이 아닌 〈프로듀스 101〉 시리즈라는 브랜드이다. 그래서 〈프로듀스 101 시즌 2〉는 안정적이다.

3 김작가, 「아이돌, 소외의 거울」, ≪창비어린이≫, 8권 4호 통권 31호(2010년 겨울).

출연자가 과거에 학교 폭력에 가담했거나 촬영 과정에서 부적절한 행동을 해 논란이 되어도 큰 타격이 돌아오지 않는다. 맥도날드에서 출시된 신제품이 반응이 안 좋으면 단종시키듯이, 규격화되어 상품화된 〈프로듀스 101 시즌 2〉의 출연자들도 반응이 안 좋을 경우 탈락시켜버리면 그만이다. 그래서 아이러니하게도, 그들이 열창하는 「나야 나」는 없다. 여전히 'pick me'만이 남아 있을 뿐이다.

상품화되는 영역의 확장

〈프로듀스 101 시즌 2〉가 기존의 오디션 프로그램과 확연히 차이가 나는 지점은 오직 '국민 프로듀서님'들의 투표로만 합격자가 결정 난다는 것이다. 기존의 〈슈퍼스타 K〉, 〈위대한 탄생〉 등의 오디션 프로그램에서는 전문가들의 무대에 대한 평가가 오디션의 질서를 이끌어나갔으며, 시청자 문자 투표 또한 그들의 질서 안에서 진행되었다면, 〈프로듀스 101 시즌 2〉에서 전문가와 시청자의 위치는 뒤바뀌어 나타난다. 이제 출연자들에게 요구되는 능력은 춤과 노래뿐만이 아니다. 그들의 외모는 물론이며 과거에 어떻게 살아왔는가, 예의 바른가, 얼마나 팬들에게 잘 웃어주는가, 얼마나 얘기를 조리 있게 하는가 심지어는 연애 경험이 있는가 같은 정말 뜬금없는 요소까지도 하나하나가 '국민 프로듀서님'께는 평가의 대상이다. '국민 프로듀서님'들은 이미 기업가적 메커니즘으로 자신을 경영하는 것이 매우 익숙하다.[4] 최근에 와서 보편적으로 쓰이는 단어 중에 '스펙'이라는 단어가 있다. 처음에는 학점, 어학 성적 등의 정

4 서동진, 『자유의 의지 자기계발의 의지』(돌베개, 2009).

량적인 정보값만이 스펙이라고 불렸다면, 지금은 사적인 영역마저 스펙의 스펙트럼에 포섭되었다.[5] 친구를 사귀면서 인맥 관리를 생각하고, 외모 관리를 위해 성형 수술과 다이어트를 감행하며 더 많은 고객을 유치하기 위해 감정 관리를 행하는 세대인 것이다. 이러한 자기계발식의 논리를 체화한 평가자들의 태도는 출연자들에게 물론 적지 않은 영향을 끼친다. 이제 출연자들이 갖추어야 하는 경쟁력 또한 굉장히 다각화되는 것이다. 시청자들에게 외모를 지적받은 한 연습생은 자신을 PR하기 위해 주어진 시간에서 "저 못생긴 거 알아요. 그래도 너무 욕하지 마시고 사랑해요"라는 말과 함께 PR을 마치며, 순위 발표식에서 순위가 떨어진 것에 대해 표정 관리를 못한 한 연습생은 그 다음 화에서 6위에서 20위까지나 떨어짐으로써 응징당함과 동시에 '국민 프로듀서님'께 자신이 겸손하지 못했음에 대해 사과한다. 이전의 미디어에서 출연자들의 상품화가 퍼포먼스 중심으로 이루어졌다면, 이제는 사적인 영역인 외모, 감정 관리 능력 등 또한 상품화되는 양상을 보여주고 있는 것이다.

두 얼굴의 '국민 프로듀서님'

"당신의 소년에게 투표하세요." 이것이 〈프로듀스 101 시즌 2〉가 전면에 내세우는 캐치프레이즈이다. 〈프로듀스 101 시즌 2〉의 MC인 보아는 한 회가 끝날 때마다, 순위 발표식 때마다, 심지어는 광고가 끝나고 텀이 생길 때마다 이를 반복해서 말한다. 그렇다면 '당신의 소년'은 무엇인가? '당신의 소년'이 존재한다는 것은 거꾸로 말하면 '당신의 것이 아

5 같은 책.

닌 소년' 또한 존재한다는 것이다. '당신의 소년'은 말하자면 당신에게 커스터마이즈된(customized) 소년이다. 물론, 규격화된 방식으로 상품화된 '당신의 소년'은 따지자면 매스 커스터마이즈된(mass customized) 소년이다. 〈프로듀스 101 시즌 2〉에서 '당신의 소년'에게 투표하는 것은 '국민 프로듀서님'으로 호명된 시청자들이다. 일반적으로, 우리는 이 투표라는 행위가 지지의 표시라고 생각한다. 하지만, 매스 커스터마이즈된 (mass customized) 소년들을 바라보는 과정은 우리를 지지하는 주체보다는 소비하는 주체로 만든다. 시청자들은 출연자들에게 순간순간은 감정이입하며 공감할지 몰라도 전체적으로는 그들을 꼼꼼히 평가해내며 현명한 소비자가 되기 위해 노력한다. 따라서 〈프로듀스 101 시즌 2〉에서 나타나는 투표라는 행위는 표면적으로 지지보다는 '당신의 소년'이 제공하는 서비스에 대한 지불이다. 이때, 투표로 인해 그들에게 지불되는 것은 직접적인 돈은 아니지만 곧 돈으로 이어질 인기 혹은 유명세라는 상징 자본이다. 매회 방송 말미에 발표되는 순위는 '국민 프로듀서님'이 인기라는 상징 자본을 지불하고 있음을 구체적으로 제시한다. 서비스를 소비하는 주체('국민 프로듀서')와 제공하는 주체('당신의 소년')가 명확해지면, 서비스라는 노동이 남는다. 노동은 말하자면 인간에게서 분리된 또 하나의 상품이다.[6] 하지만 노동이라는 것은 추상적인 개념이다. 우리는 인간에게서 노동을 정확히 분리해낼 수 없다. 그래서 소비자들은 때때로 인간 혹은 인격에 포함되어 있는 부분까지도 자신에게 서비스로 제공되고 있다고 착각할 때가 많다. 인간을 재화처럼 소비하게 되는 것이다. 백화점에서 많은 돈을 지불한 고객이 자신의 기분을 상

6 "마르크스: 자본론 노동 생산물의 상품으로 전환", 네이버 지식백과, http://terms.naver.com/entry.nhn?docId=998988&cid=41908&categoryId=41929

하게 했다는 이유로 백화점 직원의 무릎을 꿇리고 사과를 종용했다는 식의 사례 등은 이러한 착각에서부터 비롯되기 마련이다.[7] '국민 프로듀서님'으로 호명된 시청자들 또한 〈프로듀스 101 시즌 2〉의 출연자들을 재화처럼 소비한다. 그들이 지불하는 투표는 표면적으로는 그들의 서비스를 향하게 되지만, 그들이라는 상품 자체에 대한 지불이 되기도 하는 것이다. 하지만 출연자들이 재화처럼 취급받는 순간, '국민 프로듀서님'은 더 이상 소비하는 주체만이 아니게 된다. 투표를 통해 〈프로듀스 101 시즌 2〉라는 프로그램과 상호작용하게 되며 '국민 프로듀서님'은 또한 출연자들의 상품화에 적극적으로 가담하는 진짜 프로듀서처럼 기능하게 되는 것이다. 이전의 방송들에서 인적 자본의 상품화는 전적으로 방송과 회사 또는 연예인 등이 공급자가 되어 나타났다. 시청자들은 그저 소비자일 뿐이었다. 하지만 〈프로듀스 101 시즌 2〉의 출연자들의 상품화엔 방송과 회사뿐만이 아니라 소비자인 '국민 프로듀서님' 또한 적극적으로 가담하는 모습이 드러난다. 이제 두 얼굴의 '국민 프로듀서님'은 능동적으로 '당신의 소년들'을 상품화하는 동시에 소비하게 된 것이다.

우리 일상 속 '당신의 소년들'

이전의 방송 미디어에서 인적 자본의 상품화가 전혀 일어나지 않은 것은 아니지만, 〈프로듀스 101 시즌 2〉는 출연자들을 마치 대량생산품처

7 김아연, "인천 신세계백화점 고객 갑질 논란에 과거 백화점 모녀 사건 재조명", ≪뉴스웨이≫, 2015년 10월 18일 자, http://news.newsway.co.kr/view.php?tp=1&ud=2015101817370195748&md=20151018173937_AO

럼 규격화·획일화하고 사적인 영역까지 상품화하며, 소비자인 시청자들까지 상품화에 가담하도록 함으로써 조금 더 세련된 메커니즘의 상품화를 구사한다. 이는 이전과는 확연히 구분되는 노골적인 형태의 상품화지만, 이에 길들여진 시청자들은 점점 새로운 형태의 상품화 메커니즘을 내재화한다. 그렇게 우리는 다음의 상품화된 인적 자본들을 소비할 준비를 한다. 〈프로듀스 101〉 시리즈에서 〈아이돌 학교〉로, 또 〈더 유닛〉으로. 우리는 이제 더 이상 〈프로듀스 101 시즌 2〉의 소년들이 자신의 등수로 불리게 되고, 등수가 낮으면 마치 상품처럼 폐기되는 것에 대해 심각하게 생각하지 않는다. 마찬가지로, 우리 일상 속에서도 진화된 상품화에 대한 수용이 드러난다. 결국 비정규직을 전전하며 기업에 의해 소비되는 청년들은 또 다른 '당신의 소년들'이며, 어쩌면 '국민 프로듀서님'이었던 누군가가 처하게 될 현실임을 우리는 생각해볼 필요가 있을 것이다.

입선

주부들의 해우소(解憂所)인가 갈등의 촉매제인가

김동주

1. 여성과 주부, 그리고 그들을 위한 방송

우리 사회는 언제부터인가 여성과 주부(主婦)를 구분하여 부르고 있다. 통칭 제3의 성(性)이라고 불리는 '아줌마'라는 단어는 근대화를 겪으면서 한국 사회가 낳은 성별 간, 세대 간의 갈등을 상징적으로 보여주는 준거(準據)라고 할 수 있을 것이다.

엄마로서, 아내로서 그리고 한 사람의 여성으로서 주부들의 역할은 너무도 많았다. 그렇기에 억압과 희생을 강요받은 주부들을 위해 소위 말하는 '아침방송'에는 토크쇼도, 드라마도, 예능 프로그램도 다 주부들의 시각과 관심 분야를 중심으로 방송이 구성되어왔다.

2011년 종합편성채널의 등장은 주부들의 입장에서는 고민의 폭이 더 깊어지는 계기가 아니었을까. 종편이 생겨나면서 각 프로그램들은

'타깃 고객(target customer)'인 주부들을 위한 다양한 프로그램을 내놓았다. 이전 지상파 프로그램들이 자극적이든가, 살림에 필요한 정보들을 주는 것에 초점을 맞추었었다면, 종편에서는 이를 더 확장하여 단순히 '살림'뿐 아니라. 삶의 전반에 걸친 정보, 예를 들면 의료, 부동산, 금융, 연예계, 정치에 이르기까지 다양한 분야에 걸친 정보들을 연예인들과 전문가를 적절히 출연시켜 효율적으로 전달하고 있다.

하지만 이러한 정보 제공 프로그램들은 단순히 주부들을 위한 프로그램이라기보다는, 남녀노소를 아우르는 교양 예능 프로그램이라고 보아야 할 것 같다. TV 프로그램 중 특정 계층만을 위한 프로그램은 유아 대상 프로그램을 제외하고는 거의 없다는 것을 감안하면 더더욱 그러하다. 이런 가운데 오롯이 주부들에 의한, 주부들을 위한 프로그램을 표방하며 종편에 등장한 프로그램이 있었으니, 이것이 바로 MBN에서 제작·방송하고 있는 〈속풀이쇼 동치미〉(이하 〈동치미〉)라는 프로그램이다. 사실 이전에도 연예인들이 일부 나와 자신들의 이야기를 하는 프로그램[1]은 여럿 있어왔고, 아침방송의 연예인 토크쇼는 자신의 이야기를 중심으로 하는 것이 대부분이었다. 하지만, 이 프로그램은 집단 토크쇼로서의 규모도 클 뿐 아니라, 주부와 미혼 여성뿐 아니라, 남성 패널까지 가세하여 중년 여성과 남성들까지 합세한 집단 수다의 절정을 보여주고 있다는 점이 기존 프로그램과 차별화되는 부분으로, 2012년부터 현재까지 이 프로그램이 인기를 얻고 있는 주된 요인이라고 볼 수 있다.

1　일반인과 연예인이 출연했던 주부 대상 대표 프로그램으로는 KBS 〈아침마당〉, 예능으로는 TV조선 〈궁금한 스타쇼 호박씨〉 등 다양한 프로그램이 있었으나, 〈속풀이쇼 동치미〉 형태의 프로그램은 없었으며, 최근 On Style에서 방송하는 〈뜨거운 사이다〉는 형태와 주제가 다르긴 하지만 여성들이 중심이 되어 토크를 진행한다는 점에서 유사하다.

2. 여성과 주부들의 해방구

인간은 사회적 관계를 맺으며, 그 속에서 희로애락을 느끼며 살아가는 존재이다. 특히 반복된 삶을 살아가며, 자신이 '주체'이기보다는 '객체'로서 누군가를 뒷받침하는 역할로 살아가는 주부들에게는 누구나 애환이 있기 마련이다. 〈동치미〉는 이러한 주부와 여성 시청자들의 심리적 취약점을 너무도 적확(的確)하게 파고들고 있다. 유명 연예인, 변호사, 의사 등 다양한 직군의 여성과 남성을 출연시켜 특정 주제를 가지고 한정 없는 대화를 이어나간다. 그러면서 여성 측(프로그램에서 '마담'이라 부른다)과 남성 패널들이 싸우기도 하고, 화해하기도 하며, 어떤 부분은 이해하며, 감동과 공감의 눈물을 흘리기도 한다. 특히 자식과 부모에 관련된 주제에서는 특정 패널이 자신의 특수한 에피소드를 이야기하며 녹화장 전체를 눈물바다로 만들고, 그것을 보는 시청자들도 함께 눈물을 흘리며 일종의 카타르시스를 느끼게 한다. 이러한 특징 때문에 〈동치미〉는 주부 시청자들뿐 아니라, 중년 남성 시청자들에게까지도 호응을 얻는 프로그램으로 자리 잡았다.[2] 출연하는 남성 패널들은 다양한 남성군(群)을, 이를테면 자상한 남편, 무관심한 남편, 마초적 남편 등 남성 캐릭터를 대표할 수 있는 인물들로 선정하여, 여성 패널들의 공격과 칭송의 대상이 되도록 배치함으로써 양자의 균형을 이루도록 하고 있다.

연예인들이 겪었거나 현재 진행 중인 고통, 그것을 보면서 시청자들은 나만 힘든 게 아니었다는 위안을 얻게 된다. 대부분의 토크 프로그

2 〈동치미〉는 종편 프로그램임에도 불구하고 7%대의 높은 시청률을 기록하고 있다(이승연, "토요일 밤 힐링 토크 MBN '동치미' 시청률 7% 돌파 '자체 최고' 기록", ≪매일경제≫, 2016년 2월 24일 자).

램이라는 것이 이러한 인간의 나약한 면에 호소하기 때문에 유지되는 것이라 해도 과언이 아니다. 이 때문에, 대부분의 토크쇼가 시청자 혹은 연예인의 에피소드를 소재로 하여 프로그램을 구성하고 이를 매개체로 하여 시청자들의 공감과 위안을 얻는 방식으로 인기를 누리고 있는 것이다. 그 다양한 종류의 에피소드와 감동, 교양적 내용[3]까지 담는 종합 선물세트 같은 프로그램으로 〈동치미〉가 기획·제작되고 있는 것이다.

3. 남자, 그리고 남편

동치미의 인기 요인은 다양하게 분석할 수 있지만, 또 한 가지, 주부들의 공공의 적(敵)을 설정하여 이를 공격하는 방식을 취하고 있는데, 이것이 바로 '남편'과 '시댁'이라는 존재이다.

'갈등(葛藤)'이라는 단어는 원래 칡넝쿨과 등나무가 한데 얽혀 있는 모양을 의미하는 데서 출발한 단어이다. 인간사에서 갈등이란 단어가 많이 등장하는 이유는 그만큼 인간 사이의 관계가 복잡다난(複雜多難)하다는 반증이다. 인간관계의 가장 기본적 갈등의 출발은 결혼을 통해서이며, 남편과 부인이 겪는 고통도 이러한 부부관계, 나아가 부부의 연을 통해 거미줄처럼 이어지는 새로운 가족과 자식들로 인해 시작되는 것이다.

주부들이 겪고 있는 갈등과 고민을 시원하게 수다로 풀어주는 이

3 〈동치미〉에서는 특집 프로그램에 유명 연사(김미경 강사, 김홍신 작가 등)를 초빙하여 인생에 대한 주제별 특강을 함으로써 단순히 '수다' 수준이 아닌 '지혜'를 주려는 노력을 보이고 있다.

프로그램이 가진 문제는 여기서 시작한다. 프로그램의 특성상 남자, 특히 남편으로 통칭되는 남성에 대해 '여자 입장'에서 이해 안 되는 행동들을 키워드 내지 문장 형태로 정하여 이야기를 풀어간다. 그리고 그 주제는 남편의 바람기,[4] 남편의 직계 가족인 시댁,[5] 아니면 자식에 대한 문제가 대부분이다.

이러한 주제는 사실 주부들의 고민과 스트레스의 가장 큰 축을 이루고 있는 까닭에 이 주제를 버리고 이런 프로그램을 구성하긴 사실 힘들다. 하지만, 여기서 주목해야 할 것은 이 프로그램 패널, 특히 여성 패널들의 기본적인 사고의 위험성이다. 화자(話者), 그리고 주인공인 여성(주부)과 그를 둘러싼 이야기를 하고 있다 하더라도, 기본적으로 패널들은 남성(남편)을 늘 바람기 있고(1, 107회) 여자에 대한 배려가 부족하고 자기중심적인 사람으로 규정(232, 226회)하고 대화를 시작한다. 프로그램이 개인적인 속풀이, 또 그것에 공감하는 다수의 여성들의 대화라고 하지만, 마치 모든 남성(남편)들을 매도하는 식으로 선을 긋는 태도는 매우 위험한 사고이다. 그리고 제작진은 이러한 비판을 의식한 듯, 남성들을 대변할 수 있거나, 양자의 갈등을 무마할 수 있는 남성 패널을 출연시켜 이러한 비판을 봉합하려는 듯한 인상을 주고 있다.

4 남편의 답답함과 남자들의 외도(外道) 문제는 〈동치미〉 프로그램 1, 107, 154, 199, 201, 209, 219, 226회 등에서 다루었고, 남성과 남편 문제는 본 프로그램의 주된 화제 중의 하나로 다뤄지고 있다.

5 시댁과의 문제를 다룬 경우는 57, 170, 194, 220회 등이며, 시댁과의 문제에서 남성이 늘 무능력하고 남편으로 인해서 갈등이 더 증폭되는 문제들이 주로 다뤄졌다.

4. 소통과 이해가 아닌 새로운 갈등

이런 남과 여의 대결 구도의 문제를 요즘 시대에 굳이 거론하는 것은 어떤 측면에서는 매우 위험하고 구태적인 발상으로 비춰질 수 있다. 하지만 최근 우리 사회의 큰 문제 중 하나가 여혐, 남혐 등으로 일컬어지는 젠더(gender)[6] 간의 갈등이라는 점은 간과하기 힘든 사안이다. 젠더 간의 갈등이 본격적으로 대두된 것은 여성의 인권과 지위가 상승하면서 여성들이 사회적으로 그들만의 목소리를 내고 남성과 대등하게 대접받게 되면서부터라고 보는 것이 지배적 견해이다. 이에 대한 반발심, 남성우월주의가 파괴되는 것에 대한 상실감이 남성들의 여혐 문화로, 그런 행동을 보이는 남성에 대한 공격성이 여성들의 '메갈리안' 등의 문화 활동으로 SNS를 중심으로 빠르게 퍼지고 있는 것이다.

사회적 현상으로서의 여혐, 남혐의 문제, 이것은 그리 쉽게 봉합되기 어려운 문제이다. 〈속풀이쇼 동치미〉가 '동치미'처럼 시원한 '속풀이'를 의도한 것이라면, 그 기저에는 '여성은 가엾고 속상하고 화병 많은' 존재라는 사고가 깔려 있다고 볼 수 있다. 현재의 젠더 갈등은 뿌리 깊은 유교 사상과 가부장적 문화와 남성 중심의 군사 문화의 폐해가 여권 신장과 세태 변화에 발맞추어 적응하지 못하는 과도기적 현상일 수 있다. 프로그램 내에서 여성 패널의 발언을 남성 패널이 반박하는 과정 또한 대부분이 남성 우월적 시각이거나, 일반 남성들이 잘못 생각하는 부분인 것처럼 발언을 하면, 이것이 여성 패널들에 의해 비판받는 구도

6 통상 '성(性)', 'sex'에 대한 대안 용어로서 쓰이는 단어인데, 통상 '성(性)'으로 표시하나, 본 비평문에서는 사회적 성별인 '젠더(gender)'로 표기하여 사용하는 것이 의미를 더 명확하게 드러낼 수 있어 '젠더'를 사용한다.

로 흘러가는 것이 대부분이다.[7] 서로의 차이를 이해하고 상대방의 대화에 귀 기울이기보다는 여성들 스스로가 자신의 응어리를 단순히 '수다'와 '한풀이' 정도로 스스로를 한계 지은 채 '내뱉고' 있다는 점을 주목해야 한다.

〈동치미〉는 분명 재미있고 잘 기획된 프로그램이다. 하지만 좀 더 시각을 넓게 보면, 그 '재미'의 이면은 '여성 스스로에 대한 낮은 자존감'을 안주 삼아 재미를 조각(雕刻)한 것이 아닌가 하는 점을 반성적으로 살펴볼 필요가 있다. 여성이 주체가 되고 여성이 당당한 그런 사회를 꿈꾸는[8] 프로그램이, 여성들이 피해자 코스프레를 하면서 자신의 삶을 넋두리하는 것에 그친다면, 이는 프로그램이 원래 의도했던 것은 아닐 것이다. 또한 출연한 대부분의 여성 패널들이 다 각자의 힘든 삶을 이야기하고 있지만, 그들은 일반 대중의 눈에서는 서민들보다 훨씬 화려하고 수준 높은 삶을 누리고 있다는 점도 잊지 말아야 할 부분이다. 〈동치미〉에 출연한 연예인들 대부분이 자신의 무명 시절 내지 어려운 시절 이야길 하고 있지만, 출연자 대부분은 소위 말해 한때 혹은 현재 '잘나갔거나 잘나가는' 연예인들이 대부분이고, 그들의 삶 역시 일반 서민들 눈에는 사치스러워 보일 수 있는 것이다.[9]

근대화 과정에서 형성된 남성 중심의 문화는 분명 문제가 있고, 여전히 해결해야 할 사회 병폐 중의 하나이다. 그렇다고 방송에서 남성을

7 통상 이러한 역할을 최홍림, 이경재 출연자가 담당하고 있다. 이것도 다분히 의도된 연출이라고 보인다.

8 이는 프로그램 시작 시 오프닝 멘트에 MC들이 자주 쓰는 표현이다.

9 일부 연예인들이 몇 억에서 몇십 억을 사기를 당했다느니, 망했다가 재기(再起)해서 몇 억을 벌었느니 하는 부분들 역시 일반 서민들 입장에서는 남의 이야기일 수밖에 없는 것이다. 또한 전문가 출연진 역시 유명한 의사, 변호사 등이 출연하고 있어, 서민들의 삶과는 괴리감이 있는 것이 사실이다.

비하하고 모든 남성(남편)에 대해서 선입견을 전제(前提)한 채로 방송이 진행되는 것은 분명히 짚고 넘어가야 한다. 나아가 간혹 화목하거나 이상적 남편상이 나오면, 출연자들을 비롯한 방청객까지도 이를 경계하고 농담이긴 하지만, 다음번부터 '이 사람 출연하면 안 되겠다', '그래도 힘든 점, 어려운 점을 이야기해보라'는 식의 흠잡기를 서슴지 않고 있다.[10] 적어도 〈동치미〉에서는 화목하고 정상적 부부는 나와서는 안 되는 사람 취급을 받고 있는 셈이다.

한국인의 심리 저변에는 자기보다 잘나가거나 성공한 이들에 대한 질투가 있다. 시청률과 주 고객인 주부들을 만족시키기 위해서는 일정 부분 감수할 수밖에 없었을 것이다. 하지만 이 프로그램을 주부뿐 아니라 남성과 청소년 등 일반 시청자들도 다수 시청하고 있다는 점을 간과해서는 안 된다. 이처럼 남성에 대한 잘못된 선입견을 강요하고, 남성 비하적 태도를 웃음으로 무마하려는 태도는 오히려 여성들에 대한 반감을 불러일으킬 우려가 크다. 남자들의 여혐에 대한 태도의 출발도 여자들의 남성 비하와 역차별에 대한 반발감 등에 대한 것이 주원인[11]으로 꼽히고 있기 때문이다. 이와 같은 〈동치미〉에서의 출연자의 태도는 어른뿐 아니라 청소년들에게 왜곡된 결혼관 내지 여성관, 남성관을 심어줄 수 있다는 우려를 낳게 한다.

10 일례로 함익병 원장이 패널로 출연했을 때 특히 이러한 공격이 심화되곤 했다.

11 최지은, 『괜찮지 않습니다』(알에이치코리아, 2017).

5. 발전적 소통의 장(場)으로

〈속풀이쇼 동치미〉는 여성과 주부들의 열렬한 지지를 받고 있는 장수 프로그램이다. 이 프로그램을 통해서 남성(남편)들은 여성(아내)들의 속마음과 심리를 이해할 수 있고, 여성(아내)들 또한 남성들이 왜 그런 행동을 하고 왜 그렇게 말하는지를 이해하는 기회를 지닐 수 있었다는 점만으로도 이 프로그램의 의미는 충분하다 할 것이다. '결혼'이라는 제도가 있는 한 '주부'들은 있을 것이고, 자식과 시부모, 남편 등의 단골 메뉴들은 늘 새로운 '수닷거리'를 제공할 것이다. 더구나, 〈동치미〉는 요즘 변화된 세태를 빠르게 반영하여 이를 방송의 주제로 다룸으로써, 트렌드를 선도해가는 역할까지 하고 있는 것이 사실이다.

이러한 점에서 〈동치미〉는 단순한 '해방구'가 아닌 '발전적 논의의 장'이 될 수 있어야 한다. 물론 여러 전문가들의 나와서 남편과 아내, 자식의 역할과 방향성에 대해서 비전을 제시하는 코너가 만들어지고는 있다. 하지만, 그것은 전문가들의 견해이며, 정말 생활하는 시민들, 삶의 무게를 짊어지며 살아가고 있는 우리의 모습을 통해서 남성과 여성, 남편과 아내, 부모와 자식으로서의 의미와 역할을 진지하게 논의할 수 있어야 한다.

토크쇼가 '쇼'가 아닌 진정한 소통의 공간이 되기 위해서는 여성뿐 아니라 남성도 객관적으로 다룰 수 있는 포용력을 보여주는 것이 필요하다. 남과 여 상호 간의 이해는 서로의 차이점을 인정하는 데서 출발한다. 그간 여성들이 억눌려서 살아온 것을 단순히 쏟아내는 수준으로 해소하는 것에 그치지 않고, 여성들이 어떻게 행동하고 사고해야 하는지, 그리고 남성들도 여성을 동등한 시각과 사고의 틀 속에서 어떻게 대할 것인지를 진지하게 고민해볼 수 있도록 열린 구성을 기획해야 한다. 프로그램이 한 단계 더 성장하여, 남성과 여성 모두 진정한 '속풀이'가 가능한 프로그램이 되길 기대해본다.

입선

또 다른 '갑질 사회'의 답습

Mnet 〈프로듀스 101 시즌 2〉를 통해 본 가학 예능의 폭력성

이세리

"잘 부탁드립니다, 국민 프로듀서님!" 작년 〈프로듀스 101 시즌 1〉의 인기에 힘입어 소문만 무성했던 Mnet(이하 엠넷)의 〈프로듀스 101 시즌 2〉가 올 상반기 드디어 방송되었다. 오직 시청자의 투표로 아이돌 그룹의 최종 멤버를 결정하는 이 프로그램은 시청자를 '국민 프로듀서'라는 이름으로 부른다. 시청자가 직접 아이돌 그룹 제작에 참여한다는 점을 고려한 이름이다. 그런가 하면, '국민 프로듀서' 대표 또한 존재한다. 프로그램의 메인 MC인 보아는 방송에서 '대표님'이라 불리며 연습생들의 꿈을 격려하고 응원한다. 연습생들의 꿈인 데뷔가 전적으로 '국민 프로듀서'에게 달려 있다는 생각을 들게 만든다.

이미 오래전부터 아이돌 팬덤 문화가 자리 잡은 까닭일까. 〈프로듀스 101 시즌 2〉의 화제성은 아이돌 팬덤 문화와 자연스레 맞물려 '내가 뽑고 직접 키우는' 아이돌의 새로운 패러다임을 형성하였다. 아이돌을

앨범, 콘서트, 관련 상품 등으로 소비만 하던 수동적 팬덤 문화에 대한 대안을 제시했다. 기획사의 몫이었던 아이돌 그룹 제작이 시청자의 영역으로 넘어오자, 아이돌 문화의 소비자에 불과했던 시청자는 기다렸다는 듯 열렬하게 반응하였다. 자신이 응원하는 연습생이 자신의 투표로 인해 데뷔할 수 있다는 기대감이 생겼고, 그 기대감은 투표뿐만 아니라 다양한 형태의 물질적 지원으로 이어졌다. 특정 연습생을 홍보하는 지하철 전광판, 버스, 카페 진동벨 광고가 온 거리를 뒤덮었다. 시청자는 이제 더 이상 안방의 TV를 지키는 소비자가 아닌, 연습생의 데뷔 여부를 결정짓는 주체로서 프로그램의 핵심 축을 담당하게 되었다.

시청자, '국민 프로듀서'부터 '방송 프로듀서'까지

지난 몇 년 간 엠넷 〈슈퍼스타 K〉 시리즈의 흥행을 필두로 경연 프로그램 상당수가 TV 전파를 탔다. MBC 〈나는 가수다〉, 〈위대한 탄생〉, SBS 〈K팝스타〉 등 참가자들이 출연하여 경연을 펼치고, 시청자가 자신의 마음에 드는 참가자를 뽑는 서바이벌 오디션 프로그램의 포맷은 언뜻 보면 너무 식상해 보인다. 하지만 뻔한 것이 통하는 법이다. 시청자는 참가자를 직접 발굴하고 지지하는 과정에 흥미를 느끼며 이제는 방송에 누구보다 적극적으로 참여하기 시작했다. 투표부터 시작해서 참가자를 선전하는 온·오프라인 홍보까지 이어진 움직임은 스타를 만들어가는 시청자의 권능을 새삼 실감케 한다.

경연 프로그램 포맷의 고착화는 더 간절해진 '개천 출신 용'에 대한 염원을 대변하는 듯하다. 단, 프로그램 밖 시청자들의 관심과 지원이 전제가 될 때 가능한 말이다. 〈프로듀스 101 시즌 2〉의 시청자인 '국민 프로듀서'는 무대 위 아이돌에게만 쏟았던 관심을 이제는 데뷔하지 않은 연습생에게도 두기 시작한다. 자신의 연습생을 스타로 만들기 위해 매일 투표하며, 수단을 가리지 않고 연습생 홍보에 온 힘을 다한다. 결국 프로그램의 최종회에서 '국민 프로듀서'의 강한 영향력이 그대로 드러난다. 지하철이나 버스 광고에서 자주 마주쳤던 연습생이 높은 순위를 차지하며 프로그램은 막을 내렸다. '개천에서 용 난다'라는 속담의 함축된 의미를 파악할 때다. 경연 프로그램에서는 참가자 '스스로' 용이 될 수 없다.

여기서 또 주목해야 할 '국민 프로듀서'의 행보가 있다. '국민 프로듀서'의 역량은 단순히 아이돌 그룹 멤버를 뽑는 데 그치지 않고, 프로그램에 새로운 콘텐츠를 제공하는 데까지 이어진다. 소위 네티즌들이 말하는 '떡밥'(화제, 이야깃거리)을 제공하는 것이다. 예를 들어, 한 연습생이 옷을 못 입는 '패션 테러리스트'라는 점이 팬에 의해 밝혀졌을 때, 프로그램은 이후 그에게 해명의 시간을 주며 시청자의 웃음을 자연스레 이끈다. 시청자가 먼저 포착한 연습생 간의 관계성이 프로그램의 '떡밥'이 되기도 한다. 화제가 된 연습생이 다른 연습생과 붙어 있는 장면을 자주 내보냄으로써 프로그램은 시청자들의 피드백에 민감하게 반응한다. 모순되게도 프로그램은 시청자의 반응보다 한발 더 늦은 모습을 보인다.

'국민 프로듀서'라는 이름 그 이상으로 시청자는 프로슈머(prosumer, 생산자 겸 소비자)의 역할을 톡톡히 해내고 있다. 이전 경연 프로그램에서 각 출연자에 대한 이미지와 그에 따른 이야기가 대부분 PD나 작가에 의해 강제로 부여되었다면, 〈프로듀스 101 시즌 2〉에서는 시청자가 프로그램의 방향을 결정하는 데 한몫하는 모습을 보인다. 이쯤 되면 시청자에게 '제2의 방송 프로듀서'라는 이름이 어울릴 것 같다. 방송사가 시청자의 반응에 귀를 기울이고, 프로그램 밖의 피드백을 일정 부분 장면 안으로 끌어들인다는 점에서 〈프로듀스 101 시즌 2〉는 방송사와 시청자의 합작품이라 할 수 있다. 하지만 과연 방송사와 시청자의 합이 좋은 결과만을 야기했는지는 다시 한번 생각해볼 필요가 있다.

'갑질'을 일삼는 가학 예능

"제발 한 번만 살려주세요." 프로그램에서 어느 한 연습생이 시청자에게 한 말이다. 그의 눈가에는 눈물이 고여 있고, 마이크를 잡은 손에서는 미세한 떨림이 느껴진다. 마치 연습생의 목숨이 '국민 프로듀서'의 손에 달려 있는 것처럼 행동한다. 누가 연습생을 벌벌 떨게 했는가. 요즘 사회는 '갑질 사회'라 많이 말한다. '갑질 사회'란 상대적으로 유리한 위치에 있는 '갑(甲)'이 사회적 약자인 '을(乙)'의 불평등과 차별을 심화시키는 사회를 말한다. 승무원을 겁박하고 항공기를 되돌리게 한 항공회사의 임원부터 공관병을 상대로 온갖 하대를 일삼은 군 지휘관 부부까지 현대 사회는 여러 형태의 '갑질'로 점철되어 있다. 그런데 약자를 대상으로 횡포를 부리는 '갑질'이 〈프로듀스 101 시즌 2〉에서 재현되고 있다. 모든 연습생이 쉴 새 없이 경쟁하는 상황에서 누군가는 그 상황을 내다보고만 있는 모습이 프로그램의 현주소이다.

연습생 사이에서 치열한 경쟁이 벌어지는 와중에 시청자는 가장 안정된 자리를 확보한다. 경쟁 구도 밖에서 연습생을 줄 세우고 평가하는 시청자가 '갑'의 자리와 권력을 차지하는 것은 어떻게 보면 당연한 일처럼 보인다. 시청자와 연습생 사이에 형성된 수직 관계는 시청자의 혹독한 '갑질'로 이어진다. 시청자는 자신이 '국민 프로듀서'임을 강조하며 자신의 우월한 지위를 남용한다. 일례로, 팬덤 문화 성격이 강한 '트위터'에서 시청자는 경쟁에 놓인 다른 연습생에 대한 악담을 리트윗(re-tweet, 재전송)하며 상대방을 깎아내리는 데 혈안이 된 모습을 보인다. 한 인기 연습생이 방송 중에 연애를 티 냈다는 사실이 수도 없이 리트윗되고, 이후 연습생의 순위가 폭락한 점은 시청자의 가학성을 폭로하는 대목이다. '입양'과 '파양'이라는 단어 또한 어떠한가. 한 연습생에 대한 지지와 지지 철회를 '입양'과 '파양'이라는 단어로 정의하는 팬덤 문화는 또 다른 언어폭력의 예를 보여준다.

가학 예능의 책임이 비단 시청자에게만 있는 것은 아니다. 한번 생각해보자. 자신의 연습생을 데뷔시키는 것이 시청자의 목적이라면, 방송사의 목적은 무엇일까? 답은 시청률과 화제에 따른 상업성일 것이다. 시청률을 높이기 위해 엠넷은 〈슈퍼스타 K〉나 〈쇼미더머니〉 등의 서바이벌 프로그램에서 출연자에 대한 악의적 편집을 서슴지 않는 모습을 보였다. 〈프로듀스 101 시즌 2〉에서도 연습생에 대한 가혹한 편집은 이어진다. 소위 '악마의 편집'으로 유명한 엠넷답게 PD는 편집의 방향을 통해 연습생의 이미지를 형성하며, 편집에 의해 만들어진 이미지가 시청자의 투표에 직접적으로 영향을 끼치게끔 했다. 오죽하면 PD가 따로 뽑은 '피디 픽'이 있다는 소문이 돌았을까. 데뷔를 위한 부푼 희망을 안고 프로그램에 참여한 연습생은 사실 여부와 상관없는 자극적이고 가학적인 '악마의 편집'의 희생양이 되어버렸다. 시청자에 이은 방송사의 '갑질'에 연습생은 꼼짝없이 당하고 있다.

TV 속 연습생도 '노동자'다

잠시 연습생의 이야기에서 벗어나서 얘기해보자. 예쁘고 멋진 모습으로 꾸민 TV 속 연예인을 보면 무슨 생각이 드는가. 아마도 불쌍하다는 생각보다는 부럽고 닮고 싶다는 생각이 먼저 들 것이다. TV 화면을 기준으로 나뉜 연예인과 시청자의 자리는 연예인에 대한 우리의 생각을 제한한다. 작은 부분으로 큰 부분을 가린 셈이다. TV 속 호화로운 연예인의 겉모습은 '빙산의 일각'에 불과하다. 화면 속 활짝 웃고 있는 연예인의 모습이 알고 보면 '감정 노동'이라는 빙산의 대부분을 수면 아래 감추고 있다는 사실을 깨달을 때, 우리의 생각은 전환점을 맞이한다.

현대 사회에서 '감정 노동'은 심각한 문제이다. 미국의 사회학자 앨리 러셀 혹실드가 1983년 『감정 노동(The Managed Heart)』에서 처음 언급한 개념인 '감정 노동'은 직무의 한 부분으로서 말투나 표정, 몸짓 등 드러나는 감정 표현을 억누르고 통제하는 일을 말한다. 연예인은 대표적 '감정 노동자'이다. 어떤 상황에서도 마음 놓고 울거나 화내지 못한다. TV에서 자신의 이미지가 어떻게 비춰질지 모르기 때문이다. 〈프로듀스 101 시즌 2〉의 연습생 또한 같은 상황과 마주한다. 프로그램 내내 가학적 상황에 몰아넣어 지지만 '예비 연예인'인 연습생 대부분은 이를 참고 견딘다. 오히려 '국민 프로듀서'를 위해 미소를 아끼지 않는 모습을 보인다. 더 심각한 건 시청자의 반응이다. '악마의 편집'의 희생양이 된 연습생이 우는 모습을 보며 '어차피 데뷔하면 돈과 명예를 얻겠지', '조금 고통받더라도 사람들의 입에 오르내리면서 스타가 되는 거지' 따위의 생각을 쉽게 한다. 매회마다 연습생의 표정과 태도는 근거 없는 비판의 대상이 되며, 연습생의 '감정 노동'은 프로그램 안팎에서 혹독한 '유명세'를 치른다는 명목 아래 합리화된다. 요컨대 연예인과 연예인 지망생의 '감정 노동'을 당연시하는 사회적 풍조의 만연은 '갑질 사회'의 씁쓸한 현실을 대변한다.

#방송계_내_폭력_OUT!

작년에 트위터에서 화제가 된 해시태그(hashtag)가 있다. '#○○○_내_성폭력'이라는 해시태그로, 이전에 일어났던 각계의 성폭력 사건을 다시금 수면 위로 떠오르게 했다. 실제로 해당 해시태그의 파급력은 엄청났다. 이제까지 모습을 드러내지 않았던 피해자들이 하나둘씩 해시태그를 달며 은폐될 뻔한 사건과 권력의 위계를 폭로하는 데 적극적으로 참여하였다.[1]

방송계도 예외는 아니다. '#방송계_내_폭력'이라는 해시태그의 필요성이 절실해 보이는 요즘이다. 〈프로듀스 101 시즌 2〉는 약자에 대한 기득권의 '갑질' 문화를 답습하며 가학 예능의 폭력성을 그대로 드러낸 대표적 프로그램이라 할 수 있다. 방송사와 시청자는 연습생을 너무 당연하게 사면초가(四面楚歌)의 상황에 몰아넣었고, 연습생은 자신의 데뷔를 위해 묵묵부답의 태도로 일관하는 수밖에 없었다. 누군가를 극한으로 몰고 가는 가학적 상황이 여과 없이 '꿈을 꾸는 소년들의 이야기'로 과대 포장되어 방송되었다. 하지만 언제까지 가학 예능의 폭력 행위를 바라보고만 있을 것인가. 방송사와 시청자가 하루빨리 출연자에 대한 '갑질'을 멈추고 가학 예능의 폭력성에 책임을 지기를 부탁하는 바이다.

1 김예진, "트위터 '○○_내_성폭력' 해시태그 확산 … 피해 주장 봇물", ≪세계일보≫, 2016년 10월 22일 자.

입선

21세기형 연애, 20세기의 늪에 빠지다

김주리

연애보다 '썸'이 각광받는 시대다. '썸'은 사귀기 전에 호감을 느낀 채로 데이트를 하는 기간을 일컫는다. 어떻게 보면 '간을 본다'고 생각할 수 있지만 이전부터 있던 상대방에 대한 탐색 기간이 언어로 정의되고 세분화된 것에 더 가깝다. 2030세대는 '썸'을 통한 설렘을 즐기고 이를 하나의 문화 현상으로 만들어 향유하고 있다.

이러한 맥락에서 〈짝〉과 같은 기존의 연애 리얼리티 프로그램은 시청자의 외면을 받았고 채널A에서 방영된 〈하트시그널〉은 대중의 호응을 얻었다. 〈하트시그널〉은 8명의 남녀가 '시그널 하우스'에서 한 달 동안 함께 살면서 서로에 대한 '하트시그널'을 보내는 프로그램이다. 〈짝〉은 단기간에 남녀가 서로의 짝이 되기 위해 노골적으로 구애하며 시청자들에게 거북함을 일으키는 경우가 많았다. 하지만 〈하트시그널〉은 30일이라는 긴 기간 동안 청춘 남녀 사이의 은밀한 시그널들을 눈치

채도록 유도한다.

출연자 간에 직접적인 사랑 표현은 할 수 없기 때문에 이들의 하트시그널을 6명의 연예인 예측단이 보면서 러브 라인을 추리하게 된다. 작은 몸짓, 말투 하나가 시그널로서 설렘을 불러일으키는 요소가 되며 이를 통해 시청자들은 썸이 연애로 가는 과정의 대리 설렘을 즐긴다. 〈하트시그널〉은 연애 이전의 썸에 집중한 '21세기형' 연애 리얼리티 프로그램의 등장이라고 볼 수 있다.

부암동, 그들이 사는 세상

〈짝〉이 출연진의 이름을 삭제하고 남자와 여자로만 구분 지은 것과는 다르게 〈하트시그널〉은 출연진의 이름을 호명해 출연진 자체에 서사를 부여한다. 출연진 자체에 서사를 부여할 수 있었던 까닭은 출연진이 일반인임에도 대중이 열광할 수 있는 요소를 갖췄기 때문이다. 단적으로 출연진이 처음 화면에 소개될 때 이름과 함께 강조되는 것은 사는 지역이다. 나이와 직업은 그다음 날까지 비공개되지만 시청자들은 출연진이 사는 곳을 보는 것만으로도 서울 중심의 잘사는 사람들이라고 유추할 수 있게 된다. 처음 등장한 여섯 남녀가 사는 곳은 서울의 삼성동, 논현동, 연희동, 서초동, 이촌동, 역삼동. 이 중 4곳이 강남구에 위치해 있다.

출연진의 외모와 직업군도 남다르다. 최종 8명의 출연진 중 3명이 뮤지컬 배우, 배우, 미스코리아다. 나머지 출연진의 직업군도 공연 홍보, 카레이서, 변호사, 대학생, 셰프로 가장 나이가 어린 대학생을 제외하곤 모두 직업을 갖춘 이들이다. 직업, 거주 환경, 외모가 갖춰진 일반인을 섭외해 '연예인화'시키면서도 대중이 현실 연애라고 받아들이도록 만들었다. 또한 8명의 남녀는 부암동에 위치한 대저택에서 생활하게 된다. 이제 8명의 남녀가 연애를 고려할 때 '가난'과 같은 장애물은 존재하지 않는다.

그 때문에 부암동, 그들이 하는 연애는 현실로 확장될 수 없다. 그들의 감정에 영향을 미치는 것은 외모에 대한 취향과 성격 정도다. 실제 연애를 시작하기 전 단계에서 고려되는 경제적 상황 혹은 현실적인 고민은 사라지고 없다. 더군다나 유일한 대학생 출연자인 서지혜가 보여줄 수 있는 2030세대의 고민도 〈하트시그널〉 내에서는 부차적인 것으로 전락하고 만다. 서지혜는 다른 이들의 직업에 비해 대학생이라는 신분에 초라함을 느끼고 눈물을 흘린다. 하지만 그의 눈물은 남자에게 매력이 될 수 있는지 없는지로 판단된다. 패널 윤종신은 서지혜가 고민하는 모습이 "예뻐 보일 수 있어요"라고 말하고 패널 김이나는 "눈물이 매력적이지 않다"고 평가한다.

연애하기 위해서는 '여자다움'이 필요하다?

'썸'이라는 새로운 형태의 연애 방식을 다루고 있지만 그들의 연애 방식은 구시대적이다. 출연진의 행동보다 예측단의 분석에서 성별에 따른 역할이 있다고 강조된다. 이전의 연애 리얼리티 프로그램은 출연진의 속마음 인터뷰를 통해 시청자들에게 설명했다. 하지만 〈하트시그널〉 에서는 이를 예측단의 분석으로 대신하면서 시청자들의 입장에서는 그들의 추리가 출연진을 이해하는 중요한 요소가 된다.

예측단은 남자가 좋아하는 여성상을 프레임화시킨다. 패널로 출연한 정신과 의사 양재웅은 출연자 서지혜의 행동을 두고 "남자들이 좋아하는 것에 대해서 학습이 잘되어 있는 분, 예쁨 받기 위해서 자기가 잘 짓는 표정인 것 같아요"라고 평가한다. 또 패널 심소영은 남성들이 어린아이 같은 행동을 하는 여자를 좋아한다고 말하며 서지혜의 "잘 먹는 거 어필, 볼에 바람, 입술 핥기, 입에 머금고 말하기" 등과 같은 행동이 조건에 들어맞는다고 주장한다. 자막으로는 "역시 귀여운 여자가 1등"이라고 나온다. 이는 연애에서 여성에게 '귀여움, 아이 같은' 모습을 긍정적으로 평가하며 결국 여성의 수동성이 강조되어야 인기 있다는 것을 시청자가 학습하도록 만든다.

또 첫인상 투표에서 0표를 받은 나머지 두 명의 출연자는 지인에게 조언을 얻으러 간다. 배윤경은 선배를 만나 "여자 여자인 척해"라는 말을 듣는다. "내숭도 좀 떨어보고 아닌 척도 좀 해보고, 못하는 척 도와주세요, 제일 고전적이고 전형적인 게 잘 먹히는 거야"라는 조언을 듣는다. 여자로서의 매력이 할 수 있는 것을 못한다고 하는 것이나 내숭을 떠는 것으로 여겨지는 것도 어불성설이지만 본인의 모습이나 매력 대신 여자로서의 매력을 드러내야 한다는 것도 구시대적인 발상이다.

남자는 수컷이 된다

〈하트시그널〉은 이처럼 여성에 대해서는 수동성을 강조하지만 남성은 '동물성'을 가진 존재로 여긴다. 남성들의 첫 만남에서 침대 위치를 정할 때 "서열 정리부터 하는 남자들", "침대와 서열"과 같은 자막이 나온다. 또한 자막으로 서열 1위부터 서열 3위를 표시하기도 한다. 실제 그들이 침대의 위치를 정하는 과정은 '일어나는 시간'에 대한 대화밖에 없다. 서열 정리라고 볼 수 있는 대화도 없었음에도 프로그램은 의도적으로 남성 사이의 경쟁에 주목하고 있다.

본격적으로 러브 라인이 시작되는 7화에서는 더 확연히 드러난다. "수컷의 심리: 본능적 도발"이나 "수컷싸움–고수는 발끈하지 않는다"와 같은 자막들로 두 남자 사이의 경쟁을 수컷의 본능이라고 설명한다. 해당 자막이 나온 장면은 한 여자를 좋아하는 두 남자가 주방에서 만났을 때다. 한 남성이 다른 사람을 무표정으로 쳐다보자 상대방은 웃음을 터뜨린다. 무표정의 남성은 "왜요"라며 웃는 얼굴로 바뀐다. 이를 자막으로 "두 남자에게 흐르는 숨 막히는 긴장감"이라고 표현하며 경쟁 구도를 강조한다.

동물적 습성은 남성에게서만 강조된다. 두 여자에게 사랑받는 남성도 등장하지만 이때의 두 여성은 한 남성을 짝사랑하는 개인으로서 그려질 뿐이다. 여성들이 함께 있을 때 한 남자를 두고 경쟁하는 장면은 뚜렷이 나타나지 않는다. 유일하게 긴장감이 흐르는 장면은 여자들이 데이트 상대를 선택할 때이다. 하지만 그마저도 경쟁이라기보다는 서로 눈치를 보면서 가위바위보를 하고 어떤 이는 양보한다. 나머지 회차에서 남성 간의 경쟁 관계는 술자리에서나 함께 있을 때도 꾸준히 부각되는 반면 여성들이 함께 있는 자리는 춤을 배우거나 일상적인 공간으로 그려진다.

이는 로맨스 서사에서 사용된 오래된 프레임이다. 남성의 구애는 사랑을 '쟁취'하는 열쇠처럼 묘사되지만 여성의 사랑은 남성의 선택 안에서 이뤄진다. 〈하트시그널〉의 삼각관계는 모두 한 명의 여자와 그를 좋아하는 두 남자라는 유형으로 이뤄진다. 이러한 유형을 띠는 두 개의 러브 라인 외에 한 남자를 좋아하는 두 여자는 부차적인 것으로 치부된다. 남성이 경쟁의 서사를 구축했을 때 선택받은 여자의 선택이 중요할 뿐이다. 그 때문에 시청자들은 '누가 여자를 차지할 것인가'라는 남성

간의 경쟁에 집중해 남성의 '동물성'을 당연하게 받아들인다.

독이 든 사과는 탐스럽다

〈하트시그널〉은 썸이라는 21세기형 연애 현상에 초점을 맞추며 연애 리얼 프로그램의 새로운 돌파구를 열었다. 하지만 남녀 간 사랑을 그리는 방식까지 새롭진 않았다. 트렌디한 연출과 세련된 영상미를 통해 젊은 층의 인기를 얻었지만 그 안에 담겨 있는 성적 고정 관념은 구시대적인 것이었다. 예측단은 남자가 좋아하는 여성상과 여자다움이 무엇인지 설명하는 역할로 두드러졌다. 이는 시청자들에게 연애를 잘하는 법이 곧 '여자라면 응당 이러해야 한다'라고 학습하도록 만들었다.

더욱이 〈하트시그널〉 안의 서사는 그간의 드라마나 영화에서 나왔던 경쟁하고 쟁취하는 남성과 그 틀 안에서만 유의미해지는 여성을 그대로 재현했다. 여성이 스스로 쟁취하려 노력하거나 경쟁하는 구도는 의도적으로 배제함으로써 '사랑받지 못하는 여자'로 남겨지도록 만들었다. 이러한 관념이 트렌디한 새 옷을 입고 시청자들 앞에 선보인 것은 더 위험하다. 또 그들은 2030세대를 대변할 수 있는 집단이 아닌 여러 조건에서 우위에 서 있는 선택된 조건이다. 연예인화된 이들의 연애 방식이 선망의 대상이 될 때 구시대적인 프로그램의 이데올로기는 시청자들의 마음속에 더 단단하게 자리 잡는다.

방송에서 말하는 전근대적인 로맨스는 독이 든 사과와도 같다. 독이든 사과는 탐스러워서 한 입 베어 물고야 마는데 이는 '왕자'를 소환하는 데 필요한 장치에 불과하다. 방송 프로그램은 남성의 동물성이 강조되고 그들만의 경쟁이 주가 되는 로맨스 서사에서 이제 벗어나야 한다.

나를 사랑해줄 수 있는 멋진 남성, 즉 왕자를 계속해서 재현시키는 것은 역설적으로 여성의 수동성을 강요하기 때문이다. 탐스러운 사과를 베어 물지 않는 일은 어렵다. 21세기형 연애 리얼 프로그램이라면 독이 든 사과는 내팽개쳐 버리고 왕자가 없이도 '잘 살 수 있다'는 것을 보여줘야 하지 않을까.

입선

우리는 지금 뜨거운 사이다

답답한 세상에 한 모금, On Style·OLIVE 예능 <뜨거운 사이다>

박호현

1. 뜨거운 사회 속 뜨거운 방송의 등장

현재 대한민국의 TV 방송 환경에서 페미니즘적 성향의 프로그램이 살아남기는 쉽지 않아 보인다. 방송사의 구조와 제작 등에 관여된 인물들의 대다수를 남성이 차지하고 있는 성비 불균형적인 상황을 봤을 때 남성 중심적인 의견과 시각을 피하기는 힘들기 때문이다. 그렇다 보니 지금까지 우리가 자연스럽게만 받아들여 왔던 대다수 프로그램의 방송 형식과 내용이 남성들만의 전유물이라고 말하는 것도 큰 무리는 아니다. 의식하지 못해왔던 혹은 의식하지 않아왔던 이러한 남성 체제의 방송 상황이 현재 한국에서 활발하게 논의되고 있는 페미니즘 열기와 함께 수면 위로 떠올랐고, '어째서 텔레비전 속 여성들은 성적인 대상으로, 약하고 열등하게, 누군가의 '무엇'으로만 비쳐야 하는가?' 등 미디어의 왜곡된 이미지에 대한 수많은 고민도 함께 부상하기 시작했다. 더 나아가 폭넓은 여성 관련 주제들과 이슈들을 마땅히 여성의 시각으로 바라보고 공론화할 수 있는 대화와 토론의 장이 과연 충분히 존재하는지도 의문을 가지게 되었다. 이 같은 문제의식 속에서 미디어가 현재의 담론을 반영하며 〈바디 액츄얼리〉, 〈까칠남녀〉와 같은 젠더와 관련된 프로그램들을 양산해내기 시작한 것은 어쩌면 당연한 수순이었는지도 모른다. 그중에서도 여성이 온전히 방송의 주체가 되는 프로그램을 지향하며 여자의, 여자에 의한, 여자를 위한 방송이라는 기치를 내건 On Style, OLIVE 방송의 〈뜨거운 사이다〉가 등장했다. 〈뜨거운 사이다〉는 PD와 작가 등 제작진은 물론이고 6명의 MC도 모두 여성이라는 점에서 다른 프로들과 차별성을 가진다. 기존 예능 프로그램들이 남성 일변도였거나 메인 남성 MC와 보조 여성 MC가 결합한 체제였던 것을 생각해 볼 때 이 구성은 꽤 도전적이며 상징적이다. MC들의 직업군 또한 앵커, 희극인, 배우, CEO, 변호사, 기자 들로 각계각층에 위치한 여성들을 섭외했다. 대개 엘리트 직업군인 측면이 없지 않아 있지만 다양한 목소리를 반영하겠다는 의지가 돋보이는 대목이라고 할 수 있다.

〈뜨거운 사이다〉는 이슈 토크쇼다. 새로운 여성학은 대중매체 소비를 통해 자신들에게 합당한 의미를 찾으려는 여성들과 이를 사회적으로 괄시하려는 사회적 가부장제 시각 사이에 투쟁이 벌어짐을 인식한다. 이는 곧 대중문화라는 곳은 일종의 '의미 격전장'인 것이다. 〈뜨거운 사이다〉가 취한 토론식의 '토크'쇼 형식은 이 투쟁들을 다루기에 가장 적합한 선택이라고 볼 수 있다. "할 말이 많으면 하는 게 당연하다"라는 당찬 슬로건을 내걸고 격렬한 투쟁의 공간을 예고한 〈뜨거운 사이다〉는 기존 텔레비전 속 보편적인 여성들의 이미지를 탈피한 우수하고 이성적 느낌의 여섯 MC가 직면한 문제에 대해 명쾌한 해답을 내려줄 것으로 기대됐다. 특정 분야에 국한되지 않고 사회·문화·연예·정치·예술 분야 등 전반적인 문제를 다루는 〈뜨거운 사이다〉는 크게 '뜨거운 이슈'와 '문제적 인물'이라는 두 가지 코너로 진행된다. '뜨거운 이슈'는 문자 그대로 한 주간 크게 조명된 시의성 있는 이슈를 가지고 패널들 간 의견을 나누는 시간이며, '문제적 인물' 코너는 화제가 되는 주목할 만한 인물을 초청해 인터뷰하는 방식이다.

2. 분노와 하소연에 그치고 마는 탁상의 목소리들

8월 3일 첫 방송에서는 '뜨거운 이슈'로 '여성 중심 예능 부재 시대'라는 주제를 다뤘다. 2017년 예능 현황을 살펴보고 절대적으로 많은 남성 예능에 비해 여성 예능은 씨가 말랐음을 강조하며 한 명씩 발언을 이어갔다. MC들은 문제의 원인으로 남성 성비가 높은 제작 환경, 남성들이 출연했던 예능 포맷에 출연자만 여성으로 바꿨던 점, 익숙한 남성 예능 제작에서 벗어나지 못하고 여성 예능을 만들 능력이 되지 않는 현실 등을 거론하며 현 문제를 인식하는 면에서는 부족함이 없었다.

그러나 문제점을 상기시키고 나열하는 데서만 그치고 마는 모습들은 한계점으로 지적할 만했다. 문제 인식 후에 뒤따르는 시스템적이고 구조적인 문제에 대한 접근들, 대안이나 앞으로 나아가야 할 구체적 방향 혹은 반성 등과 같은 논의들은 허술하거나 침묵되어 무겁게 다뤄지지 않는다. 정작 시원한 한 방이 나와야 할 타이밍에 MC들은 답답하니 다 같이 사이다를 까서 마시자는 상황으로 유도해 대화가 호도된다. 가령 성 평등을 위한 영국이나 프랑스의 방송 가이드라인 사례가 있다는 것은 알려주지만 그런 것이 있다는 사실만을 전달할 뿐 정작 한국 미디어의 성 평등 실현을 위한 구체적인 방안에 대해서는 조용하다. 또한 예성 예능이 잘되려면 어떻게 해야 하냐는 질문에 대해 MC들의 답변으로 나온 "프로그램 제작자나 시청자가 바라는 모습에 굴복하고 안주하는 다수의 여성 예능인들이 서브 캐릭터로 전락해간다", "여성 예능인들도 능력과 실력을 쌓고 책임과 노력을 다해야 한다"는 식의 접근은 현 남성 체제의 예능 시스템이 만들어진 책임을 오히려 여성 예능인들에게 돌리고 그 개선 방법 역시 여성 예능인들만의 노력으로 해결될 수 있다는 느낌을 준다. 만약 텔레비전에 비친 여성 이미지가 바람직하지 않거나 왜곡된 것이라면 과연 어떤 이미지가 올바른 것이라고 할 수 있는가에 대해 답할 수 있어야 한다. MC들은 대한민국 예능계에도 한마디를 날린다. "남성 제작진, 방송통신위원회, 예능 PD, 국장님, 본부장님 세상으로 나오시고 공부하세요." 속이 뻥 뚫릴 만한 시원한 사이다 발언이라고 보기엔 행동적이고 능동적이지 않으며 현실적이지도 않기에 미지근하다.

8월 17일 방송의 '뜨거운 이슈'에서 여성 혐오를 주제로 삼아 사회 전반에 퍼져 있는 여성 혐오 현상을 다루었던 것도 비슷한 이유로 아쉽다. 작년 강남역 여성 살인 사건을 발화점으로 우리 사회에는 남성 대 여성, 여성 대 남성의 성(性) 대결 프레임이 가시화되기 시작하며 성별 간 반목이 심해졌다. 그때로부터 일 년 정도가 지난 지금, 현재의 혐오 실태를 짚어보고 점검해보는 것에는 의미가 있다. 제시한 여성 범죄 피해 통계와 혐오 사례들도 가히 충격적으로 강한 인상을 주기에 충분했다. 하지만 역시 그 이상의 뭔가를 기대하기는 힘들었다. '독이 되어 퍼진 여성 혐오, 우리 사회는 어떻게 망가졌나'라는 주제에 부합하는 사례들의 열거를 쏟아내며 TV, 뉴스, 잡지, 광고에서의 여성 혐오 표현들과 정치인, 대학생 심지어 초등학생들의 여성 혐오 발언들까지 온 사회에

만연한 여성 혐오를 소개했기에 사태의 심각성은 확실히 인지시킬 수 있었다. 그러나 이후에도 MC들이 개인적으로 겪었던 여성 혐오나 주변에서 들었던 일화들의 소개만이 이어질 뿐 실질적으로 여성 혐오를 어떻게 접근해야 하는지에 대한 근본적 논의는 부족했다.

이 지점에서 〈뜨거운 사이다〉가 이상향으로 삼는 프로그램의 목표에 대해서 생각해보게 된다. 여성을 긍정적으로 평가하고 여성에 대한 공격에 대해 상세하고 충격적인 목록을 제시함으로써 여성이 당하는 억압에 대해 분노한다는 점에서 〈뜨거운 사이다〉는 급진적 페미니즘의 틀을 갖췄다. 그러나 급진적 페미니즘은 여성을 평가절하하는 보편적 체제에 대한 도전에 특별한 가치를 부여한다. 가부장제에 대한 승리는 여성의 의식의 기본적 재구성으로부터 시작되어야 하며, 그리하여 각 여성은 그 자신의 가치와 힘을 깨닫는다.[1]

〈뜨거운 사이다〉는 여성들이 주체로서 사회적 모순을 경험하고 있는 것에 대해 어떻게 가부장적 사회 모순을 해석할 것이며 어떻게 정치적으로 말해 나아갈 것인지, 어떻게 의식을 재구성하여 여성의 힘을 깨달아야 할 것인지 등에 대한 최소한의 가이드라인을 방송을 통해 제시해야만 한다. 만약 단지 이슈를 파악하는 것에만 그치거나 서로 불만과 하소연만을 토해내어 여성들 간의 공감에만 만족한다면 프로그램의 방향은 여성들이 수다를 떠는 반쪽짜리 속풀이 토크쇼쯤으로 남아버릴 뿐이다. 그러나 페미니즘을 표방하는 토크쇼로서 진정으로 여성 문제의 개선과 진보를 위하여 다뤄지는 이슈에 대해 심도 있는 제언과 주장들로 사회적·정치적 영향력을 발휘하고 여성들의 의식을 일깨우는 것을 목표로 삼는다면 여성 예능의 새로운 길을 모색한 선구자적 프로그램으

1 고영복, 「급진적 페미니즘」, 『사상사 개설』(사회문화연구소, 1996), 네이버 지식백과.

로 자리매김할 수 있다. 프로그램의 이상적인 목표를 상실한 채 이뤄지는 논의는 김빠진 사이다처럼 밍밍하다.

3. 편식하지 않고 받아들일 줄 아는 조정자 역할 기대

'여성 혐오' 편은 〈뜨거운 사이다〉의 구성 인원들이 모두 여성이라는 것이 어쩌면 독이 될 수도 있겠다는 우려도 가지게 하는 시간이었다. 혐오 자체가 아닌 '여성' 혐오에 대해서 철저히 '여성'의 시각으로 바라볼 수밖에 없기에 반대 진영 입장의 수용이 어렵고 양면적으로 바라보는 데 제한이 따르기 때문이다. MC들이 사례로 다룬 '여성 BJ 살해 협박 사건'은 남성 BJ들이 여성 유튜버를 죽이겠다고 찾아가 논란이 된 사건이다. 당연히 이 범죄 행위는 용납될 수 없는 심각한 사안이 분명하다. 그렇다고 방송에서 전제한 것처럼 '명백히' 여성 혐오에서 출발한 사건으로 보기에는 어려움이 있다. 인터넷을 조금만 검색해보면 이 여성 BJ는 계정 영구 정지를 받은 상태로 유튜브에서 남성 비하 발언과 혐오 발언을 콘텐츠로 진행하고 있는 것을 알 수 있다. 하지만 방송에서 이 사실은 크게 거론되지 않고 단지 여성 혐오에 대한 미러링을 하는 BJ 정도로 간단히 정리한 후 넘어간다. 그저 여성 혐오로 인한 사건으로만 다뤄져 일방적 해석으로 끝내기엔 간단치 않은 문제다. 여성 혐오의 실상을 알린다는 의의는 충분히 이해할 수 있지만, 한쪽 면만을 전달하여 모든 남성을 적(敵)인 것처럼 인식시키고 남성과 여성의 갈등을 조장하는 듯한 인상을 남겨서는 안 된다.

이것은 '문제적 인물' 코너에서도 은연중 드러나 첫 번째 게스트로 등장한 사진작가 로타를 대하는 방식에서도 느낄 수 있다. 모두 여성으로 구성된 환경에서 남성 게스트의 출연은 이슈에 대한 입체적이고 다각적인 시선을 제공해줄 수 있다는 점에서 긍정적이며 좁게는 개인 간, 크게는 젠더 간의 견해차를 나누고 이해해볼 기회다. 이 기회를 최대한으로 활용하기 위해선 아무리 부정적으로 생각해왔거나 선입견이 있는 인물일지라도 그를 수용해보겠다는 의지와 적절한 감정의 절제가 필요하다. 그러나 로타를 대하는 MC들의 자세는 이것과는 거리가 있다. 평소에 로타를 어떻게 생각했냐는 질문에 "별로 생각 안 했고……"라는 감정적 대응의 답변이 돌아온다. "혼탁한 기운이 흐르고 있을 줄 알았다"는 언급도 추가된다. 여성 프로그램의 특성상 집단 무의식적으로 장착된 반응일지도 모르겠지만 대화의 시작부터 끝까지 이어지는 불안한 게스트의 모습과 일관되게 날카롭고 냉소적인 MC들의 반응, 냉랭하게 흘러가는 분위기를 보는 시청자는 젠더 간의 입장 차를 줄일 수도 있다는 기대를 상실하게 된다. 여성 게스트들이 출연했을 때와 비교해볼 때 느껴지는 온도 차 때문에도 더욱 젠더 사이를 편 가르는 듯한 느낌은 두드러진다.

〈뜨거운 사이다〉가 혐오 문제뿐만이 아닌 사회 전반을 다루는 프로그램인 만큼 앞으로 등장할 수많은 이슈, 특히 찬반 진영이 갈리거나 갈등이 존재하는 사안들에 대해서도 프로그램 입맛에 맞춰 특정 면만을 편향적으로 부각하고 다른 의견들을 받아들이는 데 인색하다면 대립은 오히려 심화될 수밖에 없다. 들어야만 하는 목소리가 빠져버리거나 축소되어서는 위험하다. 그 목소리를 자유롭게 내지 못하도록 분위기를 형성해서도 곤란하다. 이후에 서로 비판하고 토론하는 한이 있더라도 기본적으로 공정한 담론 경쟁의 환경을 조성하는 것은 문제 해결의 첫걸음이다. 앞서 위에서 목표로 지적한 것이 프로그램으로 사회의 변화를 꿈꾸는 것이었다면 여기서는 한 단계 더 나아가 그 변화될 사회는 과연 어떤 모습이어야 하는지를 동시에 고민할 시점이다. 결국 〈뜨거운 사이다〉도 더는 이념, 성별, 연령을 망라해 사방에서 균열이 발생하는 대한민국을 꿈꾸지는 않을 것이다. 치우치지 않게 분열을 두루 살피는 성숙한 조정자 역할을 보여주길 바라본다.

4. 뜨거운 문제를 시원하게 해결하는 사이다

〈뜨거운 사이다〉는 척박한 예능 땅에 작지만 의미 있는 지각 변동을 만들어냈다. 여자 셋이 모이면 접시가 깨진다는 말이 아직 존재하는 사회에 사는 여성들에게 소리 높여도 된다며 자신감을 불어넣고 남성 중심의 예능 패러다임에 젖은 우리를 되돌아보게 한다. 아마 누군가에게 이 프로그램은 어색하거나 낯설며 나아가 불편할지도 모르겠다. 그 감정들이 바로 남성적 시선의 방송에 너무나 오래 길들어 버렸다는 증거일 것이다.

물론 〈뜨거운 사이다〉도 새로운 시도인 만큼 개선하고 극복해나가야 할 점들은 있다. 위에서 제기한 비판처럼 궁극적인 목표에 대한 고민, 그리고 문제를 어떻게 다룰 것인지 외에도 MC나 게스트에게 많은 부분 의존할 수밖에 없는 토론의 깊이와 같은 문제는 〈뜨거운 사이다〉가 넘어야 할 산이 될 것이다. 또한, 토크쇼라는 형식은 활발한 논의의 장을 제공해주지만, 스튜디오라는 제한된 공간에서의 반복되는 루틴은 지루함을 안겨줄 수밖에 없기에 지금처럼 일반적인 토크 구성은 언젠가는 한계를 드러낼 위험성이 있다. 내용 구성에 새로운 변화를 주는 방안이나 타 좌담 프로그램과의 차별화를 위한 시도가 요구될 것으로 보인다.

우리는 끊임없이 새롭게 등장하는 사회문제들과 마주하며 살아간다. 그 과정에서 특히 여성들을 포함한 많은 사람이 알게 모르게 억압받고 침묵을 강요당한다. 그렇기 때문에 누군가는 그 현실을 짚어내야 하고 해결 의지가 있다는 것을 보여줘야 한다. 그들을 대변해서 문제를 더 뜨겁게 다뤄줘야 한다. 그 역할을 예능이 하지 말라는 법은 없다. 예능도 충분히 개혁의 도구와 수단이 될 수 있다. 그 선두에서 〈뜨거운 사이다〉가 답답하게 막힌 속을 날카롭고 예리하게 뚫어내어 청량하고 개운한 사회를 만드는 데 일조하기를 기대해본다.

입선

방송은 렌즈다

EBS 〈명의〉와 〈메디컬 다큐 – 7요일〉은 광학 렌즈다

김정은

렌즈는 빛을 굴절시켜 모으거나 퍼뜨리는 도구다. 폴 칼라니티는 『숨결이 바람 될 때』에서 책은 잘 다듬어진 렌즈처럼 세계를 새로운 시각으로 보여주는 가장 가까운 친구라고 한다. 방송도 마찬가지다. 다양한 세계를 다채로운 관점으로 펼치며 우리에게 다가온다. 때로는 오목하게 때로는 볼록하게 서로 상대적 시각에서 구체적, 전문적일 수 있으며 일반적, 경험적일 수도 있다. 그 속에서 굳건하고 확실하게 더 넓거나 깊은 지식의 세계로 인도하는 프로그램이 있다. EBS 〈명의〉와 〈메디컬 다큐–7요일〉이 그것이다.

이 프로그램들을 통해 시청자들은 알지 못했던 수많은 질병과 치료에 관한 지식들을 접하기도 하고, 수술을 집도하는 의사처럼 전문 핵심 부분을 광학 렌즈나 현미경처럼 확대시켜 들여다보기도 한다. 14세기 철학에서 '환자'라는 단어는 행동의 대상을 의미할 뿐이었지만, 현대의 환자는 능동적 주체이며 그저 어떤 일을 당하는 대상이 되길 거부한다. 이러한 프로그램이 우리에게 필요한 이유다.

19세기 의사가 20세기 기계로 21세기 환자를 치료한다. 교조주의 의사는 좋은 의술을 가졌어도 새로운 질병을 치료하지 못한다. 또한 환자는 발전하는데 의사는 퇴보한다. 환자의 발전에는 방송의 공이 크며 환자가 자신의 질병에 대해 의사보다 더 잘 알 수 있는 세상이다. 이제 환자는 같이 의논하는 대상이지 명령하는 대상은 아니다. 오늘날의 렌즈는 과학자들만의 것이 아니기 때문이다.

삶이 무너져 버린 환자와 가족을 돕는다

지식에 초점을 맞춘다. 방송은 책이나 신문, 잡지보다 더 정보력을 요한다. 사람들이 가장 많이, 바로 접하는 매체이기 때문이다. 시청자들이 원하는 건 자신이 투자한 시간 대비 유익한 정보다. 그런 점에서 이보다 더 맞아떨어지는 프로그램이 없다. 여타 방송국들이 저마다 의학 프로그램을 내세우지만 지나치게 상업적이고 검증되지 않은 흥미 위주인 것들이 많다. 그러다 보니 방송 출연 대가니 잘못된 지식 전달, 특정 상품 연상으로 방송 심의까지 받을 정도다.

장수 프로그램으로서 〈명의〉와 신흥 주자로서 〈메디컬 다큐—7요일〉는 자타공인 정확한 정보로 환자와 그 가족, 대중을 돕는다. 물론 모든 프로그램이 완벽할 순 없다는 점에서 몇몇 오류가 있지만 다른 의료 프로그램에 비하면 적은 편이다.

〈명의〉 '대장암' 주제에서는 환자들의 가장 큰 걱정이 배변 주머니인데 변을 조절할 수 있는 환자는 그것을 달지 않고도 생활이 가능하다는 점이 희망적이다. '구강암' 편에서는 치아 보철물이 다른 소재일 때 전류, 기계적 변성이 오고 암이 된다는 자세한 설명이 좋았다. '고지혈증'을 다룬 회차에선 콜레스테롤은 기름이 아니라 스테로이드를 만드는 영양소라는 사실, 고지혈증은 유전 요인이 있어 젊은 사람도 걸린다는 점, 우리가 흔히 먹는 빵이나 좋다고 먹는 현미, 건강식이라 생각하는 고구마, 감자도 탄수화물이라 중성지방이 많다는 정보가 유익했다.

'미세먼지' 편에서는 열과 염증 없는 기침, 가래만으로도 폐렴일 수 있다는 것, '고혈압' 편에서 뒷골 당기는 게 고혈압이 아니란 얘기도 있었는데 너무 높으면 그렇다는 게 정확한 정보라 좋았다. 다른 지상파 프로그램들에서는 혈압 약을 먹지 말라고 하는 것과 비교된다. '파킨슨병' 편에선 소화제도 병의 원인이라는 것, '척추 척수 종양' 편에선 신경 손상도 재활 가능하다는 게 신기하다. 발암이 될 수 있는 여성 호르몬 투여의 위험성에 대해 공정하게 설명해서 좋았고, 남성들도 호르몬 질병을 가진다는 게 흥미롭다. 타 방송에선 무조건 좋다고 먹으라고 하는 것에 비교하면 제대로 다룬다.

〈메디컬 다큐-7요일〉에선 부정맥도 심장 마비가 올 수 있고, 혈압 올리는 약이 발 괴사도 일으킨다는 것, 하이펙 수술이라는 최신 치료가 말기 대장암 환자라도 살릴 수 있다는 내용이 나와 시청자들에게 도움이 되었다.

말 한마디가 시청률을 올린다

갈고닦은 글로 시청률을 올린다. 〈메디컬 다큐-7요일〉은 작가의 글솜씨가 의료 방송 중 최고이며, 작가의 역량이 무한하다. 딱딱해지기 쉬운 다큐인데 문학적인 글이 동감을 자아낸다. '기적 같은 생존' 편의 "엘리자의 휜 허리를 볼 때마다 마음 한 번 제대로 펼 수 없었다"라는 표현을 보면 다른 여타 방송에선 마음 아팠다 정도로 쓰는데 '휜 허리'와 '못 편 마음'이 상응하는 문장력이 뛰어나다.

'복합부위 통증 증후군' 내용에서는 "고통의 감옥, 돈도, 시간도 엄마의 사랑을 이길 수 없나 봅니다", "누군가는 살고 누군가는 고통받고 누군가는 죽는 시간 속에서도 삶은 이어가고, 엄마의 다짐이 아들의 결심이 되고 다시 엄마의 꿈이 됐습니다" 등 정서적 표현이 돋보이고, 운율도 맞다. '골든타임'을 다룬 방송에서 "끝이 아니라 다시 시작할 수 있게 하기 위해서 사투를 벌인다", 화상 환자 사연에선 "시청자 여러분도 이 청년을 따뜻하게 맞아주십시오"라고 하는데 너무 감동적이다. 인식 개선을 선도한다는 방송의 기능에도 잘 맞다. '어머니의 마음처럼 맞아주십시오'도 좋을 듯하다.

치매 사연에서 "국가를 위해 총을 잡았던 손으로 아내를 위해 요리를 한다"고 나오는데 '아내를 위해 칼을 잡는다'도 어울릴 듯하다. '폐 이식' 편에선, "삶에 대한 강한 애착은 어떤 순간에도 지치지 않았다"가 와 닿는다. '만성 통증 무료 진료 버스' 주제에선, "누구에게나 가고 싶은 길이 있긴 하지만 삶은 원하는 대로 가지 못할 때가 있다", '당뇨망막증' 주제에선 "눈이 안 보이면서 세상에서 밀려나는 것 같았다" 등 연상 작용이 우수하다. '동갑 부부' 편에서는 양말 한 짝을 찾는 모습이 나오는데 '양말 한 짝을 찾듯이 세상의 인연을 찾았습니다'라는 말을 넣으면 좋을 듯하다.

〈명의〉 '신장' 편에서 "신장 질환의 가장 큰 적은 무관심"이란 말이 경각심을 주어 좋다. '췌장암' 방송에선 "비바람에 더 강해지는 들꽃처럼 인생의 비바람을 만나 더 강해졌다" 등등이 훌륭하다. 덧붙이자면 환자 인터뷰도 감동이다. '구강암' 편에서 환자의 "작은 것보단 큰 생명을 선택했다"는 말이 감동적이다. 가치는 우위가 있는데 높은 가치 선택이 당연하다. 이와 같이 솜씨 있는 문장으로 따분해지기 쉬운 의료 다큐에 몰입도를 높인다.

좋은 의도만으로 충분하지 않다

배율이 맞지 않기도 한다. 많은 장점에도 불구하고, 이 프로그램들은 잘못된 정보를 주기도 하고, 최신 의학을 간과하며, 영상의 문제도 있다. 〈명의〉 500회 기념 방송에서 10년간 의학 발전으로 혈액형이 안 맞아도 간 이식이 가능하다 하는데, 그건 이미 1975년 전에 독일 본 대학 병원에서 이종수 박사가 개 실험으로 성공해서 인체 간 이식도 최초로 했다. '간경변' 편에선 술잔을 같이 쓰는 사람들 입 안에 상처가 있으면 간염이 전염될 수 있는데 너무 괜찮다 식이어서 적절하지 못하다. 본인도 모르는 상처가 있을 수 있고 전염되는 다른 여러 질병도 있다.

'인공 관절' 부분에선 인공 관절만큼 획기적인 게 없다지만, 최근 운동으로 주변 근육을 키우면 무릎 관절 수술 없이도 마모된 관절을 통증 없이 쓴다는 뉴스가 방송에 나왔다. 수술이 다는 아닌데 수술을 권한다. '뇌종양' 편에선 의사가 뇌는 한번 손상되면 회복되지 않는다고 하는데 수 년 전부터 뇌신경이 회복된다는 논문이 있다. 대다수의 예를 든 거 같은데 편집하거나 검증하고 자막으로라도 최신 학설을 넣어야 한다.

또 의사가 "한 달 전부터 곡기를 끊으셨다고 하셨으니 심폐소생술을 하지 않는 게 낫지 않나" 하는데 이해되지 않는다. 자살하려 한 건지

곡기 끊은 원인도 나오지 않고, 아무리 그래도 소생술을 하지 않는다는 게 말이 되지 않는다. 자살하려는 환자를 방관하는 것처럼 비춰진다. 구강암을 다룬 방송에선 두경부암의 발생 원인 중 하나인 인유두종 바이러스 언급이 없다. 유전·환경 요인도 있겠지만 바이러스도 중요한 요인이다. 출연한 환자들을 고려해서 강조하지 않은 듯하다. 현대의 문란한 성 의식에 경각심을 주기 위해 출연 환자들 경우는 다르다고 밝히고, 그런 경우도 있다고 언급해야 한다.

파킨슨의 원인도 잘 모른다고만 하는데 미세먼지로 생긴다는 밝혀진 원인이라도 말해야 조심할 수 있다. 백혈병도 아이들을 텔레비전을 끈 상태에서라도 앞에서 재운 케이스에서 많이 발견된다는 미국 논문도 있고, 전자파, 송전탑 근처 등등 사례가 있는데 언급하는 것이 유익했을 듯하다. 원인에 대한 설명이 없어 예방이나 경각심 면에서 약하다.

일반 상식으론 간 질환에서 복수를 빼면 계속 물이 찬다, 신장병엔 물을 많이 마시면 안 된다고도 하는데, '신장' 편에선 나빠지기 전에 물을 열 잔 마시면 좋아진다고 말하면서도 충분한 설명이 없다. 어떤 원리로 좋아지는지 나와야 시청자 대부분이 가진 궁금증도 해소된다. 잘못된 상식도 바로잡는 역할을 하기 바란다.

〈메디컬 다큐—7요일〉에서 복부 통증 환자에게는 통증 양상을 알아야 진단할 수 있어 정확한 병명을 알기 전에 진통제를 주지 않는다. 아마 엑스레이(X-ray)를 찍고 프리에어(free air)가 있어 복막염을 진단하고 진통제를 준 듯한데, 편집상 바로 약을 주는 모습이 나와 적절치 않다. 진단 전에 약만 달라고 떼쓰는 환자들이 태반인데 이를 부추길 수 있다. 자세한 건 CT를 봐야겠지만 복막염인 듯하다라는 말을 넣어야 한다. 또한 무균실까지 따라가서 영상을 찍는 것도 그야말로 무균실인데 무리다. 창을 통해 찍거나 내부 CCTV를 이용하는 게 좋다.

좋은 의도와 더불어 명확한 지식에 기반을 두어야 하고 편집 문제도 바로잡아야 한다.

명의는 어디 있는가

조리개가 어긋날 수도 있다. 500회 특집에 나온 교수 중 한 명은 방송 얼마 전에 중대한 의료 사고를 냈다. 소송 과정 중에 방송에 나오는 건 그 의사의 편을 들어주는 듯 보일 수 있다. 물론 의료 사고 없는 의사는 없지만 연예인도 자숙하듯, 방송에 바로 나오는 건 시의적절하지 않다. 다른 의사도 복제 배아 물의를 일으켰던 교수인데 그를 출연시키는 것에는 죄 지어도 한국인은 잊어버린다는 비교육적 측면이 있다. 의사나 과학자는 인성이 무엇보다 중요하다.

같은 의미로 대기업 병원 한 곳은 메르스 때 도덕성 제로의 모습을 보인 병원이다. 그 병원으로 인해 수많은 환자들이 유명을 달리했으며 전 국민을 위험에 빠뜨렸다. 현재도 국가적으로 물의를 일으키고 있는 병원인데 방송에서 자주 다뤄 적절치 못하다. 병원은 환자를 살리는 곳인데 자신들의 이익을 위하여 중대한 정보를 감췄다는 건 다음에도 그럴 가능성이 있다는 거다. 그것이 바로 최대 수익만 창출하려는 기업 병원들의 위험성이다. 자본이 많으면 좋은 의사가 많겠지만 모두 다 좋은 의사는 아니다. 상대적으로 열악한 병원이라도 명의는 다 포진해 있는데 지나친 쏠림 현상을 유도한다. 역 개통으로 더 많은 환자들이 쏠리고 있으며 다른 병원으로 가는 낮 시간 셔틀 버스엔 단 한 명의 환자만 타기도 한다. 환자들의 골든타임을 놓치며, 윤리가 없어도 실력만 있으면 된다는 인식을 심어줄 수 있다. 혜안을 지니고 명의를 찾아야 한다.

사람은 어떻게 명예를 잃는가

우리는 렌즈를 잃고 싶을 때도 있다. 의학 방송이기에 환자에 대한 존중을 잊으면 안 된다. 〈명의〉에서 다리 혈관 도플러 검사나 시술 시 여성 환자의 허벅지가 노출되었다. 주사 들어가는 위치 외 나머지는 모자이크 처리해야 한다. 대장암에서 대장 내시경 때 내시경 들어가는 부분을 잡는 것은 모자이크를 했다 하더라도 예의가 아니다. 최근엔 남성 환자의 생식 기관이 노출되었다. 모자이크 되어 있어도 형체가 보였다.

하지불안증후군 환자가 엎드려 걷는 것을 네 발 달린 동물 같다고 한 건 비하로 보인다. 좋은 모습이 아니라 부정적인 모습, 예를 들면 뚱뚱한 사람을 돼지로 비유하는, 그런 동물 비유는 옳지 않다. 네 발로 걷는 동물도 아니고 '네 발 달린' 이란 단어가 정확한 표현도 아니다. 네 발이 달렸다고 다 네 발로만 걷는 게 아니기 때문이다. 원숭이나 캥거루, 곰, 도마뱀도 두 발로 걸을 수 있고 나무늘보의 다리는 매달리는 역할이 주다. '엎드려 걷는다' 정도로 함이 낫다. 또 카메라가 그 환자의 엎드려 걷는 모습을 뒤에서 너무 엉덩이 중심으로 잡아 민망하다. 옆모습으로 잡는 것이 낫다.

〈메디컬 다큐—7요일〉에서는 신부전 환자에게 "아이인가"라고 말하는데 방송에서 볼 때 본인이 듣기 불편했을 듯하다. 항상 그런 소리를 듣고 살았을 텐데 상처가 될 듯하다. 이 프로그램에서는 환자뿐 아니라 보호자의 명예도 실추시킨다. '누나가 아내의 빈 자리를 대신합니다'보다 '누나도 왔습니다'로 해야 한다. 환자 편에 서는 건 좋은데 아내와 딸 사진이 모자이크 처리돼서 시청자들은 사이가 안 좋거나 이혼한 걸 짐작한다. 강조할 필요가 없을 듯하다. 가족 관계는 남이 알 수 없다. 환자가 배신에 대한 말을 많이 하는데 저렇게 내레이션까지 하면 마치 아내가 아픈 남편을 버린 듯 보일 수 있다. 남편이 아프기 전 좋은 가장이 아닐 수도 있고, 알코홀릭이나 도덕적 문제를 일으킬 수도 있다. 아내의 부재를 너무 남편 입장에서 강조한 건 편파적으로 보여 공정성 침해다. 누나는 가족이라 온 거지 아내의 자리를 메꾸러 온 건 아니다.

가치관도 침해한다. 독신 남녀, 편부·편모도 많은데 마치 두 사람이 있어야 완전체가 된다는 듯 은연중에 잘못된 가치를 심을 수 있다. 한 사람이 없다고 꼭 빈자리는 아니다. 혼자라도 완전체다. 다른 회차에선 앉은뱅이란 보호자 말을 그대로 내보낸다. 앉은뱅이는 낮잡는 말인데 보호자가 썼더라도 묵음 처리하고 자막으로 '평생 설 수 없는 줄 알았는데'라고 넣음이 옳다. 다초점 렌즈처럼 다각도로 살펴봄이 필요하다.

죽음이 없는 생존 방식이란 건 없다

그래서 계속 들여다본다, 죽음을. 그러니 의료 프로그램이 없는 방송도 없다. 항상 질병과 죽음을 예비하고 대비하고 준비해야 한다. 아파도 계속 나아가야 한다. 500회 특집이라 되짚어보는 건 좋으나 미래지향적 내용은 없다. 앞으로의 의학 발전 방향이나 최신 첨단 기술, 젊은 의사들도 소개해야 한다. 치료에 있어 환자 위주 다학제 치료와 심장 스탠트에서 새로운 수술법 TAV, 복부 수술에서 최첨단 의술인 하이펙 수술이 소개되어서 좋았지만, 하이펙 수술은 중점적으로 다뤄지지 않아 아쉬움이 남는다.

일본에서 시작한 하이펙 치료법은 복강 내에 따뜻한 항암제를 뿌려 보이지 않는 암 조직을 다 사멸시키고 개복 상태에서 방사능을 직접 쪼이기도 한다. 그렇게 하면 생존율이 더 높은데 환자의 선택권에서 보면 정보 면에 미흡함이 있다. 〈메디컬 다큐-7요일〉 '대장암' 편에서 다른 병원에서 몇 개월밖에 살 수 없다고 한 말기 암 환자가 기대 수명대로 살 수 있다는 점이 놀라웠는데 수술에 대한 상세한 설명이 없다. 하이펙 수술의 일인자 젊은 교수가 나왔으나 짧게 설명돼 시청자들에게 지식 전달이 충분치 못했다.

세대 교체도 필요하다. 그동안 의료 방송에서 식상한 교수들만 나왔다. 명의, 신의, 심의가 있다. 이름난 명의를 소개했으니 이젠 이름날 심의를 소개할 때라 생각한다. 인성 없이 환자를 대하는 의사들이 화면에는 존경할 만한 의사로 비춰지는 게 그 의사를 아는 환자들은 불편했을 것이다. 의료인 선택에 많은 고민이 있어야겠다.

출연자 선정 시 동료 의사들에게 설문지를 돌리는 건 지연, 학연에 얽매일 우려가 있다. 요새는 커뮤니티가 발달해서 환우회도 많고 이미 그들 사이에도 좋은 의사 정보가 많다. 환우들의 직접적이고 생생한 목소리를 들어야 한다. 환자들에게도 설문을 돌려 공정한 추천이어야 한다. 그래야 의사들도 환자들에게 성심을 다한다. 앞서 말했듯 환자는 치료 대상만이 아니다. 심의를 찾는 주체다. 그동안 지나치게 권위주의적이던 의료인들의 관행을 벗어나, 환자들에게 다가가는 의사상을 제시해야 한다.

또한 원인 모를 병도 많고 그런 병에 걸린 분들은 의료에서도 소외되는데 그 주제도 다루면 좋겠다. 신약이 보험 처리가 되지 않아 거의 3000만 원이고, 무균 치료실이 기간, 자격에 맞아야만 의료 보험이 되고, 결핵 격리실을 제대로 운영하지 않은 점 등도 노출시켜 문제의식을 선도하는 방송이길 바란다. 환자들이 렌즈를 통해 행동하고 싶은 것은 소각이다. 잘못된 관행, 오진, 정책도 부각시켜 더 나은 의료를 만드는 데 도움이 되길 바란다. 렌즈를 통해 보고 싶은 것을 보여주는 의학 프로그램을 기대해본다.

입선

정치, 참 쉽죠

JTBC 정치·시사 프로그램 〈썰전〉

최형인

“정치란 우리의 모든 것이다, 모든 것은 정치의 산물이다.” 지난 학기 한국정치사 강의 교수님이 하신 말씀이다. 정치는 늘 우리 주변에 있다. 정치는 법을 결정하고 우리는 그 틀 안에 살고 있다. 정치는 입법 외에도 많은 일을 수행한다. 그 범주가 매우 넓고 전문적이라 국민은 늘 정치를 어렵다고 생각한다. 정치를 하는 국회의원 역시 판사, 검사 등 고학력 전문직 출신이 대부분이다. 정치의 겉모습은 위화감을 주기에 충분하다. 그것은 친근함보다는 이질감을, 따뜻함보다는 차가움을 느끼게 한다.

어렵게만 느껴지는 정치를 내 주변으로 위치시켜준 것은 ‘JTBC의 이슈 리뷰 토크쇼 〈썰전〉’이다. 2013년 2월 시작한 〈썰전〉은 방송 초기 꽤나 큰 사회적 반향을 일으켰다. 강용석과 이철희는 프로그램 덕에 높은 인지도를 얻었다. 그러나 몇몇 패널이 구설수에 오르면서 인선에 문제가 있다는 비난을 받았고 사람들의 관심에서 멀어졌다. 기존 시사 프로그램과 다를 바 없었던 〈썰전〉은 유시민과 전원책으로 패널을 교체하면서 전환기를 맞았다. 이후 '최순실 게이트'를 기점으로 국민의 정치에 대한 관심이 정점에 이르면서 〈썰전〉은 정상 프로그램 반열에 올랐다. 〈썰전〉은 2017년 2월부터 4월까지 시사 프로그램 최초로 '한국인이 좋아하는 TV 예능 프로그램' 1위를 차지하였다.[1] 어떤 시사 프로그램도 달성하지 못한 업적이었다. 3~5%를 오르내리던 〈썰전〉의 시청률은 8~10%까지 상승하였고 현재는 JTBC의 대표 프로그램으로 자리 잡았다.

〈썰전〉이 성공한 이후 유사 프로그램이 우후죽순 생겨났다. 그들은 더 유명한 패널과 전문 사회자를 섭외했지만 어떤 프로그램도 〈썰전〉을 꺾지 못했다. 비단 시사 프로그램과의 대결뿐 아니라 전 예능 프로그램을 통틀어 국민에게 가장 사랑받는 프로그램이 되었다는 것은 〈썰전〉이 단순히 동종 프로그램 간의 깃발 꽂기 싸움에서 승리한 것이 아니라 국민에게 호소하는 특별한 점이 있다는 것을 보여준다.

정치, 틀린 것이 아니라 다른 것

내 기억 속 시사 프로그램은 '누가 이기나 해보자' 식의 말다툼이 전부였다. '내 말은 맞고 너의 말은 틀리다' 식의 흑백논리가 난무했고 높은 언성과 폭력적인 언사가 스튜디오를 채웠다. 국민이 정치에 거부감을 느

1 윤혜영, "'썰전', 한국인이 좋아하는 TV프로 첫 1위, '무한도전' 꺾었다", ≪TV데일리≫, 2017년 2월 21일 자.

끼는 가장 큰 이유는 '좌우 대립'이다. 좌우, 진보와 보수의 이념 대립은 한국정치사를 이끌어온 대서사이다. 모순적으로 국민이 '정치 혐오'를 품게 된 이유이기도 하다. 시사 프로그램은 정치를 진보와 보수의 싸움으로 그려냈다. 패널은 자신이 진보와 보수를 대표하는 양 격앙된 모습으로 토론에 임했다. 오로지 자신의 이념만을 관철시키려는 태도는 시청자에게 거부감을 주었다. 시사 프로그램은 시청률이 떨어지고 사라지기 시작했다. 자연스럽게 시청자는 정치에 큰 관심을 두지 않게 되었다.

기존 시사 프로그램을 볼 때, 〈썰전〉이 성공한 이유는 서로의 이념을 '틀린 것'이 아닌 '다른 것'으로 표현했기 때문이다. 〈썰전〉 역시 진보와 보수로 구분하여 정치를 해석한다. '진보의 유시민'과 '보수의 전원책'. 두 사람 모두 온건보다는 급진적인 부류로 평가받는다. 예상외로 두 패널은 각자의 이념을 상대에게 강요하지 않는다. 그것을 비판하되 비난하지 않는다. 이것이 〈썰전〉의 성공 비결이다. 두 사람의 토론은 정치가 '한쪽은 틀리고 한쪽은 맞다'가 아니라 서로의 의견 차이를 인정하고 해결책을 찾아가는 것임을 보여준다. 또한 의견 차이의 간극을 좁히는 것이 인신공격이 가득한 말다툼이 아니라 서로를 존중하는 대화라고 지적한다.

대한민국 국회는 상식적으로 판단할 수 있는 안건마저 찬반 대립을 벌였다. 단지 그 안건을 상대 정당이 발의했다는 이유였다. 초등학생 싸움을 연상시키는 정당 간 다툼은 눈살을 찌푸리게 했다. 국민 요구에 따른 정책 결정이 아니라 당의 이익만을 좇는 모습은 국회와 정치에 대한 불신을 키웠다. 반면 〈썰전〉의 패널은 지지 정당이 잘못한 일에 대해 깨끗이 인정하고 국민이 원하는 법안은 좌우를 막론하고 동의한다. 나는 〈썰전〉을 통해 정치가 국민의 필요를 반영하고 현실적으로 그것을 어떻게 구현해야 하는지 상의하는 과정이라는 것을 깨달았다. 법안 상정과 그 실현 가능성에 대한 논의 과정에서 서로 간 의견 차이는 발생할 수 있지만 그 역시 대화와 양보를 통해 해결해나갈 수 있는 것이었다.

〈썰전〉은 한국 정치의 통념이었던 '정치는 좌우의 대립, 너는 틀리고 나는 맞다'를 깨주었다. 정치가 이념보다 국민을 우선해야 하는 것은 당연하지만 우리는 오랜 시간 그걸 잊고 있었다. 기존 시사 프로그램은 '정치가 진보와 보수의 싸움'이라는 사고를 주입시켰다. 그 작동 방식이 너무나 은밀하여 시청자는 그를 인지하지 못한 채 자연스럽게 빠져들었다.[2] 왜 시사 프로그램은 정치에 대한 잘못된 인식을 심으려고 한 것일까? 대립에서 나타나는 폭력성을 시청률 올리는 방법이라고 생각한 걸까? 그 대립에 응한 국회의원은 진심으로 정치를 바로 세우려는 뜻이 있었을까? 그들에게 시사 프로그램이란 국민에게 정보를 전달하고 정치에 대한 올바른 인식을 심어주는 장치가 아닌 시청률 상승, 자기 PR의 도구에 불과했던 것은 아닐까. 〈썰전〉은 이 오랜 문제를 바로잡기 위해 노력했다. 잘못된 길로 접어드는 시청자에게 정치의 참 의미를 알려주고 우리의 주변으로 위치시켜주었다.

정치, 너무 쉬운데 말로 설명할 방법이 없네

많은 사람이 정치를 자신과 동떨어진 것으로 여긴다. 우리는 정치를 어렵다고 느낀다. 국회의원 대부분은 판사, 검사처럼 선망받는 직업 출신이다. 그는 각 분야의 전문 지식을 인정받아 국회의원 자리에 올랐다.

2 루크 페레터, 『루이 알튀세르의 이데올로기』, 심세광 옮김(앨피, 2014).

언론에 실리는 그의 발언은 전문 용어로 가득 차 있다. 마치 일부러 국민에게 이질감을 주려는 것처럼 보일 정도다. 정치 서적은 늘 이론으로 채워져 있고 '간 학문'이라는 명목하에 경제, 사회, 법 등 여러 학문을 끌어온다. 결국 정치는 국민이 참여하기 어려운 특별한 것으로 굳어졌다.

〈썰전〉은 이 고정관념에 금을 가게 했다. 유시민과 전원책은 각각 장관, 변호사 출신의 지식인이다. 그러나 두 패널은 전문 용어가 아닌 쉬운 단어로 상황과 안건을 설명한다. 어쩔 수 없이 전문 용어를 사용해야 하는 경우, 최대한 풀어 사용하고 제작진이 자막을 통해 해설을 덧붙인다. 놀라운 것은 전혀 몰랐던 단어가 쉬운 단어로 바뀐다는 점이다. 정치란 국민의 삶을 윤택하게 하는 과정이다. 그 과정 역시 당연히 모두가 이해할 수 있는 걸로 구성되어 있다. 지금까지 정치는 풀기 어려운 포장지에 쌓여 있었을 뿐, 그 내부는 모두가 아는 것으로 그득하다. 그동안 시청자들은 포장지를 풀지 못해 여는 것을 포기해버렸다. 그 포장지를 〈썰전〉이 풀어주었다.

〈썰전〉에서 '김구라'의 존재는 정치에 대한 거부감을 줄여주는 또 하나의 장치이다. 나는 감히 김구라가 〈썰전〉의 성공을 이끌었다고 말하겠다. 시사 프로그램에서 전문 사회자도 아닌 희극인이 무슨 역할을 하는지 의문을 가지는 사람도 있다. 그러나 나뿐만 아니라 〈썰전〉의 두 패널도 입버릇처럼 김구라의 중요성을 역설한다. 평범한 방송 진행자인 김구라가 〈썰전〉에서 맡은 역할은 무엇일까?

김구라는 과거의 부정적 이미지를 극복하고 긍정적인 이미지를 구축해나가고 있다. 그의 이미지 중 하나는 '박학다식'이다. 김구라는 수차례 본인이 인하대학교 영문과 출신임을 밝혔다. 팝에 대한 전문 지식과 풍부한 상식도 전파를 통해 증명되었다. 이런 김구라 역시 방송 초기 정치에 대한 지식은 일반인 수준이었다. 방송 초기, 그는 대화에 제대로 참여하지 못했고 이해가 부족한 모습을 자주 노출했다. 그렇지만 〈썰전〉은 김구라를 메인 MC로 유지했다. 기존 시사 프로그램이 전문 사회자를 섭외한 것과는 분명히 차별되는 점이었다. 이는 소위 '대박'을 터뜨렸다. 김구라는 딱딱하게 진행될 수 있는 정치 토론에서 뜬금없는 질문으로 웃음을 자아냈고 국민이 궁금해하는 민감한 문제를 거침없이 질문하며 가려운 곳을 긁어주었다. 김구라는 시청자로 하여금 자신이 토론에 참여하고 있는 것 같은 느낌을 주었다. 현재 김구라는 5년의 경험을 바탕으로 충분한 정치 지식을 가진 사회자로 성장했다. 허나 여전히 김구라는 많은 사람에게 정치가 '누구든지 이해할 수 있고 쉽게 참여할 수 있는 것'이라는 이미지를 심어준다. 그것이 지금의 〈썰전〉을 있게 한 가장 큰 이유다.

국회의원도 사람이다

국민에게 국회의원은 동떨어진 사람이었다. 그들이 국민을 위해 무슨 일을 하고 평소 어떻게 생활하는지 전혀 알 수 없었다. 종종 매스컴에 노출되는 국회의원의 모습은 의전을 받으며 위선적인 손 인사를 건네는 것뿐이다. 그런 정치인을 〈썰전〉은 평범한 사람으로 묘사한다. 국민과 정치인 사이의 위화감을 줄이려는 것이다. 시사 프로그램에 정치인이 출연하는 것은 특별한 일이 아니다. 대다수 프로그램은 정치인을 대단한 위치에 있는 사람으로 표현한다. 사회자는 그에게 권위를 부여하고 정치인은 자기 의견을 진리인 양 늘어놓는다. 이것이 기존 시사 프로그램의 지배적인 형태였다. 〈썰전〉도 정치인의 출연이 잦다. 직접 출연이 아니더라도 전화 연결을 통해 그의 의견을 듣기도 한다. 〈썰전〉에 나타나는 정치인의 모습은 주변에 있는 아저씨, 아주머니 같다. 지난 대선 당시 5명의 후보자 전원이 〈썰전〉에 출연했다. 후보 모두 공약에 관한 질문에는 전문적이고 확실하게 대답했다. 그러나 가끔은 김구라의 짓궂은 질문에 당황하기도 하고 난처한 질문은 유머를 통해 벗어나는 모습도 보였다. 이때만큼은 후보자가 나와 떨어진 사람이 아닌 평범한 국민의 한 사람처럼 느껴졌다. 지상파에서 진행했던 〈대선 후보 대토론회〉에서는 느낄 수 없는 것이었다. 시청자 게시판에도 비슷한 의견이 여러 건 게시되었다. 〈썰전〉은 정치인에게서 정치 전문성 외에 인간적인 면을 끌어내려고 노력했다. 이 노력은 국민과 정치인 사이의 심리적 거리를 좁혀주었다.

정치인과의 심리적 거리가 줄어든다고 정치에 대한 부정적인 인식이 쉽게 바뀔까? 〈썰전〉이 정치를 긍정적으로 느끼게 하는 데는 또 다른 이유가 있다. 바로 출연하는 정치인의 '시의성'이 높다는 것이다. 국민은 사건에 대한 정치인의 불분명한 의사 표시에 불만을 가져왔다. 이해 당사자가 의도적으로 언론과 접촉을 피하는 것 역시 정치인에 대한 부정적 인식을 심화시켰다. 〈썰전〉은 사회적 이슈를 파악하고 그와 관련된 정치인을 섭외한다. 과거 부재했던 정치인과의 소통을 간접적으로나마 이뤄주려는 것이다. 즉, 〈썰전〉은 국민의 요구를 수용하고 반영하는 소통 창구 역할을 하고 있다. 〈썰전〉의 파급력이 강해지자 정치인도 출연에 대한 거부감을 갖기보다는 자기 의견을 피력하는 매개체로 그것을 사용하기 시작했다. 프로그램에 출연한 국회의원은 하고 싶은 말을 제대로 할 창구가 없었나 싶을 정도로 편안하게 자기 의견을 이야기 한다. '국정 농단 사태' 이후 정치인의 소통 방법이 달라졌다고도 볼 수 있지만 분명한 것은 〈썰전〉이 정치에 대한 부정적인 인식을 바꾸려고 한다는 점이다.

국민 프로그램의 무게를 견뎌라

〈썰전〉은 지난 5년간 정치에 대한 국민의 거부감을 낮추기 위해 힘썼다. 실제로 그것은 큰 성과를 거뒀다. '최순실 게이트'와 '장미 대선' 이후 〈썰전〉은 지상파 뉴스 프로그램보다 강력한 영향력을 얻었다. 'JTBC'라는 채널, 〈뉴스룸〉과의 협력도 있었지만 〈썰전〉 스스로 이뤄낸 업적 역시 무시할 수 없다. 가끔 나는 너무 강력해진 〈썰전〉이 걱정된다. 국민 프로그램 〈무한도전〉의 김태호 PD는 습관처럼 말한다. "너무 부담스럽다. 한 번의 실수도 용납되지 않을 것 같다." 최고의 위치를 지키는 것은 절대 쉽지 않다. 영향력 있는 프로그램의 또 다른 이름은 '어젠다 세터'이다. 프로그램이 제시하는 방향이 많은 사람에게 주입될 수 있다는 뜻이다. 시사 프로그램은 정치를 다루고 이념 간의 대립을 묘사한다. 결론적으로 그것은 진보와 보수의 대결이고 편집자는 어떻게든 한쪽의 편을 들게 된다. 사람의 모든 판단은 정치적이기에 정치적 중립이란 있을 수 없다. 편집자도 절대적 중립을 지킬 수 없다. 결국 그 방향은 방송국의 성향을 따라갈 것이다. 〈썰전〉 역시 좌우 대립이 기본 틀이고 협의를 통해 결론을 도출하지만 그것이 중립인 것은 결코 아니다. 제작진이 미세한 편중 현상을 감추려고 하더라도 프로그램의 정치 성향을 맹신하는 사람이 생기고 그에 불편함을 느끼는 사람도 많아질 것이다. 또한 시청자가 〈썰전〉에서 다루는 안건만을 중요하게 인식하고 그 외는 중요치 않은 것으로 받아들일 수 있다. 프로그램이 정보 전달의 기능을 넘어 여론을 형성하는 역할을 하는 것이다. 이는 자칫 '포퓰리즘'으로 전개되어 전체주의와 파시즘의 씨앗이 될 수도 있다. 그러나 이 역시 〈썰전〉이 성공했다는 증거임과 동시에 성공에 대한 무게이다. 정치적 중립을 지키는 것은 불가능하다. 불가능하기에 많은 프로그램이 애초에 지키는 것을 포기했던 것일지도 모른다. 〈썰전〉은 완벽하진 않지만 그 경계를 유지하기 위해 노력한다. 그것을 최대한 유지하려는 태도, 본인의 영향력을 악용하지 않는 자세를 견지하는 것이 앞으로 〈썰전〉이 가져야 할 자세이다.

초라한 성적표로 시작했던 〈썰전〉은 어느새 〈무한도전〉을 위협하는 국민 프로그램으로 성장했다. 누군가는 그 성과를 국가적 위기를 통해 얻은 불로소득이라고 말한다. 그 시기 〈썰전〉이 크게 성장한 것은 맞지만 그 외에 많은 시사 프로그램이 제작되었다. 〈썰전〉은 동종 프로그램 중 최고의 자리에 올랐고 지금은 모든 프로그램이 그 틀을 전제로 제작된다. 〈썰전〉의 가장 큰 업적은 국민에게 정치에 대한 새로운 인식을 재고시킨 것이다. 〈썰전〉은 정치가 맞고 틀리고의 문제가 아니라 다름을 인정하고 대화를 통해 이견을 좁혀나가는 것, 일반인과 동떨어진 어려운 것이 아닌 모두가 참여할 수 있는 것, 정치인도 똑같은 국민이며 단지 국민을 대표하는 것이라는 사실을 시청자에게 일깨워주었다.

〈썰전〉은 이제 시청자에게 정치 성향을 주입할 수 있는 '어젠다 세터'가 되었다. 그것은 국민 프로그램이 가져야 할 숙명이다. 그는 갈수록 많은 사람의 비난을 받고 그 영향력을 악용하려는 유혹에 휩싸일 것이다. 아직 〈썰전〉은 이 문제들을 잘 이겨내고 있다. 〈썰전〉은 스스로의 힘으로 국민의 신뢰를 얻었다. 그가 결코 잊지 말아야 할 것은 국민이 신뢰를 보낸 이유다. '쉬운 정치', '이념의 대립보다는 상식과 기본에 입각한 정치'를 견지했던 태도만 잃지 않는다면 그는 어이없이 무너지지 않을 것이다. 〈썰전〉은 누구도 해내지 못한 업적을 이뤘다. 그에 대한 자부심을 갖되 자만하지 않는다면 늘 국민에게 제1의 정치·시사 프로그램으로 자리할 것이다. 모든 사람에게 정치가 쉬워질 때까지, 〈썰전〉이 열심히 달려주길 기대한다.

입선

비밀의 불복종

tvN 〈비밀의 숲〉이 남긴 잉걸들

허민선

잉걸 1. 비밀의 묘미

비밀은 드라마에 유리하다. 그러나 비밀이 드라마로부터 잘 유리될 때 비밀을 알고도 드라마를 시청하게 되는 미묘한 재미가 생긴다. 물론 비밀을 끝까지 몰라도 가능하지만, 그렇게 되면 드라마의 재미보다 비밀을 찾는 재미가 커진다. 비밀이 드라마의 중심축으로 잘 작동하려면 그 비밀은 전달하려는 욕망과 계속해서 싸워나가야 한다. 그럴 때, 비밀의 무게가 비밀의 무기가 될 수 있다. 일반적으로 비밀은 내재하지만, 스노글로브(투명한 돔 안에 축소 모형이 서 있고, 액체에 눈 입자가 흩날리는 완구)처럼 비밀을 흔들거나 뒤집으면 바깥의 날씨는 달라진다. 안에서는 눈보라가 치지만 밖에서는 그것을 관조한다. 안에서 일어나는 일은 투명하게 알 수 있지만, 바깥에서는 무슨 일이 일어나는지 관조하는 사람에게로 시야가 제한된다. 〈비밀의 숲〉의 비밀은 그래서 속속들이 들춰지는 듯 보이다가도 끝내 숨어 있는 비밀을 남겨둔다. "과연 누가 이 짐을 떠맡아줄 것인가 오랫동안 고민"했다고 자살 전 토로하는 이창준 서부지검 차장검사·검사장·민정수석(유재명 분)의 말은 권력의 이면을 생각하게 한다. 권력은 복종시키거나 지배할 수 있는 공인된 힘이기도 하지만, 그 힘은 정의를 위해 쓰일 때 공정해진다. 그것은 법조계나 정치계뿐만이 아닌 숲에 사는 모두에게로, 국가를 구성하는 국민에게로 두루 되돌아가야 한다. 그것은 이창준이 마지막으로 서동재 검사(이준혁 분)에게 진심어린 충고처럼 전한 "넌 아직 기회가 있다"는 말에 달려 있기도 하다. 서동재가 다시 잡은 기회가 어떻게 쓰일지, 황시목(조승우 분) 검사가 지켜볼 것이다. 엇나가는 사람을 바로잡아 주는 동료가 있을 때, 엇나가는 가지를 쳐주는 나무의 주인이 있을 때 숲은 계속될 수 있다. 비밀에서 유리되는 비밀은 더 이상 처음의 비밀이 아니다. 엇나가는 가지는 나무의 시야를 한정한다. 불필요한 비밀을 쳐낼 때 필요한 비밀이 남는다.

잉걸 2. 우리들의 반려상자, TV

길을 걷다 전신주에 붙은 전단을 보고 놀란 적이 있다. 흔히 보아왔던 주인이 잃어버린 개를 애타게 찾는다는 내용이 아닌, 길을 잃은 개를 보호하고 있으니 그 개의 주인을 찾는다는 내용이었다. 사진 속 개의 표정은 현저하게 달랐다. 전자의 전단 속 개의 표정은 주인의 사랑을 받아 대체로 밝았던 반면, 후자의 전단 속 개의 표정은 버려졌음을 아는 듯 어둡다. 언젠가 우연히 리모컨을 돌리다 목줄에 목이 졸린 채 떠도는 흰

개를 보고 채널을 고정한 적이 있다. 그 방송(SBS 〈TV 동물농장〉)을 보고 마음에 걸려, 작년 가을부터 한 달에 한 번 퇴계로에 있는 구호동물 입양센터에 간다. 유기견과 한 시간 동안 산책을 할 뿐인데 우리는 함께, 즐겁다. 그 후 방영된 〈비밀의 숲〉(안길호 연출, 이수연 극본, tvN 편성)을 시청하면서 이 유기견과의 산책을 지속해야 하는 이유에 대해 확신을 갖게 되었다. 그것은 라디오 인터뷰에서 들은 내용과도 연관된다. 현대무용가 김설진에게 춤을 배우게 된 계기를 묻자, 고향인 제주도에 살던 시절 우연히 텔레비전 채널을 돌리다가 9번에서 10번 반쯤 걸친 사이에서 가끔 전파가 잡힌 외국 방송이 있었다고 한다. 그 방송에서 사람들이 일렬로 줄 서서 춤을 추는데 '저런 춤도 있구나' 생각했다고 한다. 그것은 텔레비전 앞에서 로터리 스위치를 손으로 직접 돌리면서 채널이 바뀌는 걸 보던 시절에만 일어나는 마법 같은 시간이 아닐까. 비록 지금의 텔레비전은 리모컨으로 바뀌었지만 여전히 그런 우연이 낳은 신비의 순간들이 있을 거라고 믿는다. 어떤 꿈나무는 우연히 채널을 돌리다가 〈비밀의 숲〉을 보고 황시목과 같은 검사가 되고 싶어서 학업에 박차를 가할지 모르는 일이다. 그런 일은 얼마든지 가능하다. 그러나 그런 꿈나무가 정말 꿈을 이루었을 때 일하게 될 그 숲을 가꾸는 일은 우리 모두가 해야 한다. 프로그램의 편성이 시청자의 타이밍과 운명적으로 맞물릴 때, 어떤 사람은 꿈을 갖게 되기도, 어떤 사람은 하고 있는 일에 확신을 갖게 되기도 한다.

잉걸 3. 무성한 비밀

비밀은 상상의 여지를 많이 남겨둔다. 드라마의 제목 〈비밀의 숲〉은 드라마의 내용을 보다 무성하게 한다. '무성하다'의 지시적 의미에는 풀이 나 나무, 털과 뿌리가 엉킬 정도로 마구 자란 경우도 해당되지만 생각이나 말, 소문이 마구 뒤섞이거나 퍼진 경우도 포함된다. 그래서 〈비밀의 숲〉의 내용과 제목은 서로에게 시너지 효과를 극대화해준다. 알렉산더 포프는 그의 책 『비평론』에서 "낱말은 이파리와 같다. 아무리 무성하게 자라도 의미의 열매를 맺기란 쉽지 않다"고 했다. 〈비밀의 숲〉을 보기 시작할 땐 이파리와 열매 가운데 어떤 것이 비밀이 될지 질문했다. 종영이 된 후에 내가 얻은 답변은 잉걸이다. '내 마음이 숯 검댕이 같다'고 할 때 떠오르는 사람은 이창준이다. 그는 결국 자살했지만 잉걸로 남아 후배 검사에게 지펴질 것이다. 그는 그것까지 구상했을 것이다. 지난봄 일어난 강릉, 삼척, 상주에서의 큰 산불은 진화되었다가 재발화되었다. 건조한 날씨와 바람 때문에 잔불들이 재점화된 것이다. 〈비밀의 숲〉이 건조한 이유는 시목의 무감정성 때문이기도 하다. 시목은 뇌섬엽의 일부를 제거하는 수술을 14세 때 받았는데, 그 후 "앞일을 예상하거나 거짓말, 진실을 구분하는 능력은 탁월했지만, 타인과의 공감을 잃어버리고 사랑도 기쁨도 너무나 희미해져 버린, 기능만 남은 인간"이 된 것이다. 그것은 시목을 스치는 상황에서도 관계한다. 그래서 드라마에 없는 멜로가 다른 식으로 형성된다. 여기서 발생하는 로맨스는 남녀 간의 사랑이 아니라 비밀과 비밀 사이 합선으로 일어나는 스파크다. 유발 하라리는 『사피엔스』에서 "인간은 불을 길들임으로써 무한한 잠재력을 통제할 수 있게 되었다. 독수리와 달리 인간은 불을 일으키는 장소와 시기를 선택할 수 있었으며, 수많은 용도로 불을 이용할 수 있었다. 부싯돌이나 불붙은 막대기를 가진 여자 한 명이 몇 시간 만에 숲 전체를 태울 수도 있었다. 불을 길들이는 것은 앞으로 올 일에 대한 신호였다"고 썼다. 비밀의 숲이 끝내 길들여지지 않는 이유는 곳곳에서 감시망을 벗어나는 잉걸과 그에게 바람결에 달라붙은 잔가지들이 계속해서 불붙기 때문이다. 황시목과 같은 검사가 이성을 다해 화재 진압을 위한 물을 들지만, 역부족이다. 그래서 사건의 수사 전담을 위한 특임 팀이 꾸려진다. 서부지검 소속 황시목은 용산경찰서 소속 한여진 경위(배두나 분)와의 공조 가운데 관련 대화를 나누다가 이런 생각을 들려준다. "박무성 선에서 마무리되는 특임은 구색 맞추기에 불과합니다. 뿌리를 놔두면 잔가지가 계속 뻗어나갈 겁니다. 제2, 제3의 박무성이요."

잉걸 4. 흔들리는 비밀, 흔들리지 않는 검사

건축물이 지어지기 전에 실제 건축물을 축소해놓은 샘플이 만들어진다. 투명하게 보이는 유리 상자 속에는 메인 건축물 주위로 모형 나무들이 갇혀 있다. 나는 시목이 말한 구색 맞추기가 꼭 그런 모형 나무들이 아닐까 생각했다. 그 모형 나무들에게서는 피톤치드가 발산되지 않는다. 식물을 의미하는 피톤(phyton)과 살균력을 의미하는 치드(cide)가 합성된 말이라고 알려진 이 단어가 숲의 신비를 은유하는 것처럼 보인다. 피톤치드가 퍼지지 않으니 당연히 균에도 저항하지 않는다. 정의의 잣대는 "자연이 총애하는 깃발들 중의 하나"이기도 하다. 프랑시스 퐁주는 「불과 재」라는 시에서 이렇게 비유했다. "……정복하는 불, 정복당한 재. 무서워하는 불, 한탄하는 재. 대담한 불, 쉽게 흩어지는 재. 길들일 수 없는 불, 쓸어버릴 수 있는 재. 장난치는 불, 진지한 재. 동물적인 불, 광물적인 재. 성마른 불, 벌벌 떠는 재. 파괴하는 불, 쌓아 올리는 재. 언제나 가까이 있는 붉은 불과 회색빛 재 — 자연이 총애하는 깃발들 중의 하나." 시목이 특임 임명장을 받는 자리에서 검찰총장과 악수를 나눈 뒤 이런 질문을 받는다. "황 특임, 본인이 왜 이 자리에 있는지 알고 있나?" 시목은 이런 대답을 한다. "왜 제가, 인진 모릅니다만 무엇을 제가 해야 하는지 알고 있습니다." 진담처럼 농담처럼 같은 자리에 있던 창준에게 사윗감으로 추천한 뒤 이어지는 총장의 말이 인상적이다. "흔히들 검사나 의사나 다 같은 '사' 자로 알지만, 의사는 '스승 사' 자를 쓰고 변호사는 '선비 사'인데, 유독 검사만 '일 사' 자야? 우린 사람이 아닌가 했는데, 깃발을 높이 든 모양이라 하더군. '일 사' 자가 원래. 우린 그래야 돼, 황 검사. 방향을 제시해주는 사람, 선봉에서 기준이 돼주는 사람. 황 검사, 그게 우리의 본모습이란 걸 국민들에게 보여줘." 안타깝게도 이런 말을 한 총장 자신은 권력 앞에 흔들렸지만, 시목은 흔들리지 않았다. 검사 선서에도 나와 있듯 "오로지 진실만을 따라가는 공평한 검사"로서.

잉걸 5. 선점하는 비밀

누군가가 실수로 끄지 않은 불씨 하나만으로도 숲은 위험에 처해진다. 〈비밀의 숲〉이 남기고 간 잉걸. 그것은 시목에게만 달린 일이 아니다. 이창준이 죽기 전 서동재에게 힘을 다해 전한 말에 그가 어떻게 협조하는지가 관건이다. 〈비밀의 숲〉이 보여준 예외는 정례에서 벗어난다. 그것은 러브 라인을 러브-라인으로 만드는 데 기여한다. 전자의 러브 라인이 남녀 사이의 사랑을 타고 이어진다면 후자의 러브-라인은 테니스 경기에서처럼 한쪽이 1포인트도 얻지 못하고 마무리된다. 영은수 검사(신혜선 분)가 시목에게 빌려간 스웨터를 세탁한 후 건조대에 걸린 스웨터. 은수가 죽고 시목의 방에 잘 개어진 스웨터. 각자의 감정 이입으로 끝난다. 그러나 무미건조하지 않고 유미(有味)건조하다. 침묵은 공감의 표시이기도 하지만, 날을 감춘 공격이 되기도 한다. 병원에서 우연히 본 환자의 죽음을, 살아 있기를 절실히 바라는 가족에게 알리는 일에도 그랬다. 악의 없는 말이지만, 시목을 모르는 사람에게는 비수가 된다. 그런 시목을 인간적으로 이해하려는 사람은 여진이다. 시목의 말과 행동들이 여진에게는 공감각적으로 수용된다. 반면 눈치를 생존과 직결시켜 반응하는 동재는 뼛속까지 검사라고 자부하면서도 자신의 나약함에 몸부림을 친다. 눈치는 무언의 압박이기도 하다. 이 눈치의 틀에서 멀리 있는 사람은 시목이다. 시목은 다른 사람들보다 예민해서 잃은 것도 크지만, 보다 이성적인 판단에 유능하다. 시목이 나무가 아닌 숲을 보는 이유가 거기에 있다. 특임 해체의 철회를 위해 모인 부장검사들과 총장간의 대화에서 그와 유사한 이유를 엿볼 수 있다. 총장이 "난 우리 존재를 지켜야 할 의무와 책임이 있는 사람이야"라고 하자 3부장은 "저희 존재가 아니라 존재의 이유를" 지켜달라고 한다. 시목은 수석 비서관이 된 창준이 현역 검사이던 시절 그를 따라 자신의 이정표를 세웠다고 말하다가도 다시 그를 향해 가시를 세우고 있음을 그 앞에서 당당히 말한다. 눈치 보지 않겠다는 일념이기도 하다. 상대의 고단수에도 넘어가지 않도록 마음의 준비가 철저하다. 권력의 편에서 정치하지 않고 진실의 편에서 스스로를 정치한다. 어쩌면 정치하고 싶지는 않은데, 정치의 느낌을 익혀야만 하는 것처럼.

잉걸 6. 비밀의 영토화

'시목'의 탄생 배경은 "처음 시(始) 나무 목(木)을 써서 처음의 나무, 시초가 되는 나무란 뜻으로 지었다. 한자는 다르지만 시목이란 한자엔 땔나무란 뜻도 있다. 비밀에 쌓인 숲속에서 자기 몸을 태워서 빛을 밝히는 그런 존재가 돼달란 의미로 지은 이름"이라며 작가는 인터뷰에서 밝히고 있다. 그것은 창준의 내레이션이 아직도 내 귓가를 맴도는 이유이기도 하다. 나는 여기서 "자기 몸을 태워서 빛을 밝히는 그런 존재"가 시목보다 창준과 더 가깝다고 느낀다. 창준이 자신을 더럽히면서 만들어낸 증거들이 그 일을 해결하도록 도와주는 근거가 되어주기 때문이다. 오히려 시목은 그가 일궈낸 새로운 영토 앞에 심어진 첫 번째 나무처럼 보인다. 창준은 비서에게 가위가 있는지 물어본 뒤, 오래된 악어가죽 지갑을 꺼내 보며 과거를 회상한다. "모든 시작은, 밥 한 끼다." 그에게 지갑은 그 모든 시작을, 악의 고리를 끊어내려는 비장한 각오이기도 했다. 이어지는 내레이션에서, "인사는 안면이 되고 인맥이 된다. 내가 낮을 때 인맥은 힘이지만, 어느 순간 약점이 되고 더 올라서면, 치부다." 땔감을 위해서도 나무를 베지만, 옛날에는 그 땔감으로 밥을 짓기도 했다. 나는 〈비밀의 숲〉을 보는 동안 드라마의 숲으로 자발적으로 산책을 나갔다. 그러나 산책을 하고 난 뒤에는 은행알의 고약한 냄새 같은 것이 있었다. 짓이겨진 은행알을 피해서 숲을 걸어 나오면 문득 '은행알은 어쩌면 은행나무의 치부가 아닐까' 하는 의문이 들었다. 그러나 〈비밀의 숲〉이 종영된 이제는 은행알의 냄새 또한 가을을 이어가는 고리라고 생각한다.

잉걸 7. 비밀과 싸우는 사람들

〈비밀의 숲〉은 뇌관에 불을 붙이는 적절한 타이밍을 각각의 나무이자 캐릭터인 배우들의 연기로 일체시킨다. 숲은 잎에서부터 출발함을 환기시킨다. 텔레비전에 나가 시목이 카메라를 향해 한 말들은 스스로에 대한 반성이자, 자신이 속한 조직에의 반성까지 포함한다. 실패를 인정하고, 자신도 공범이었음을 밝히고, 검찰이 국민에게 실망시켰음을 부인하지 않고서 말이다. 다신 우리 안에서 괴물이 나오지 않도록 최선을 다하겠다고 목례하는 시목에게도 괴물이었던 순간이 있었다. 시끄럽다는 이유로 피아노를 치는 같은 반 친구의 두 손 위로 피아노 뚜껑을 세차게 닫았을 때처럼. 시목에게 살고 있던 괴물이 지금은 녹음 짙은 숲에서 증거가 담긴 녹음을 귀 기울이는 시목으로 겹쳐 보이는 것은 왜일까. "괴물과 싸우는 사람은 자신이 이 과정에서 괴물이 되지 않도록 조심해야 한다. 만일 네가 오랫동안 심연을 들여다보고 있으면, 심연도 네 안으로 들어가 너를 들여다본다."(니체, 『선악의 저편』) 비밀이 많을수록 비밀을 가진 존재의 정체성은 흔들린다. 비밀이 드라마에 최대한 저항해서 드라마를 튕겨낼 때, 그래서 드라마가 도드라질 때 그 비밀은 공감대를 형성한다. 〈비밀의 숲〉을 보며 숨어 있는 비밀들을 찾아가는 과정은, 특히 진범이 밝혀지는 과정은 흥미로웠다. 그럼에도 불구하고 창준은 왜 자살해야만 했을까, 긴 유서를 남기면서까지. 비밀을 버티지 못할 만큼 과잉된 것은 아니었을까 하는 아쉬움이 짙다. 그 무거운 짐을 대신 짊어지게 된 황시목 같은 검사가 잘 버티려면 힘껏 도와야 한다. 선악이 뒤섞인 비밀과 함께 싸워야 한다. 그 비밀에는 정의가 포함되어 있을지도 모르기 때문이다. 헨리 데이비드 소로의 『시민 불복종』에는 이런 첫 문장이 나온다. "'최선의 정부는 최소 정부'라는 금언을 나는 진정으로 믿는다." 비록 맥락은 다르지만 나는 이 문장을 이렇게 바꾸어본다. '최선의 비밀은 최소 비밀'이라고 믿는다. 잉걸은 어쩌면 불이 마지막으로 주는 희망이 아닐까. 재가 되기 전에 한 번 더 타오를 수 있는. 그러나 그 불에 피해를 입는 경우에는 희망이 절망으로 바뀐다. 〈비밀의 숲〉이 남기고 간 잉걸들이 비밀의 입장에서 절망이 될 때 숲의 입장에서는 희망이 되는 것이 아닐까.

입선

빨간 사춘기, 성장을 줄게

KBS 드라마 스페셜 〈빨간 선생님〉

김서연

생애 각 과정을 색으로 표현한다면 사춘기는 단연 빨간색이 아닐까. 울긋불긋한 여드름, 좋아하는 그 애 때문에 붉게 물든 볼. 혹은 호르몬 때문에 달라지는 신체와 덕분에 커져만 가는 호기심을 못 이기고 봤던 빨간 동영상, 빨간 소설. 중학생 시절 친구는 내게 '좋은 걸 보여주겠다'며 전자사전을 내밀었다. 남배우 간의 키스 신으로 화제가 됐던 '19금' 영화였다. 아직도 그 영상 가득했던 강렬한 빨간색이 잊히지 않는다. "새빨간 립스틱을 바른 나는 빨개요"라며 자신의 섹슈얼한 매력을 빨간색에 빗댄 가수도 있었다. 그녀의 빨간 하이힐과 빨간 립스틱, 내가 처음 접했던 19금 영화까지. 빨간색은 요염하고 관능적이다.

KBS 드라마 스페셜 〈빨간 선생님〉 역시 사춘기를 빨간색이라고 말한다. 다만, 인물들만의 사춘기는 아니다. 우리 사회가 이만큼 성장하기까지 겪어야 했던 사춘기도 빨간색이다. 이때의 빨간색은 위협적이다. '빨갱이'를 병적으로 싫어하는 한국 사회에서 적색분자에게, 혹은 그런 것 같은 사람에게 무차별적으로 뒤집어씌우는 낙인의 색이었기 때문이다. 그래서 〈빨간 선생님〉의 배경인 '1985년 한국'의 의미는 거대하다.

사춘기를 지나고 나면 몸도 마음도 어른이 된다. 사춘기를 앓고 나면 꼭 그만큼 우리는 성장한다. 그래서 〈빨간 선생님〉은 성장 드라마다, 인물과 한국 사회 모두의.

침묵하는 사회의 탈출구: 소녀의 빨간 책

여학교의 총각 교사인 김태남(이동휘)은 학생들을 사랑으로 가르치기보다 감시의 대상으로 본다. 촌지를 좋아하며 언어적 모욕은 그의 취미다. 교감의 눈에 들고자 소지품 검사에 열을 올리며 머리카락만 보면 바리캉부터 들이대고 본다. 여학교의 남교사라니 인기가 많을 법도 하건만 학생들 사이에서 그의 별명은 '변태남'이다. 반장인 장순덕(정소민)은 그런 태남을 절대 '선생님'이라고 부르지 않는다. '그쪽', '아저씨', '앞잡이', 심지어는 '쓰레기'라고 칭한다.

태남은 서점에서 '빨간 책'을 발견한다. 집으로 돌아와 정독했으나 야속하게도 '계속'이라는 말로 끝을 맺는다. 태남이 무심코 버린 '빨간 책'은 순덕의 손으로, 그리고 전교로 퍼져나간다. 이 시기엔 특히 소녀들에게 성(姓)에 대해선 '아무것도 모를 것'을 강요한다. 그러나 매번 실패하는 태남의 맞선 자리에서 곧 모순이 드러난다. 태남은 '아 한 다섯 숨풍숨풍 낳을 신체 건강한 여자'를 원한다. 그 신체 건강한 여자가 될 소녀들은 남자 손만 잡아도 애를 밴다고 믿는데 말이다. 여자의 성에 대해 침묵하던 사회에서 순덕이 가져온 빨간 책은 호기심을 충족시켜주는 학습지가 된다. 그러나 어디에서도 2권을 찾을 수 없자 순덕은 아버지의 유품인 타자기를 이용해 직접 다음 얘기를 쓴다. 소녀들은 빨간 책에 열광한다. 태남은 순덕이 빨간 책의 후속편을 쓰고 있다는 걸 일찌감치 알았지만 막을 수가 없다. 오히려 소지품 검사를 핑계 삼아 아무도 없는 교실에서 순덕의 빨간 책을 읽으며 울고 웃는다. 게다가 "야한 장면 더 많이"라는 후기까지 적는 열혈 팬이다.

적백 논리: 빨갱이 아니면 시민

순덕에겐 '빨갱이 자식'이라는 낙인이 찍혀 있다. 그녀의 아버지가 공장에서 '빨갱이 짓'을 하다 죽었기 때문이다. 빨간 책이 발각되었을 때 교감은 순덕의 반에서 범인을 찾으려 한다. 교감은 순덕을 바라보며 이런 책을 쓴 건 분명 사상이 '시뻘건 놈'일 거라고 말한다. 그는 담임인 태남에게 범인이 나올 때까지 학생들을 때릴 것을 지시한다. 교감이 올바른 길로 인도하겠다며 휘두르는 권위는 교육이라기보다는 폭력에 가깝다. 다행히도 빨간 책을 쓰는 데 사용한 타자기를 숨겨준 태남의 기지로 순덕은 위기를 벗어난다. 이를 계기로 태남은 순덕의 수호천사를 자처한다. 그녀의 소설에 감동받은 여고생 중 한 명인 척, "네가 위험해지는 게 싫어"라며 빨간 책의 집필을 멈출 것을 부탁한다. 그러나 그사이 서울까지 진출한 빨간 책은 국가안전기획부, '안기부'와 함께 돌아온다. 교무실에 들어오는 안기부의 머리 위로 '정의 사회 구현'이라는 플래카드가 두드러진다. 감독은 우리에게 질문한다. 이들은 정말 '정의 사회를 구현'하는가?

안기부는 빨간 책은 '금서'라고 알려준다. 대통령이 장군 출신인데, 장군 부인과 그 부하의 불륜을 다뤘기에 국가 안보를 '심각하게' 위협한다는 이유였다. 안기부는 태남에게 순덕을 데려올 것을 지시한다. 역시나 그의 아버지가 '빨갱이'였기 때문이다.

그렇다면 순덕의 아버지는 간첩이었던 걸까? 생활기록부상에 순덕의 아버지는 '국가보안법 위반 사망'이라고 쓰여 있다. 그러나 순덕은 아버지가 자살했다고 알고 있다. 그래서 어머니께 "왜 아부지는 우리만 두고 자살했는데. 어렸을 때 온다 해놓고 오지도 않고……"라고 하소연하자 어머니는 "순덕아 아부지는 그런 거 아니다"라며 눈물 흘린다. 또 순덕이 문제의 빨간 책을 작성한 데 사용한 타자기는 아버지의 유품이다. 순덕의 아버지는 단순한 공장 노동자도, 간첩도 아니었음을 타자기와 어머니의 태도를 통해 짐작할 수 있다. 드라마는 의도적으로 순덕의 아버지가 정확히 어떤 일을 했는지 알려주지 않는다. 국가가 '빨갱이'라고 찍으면 내막을 몰라도 개인과 그 가족까지 빨갱이로 매도하는 그 시대의 민낯을 보여주려는 것이다. '적백 논리.' 그때 대한민국엔 빨갱이와 빨갱이가 아닌 시민만이 살고 있었다.

방송실 마이크 앞에서 태남은 '장순덕'이라는 이름을 끝내 부르지 못한다. 태남은 교감의 마음에 들기 위해서라면 그 다리 밑도 기어가는, 출세를 위해 자존심까지 버리는 기회주의자의 전형이었다. 그는 소지품 검사를 두고 학생들의 인권 운운하는 신입 교사에게 선배로서 쓴소리도 아끼지 않았다. 인간적인 감정이라고는 도무지 없어 보이는 태남은 사랑을 믿지 않고 소설도 지어낸 얘기라고 코웃음 쳤으나 순덕의 소설을 읽으며 사랑을 깨닫고 난생처음 감동이란 걸 느꼈다. 빨간 책은 앙숙지간이던 태남과 순덕 간 소통 수단이었고 순덕은 태남에게 감정을 가르쳐준 선생님이었던 것이다. 제자를 통해 감정을 배운 태남은 처음으로 '선생님다운' 결정을 내린다. 모든 죄를 자신이 뒤집어쓰는 것이다. "변태, 빨갱이 선생으로 기억되지만 않게 해달라." 태남은 '빨간 선생님'이 되어 학교를 떠난다.

우리는 빨간색 속에 살았다

한낱 야설조차 국가 안보에 위협이 된다니 차라리 시트콤에 가깝다. 그럼에도 우리는 마냥 웃을 수 없다. 당시는 이 억지조차 수긍하게 만드는 비이성적이고 폭력적인 시절이었기 때문이다. 쿠데타로 정권을 잡은 새 독재자에겐 정당성이 부족했기에 온 나라를 빨간색으로 물들이며 자신을 반대하는 국민들을 상대로 힘자랑을 했다 — 수많은 사람들의 피, 어린 아이에게까지 강요했던 반공. 우리는 온통 빨간색 속에 살았다. 순덕의 아버지도 태남도, 양심을 선택한 개인에게 국가는 폭력으로 보복한다. 자신들이 꼼꼼하게 칠해놓은 빨간색을 벗겨내려 했기 때문이다. 그럼에도 이 모든 것은 '우리의' 대한민국을 위한 것으로 정당화되었다.

아버지와 태남이 자신들을 희생해가며 지키려 했던 건 다음 세대인 순덕이었다. 사건의 전말을 알게 된 순덕은 대학에 진학했고 때마침 한국 사회는 빠르게 요동친다. 순덕은 민주화 운동에 전면적으로 나선다. 그리고 국가에 의해 보복당하지 않고도 '대통령 직선제'라는 더 나은 세상을 만드는 데 기여한다. 극의 후반부 약 2분으로 축약되는 6월 민주 항쟁은 빠르게 이룩한 한국형 민주주의와 상응한다. 민주화 운동에 참여하는 순덕을 그린 연출은 영화 〈포레스트 검프〉에서 닉슨 대통령을 만난 포레스트(톰 행크스)를 떠올리게 한다. 민주화 운동 기록 영상에 순덕을, 하마터면 모르고 지나칠 만큼 절묘하게 합성한 것은 현장성과 함께 드라마의 사실성을 배가시킨다. 포레스트의 성장과 함께 미국의 역사를 그려낸 영화 〈포레스트 검프〉를 생각나게 하는 편집은 순덕의 성장과 한국의 사회 변화를 그린 〈빨간 선생님〉 간의 유사성을 보여주려는 의도는 아닐까. 그러나 이 과정을 태남은 TV로 지켜만 볼 뿐이다. 이미 그는 나라가 낙인찍은 적색분자임에도 시위에 가담하기를 망설인다. 이렇게 겁 많은 태남이 순덕을 지키려 했던 용기란 얼마나 대단한 것인가.

마침내 순덕은 태남을 만난다. 그리고 진심을 다해 부른다. "선생님." 태남은 순덕을 위해 용기 냈고 순덕은 태남을 보며 용기를 배웠다. 사회가 성장통을 겪는 동안 학생과 선생 역시 한 뼘씩 자랐다.

봄의 전령사, 노란 개나리

대한민국의 사춘기는 유난히도 폭력적이었다. 짜증과 변덕이 심했고 반항기가 넘쳐났다. 자신의 뜻을 거역하는 개인에게 빨간색 낙인을 무자비하게 찍어댔다. 그러나 사춘기를 어떻게 보내느냐에 따라 성숙한 어른이 될 수도, 아닐 수도 있다. 독재라는 사춘기에서 민주화라는 성장은 순덕의 아버지, 태남, 순덕과 같이 소신을 지킨 개인들이 쌓이고 쌓여 이룩한 것이었다. 그들은 질풍노도 시기의 대한민국을 포기하지 않았다. 사회 변화란 개인의 투쟁보다 항상 늦지만 결국은 도도하게, 오고야 만다.

이어령 교수는 1993년 동아일보 칼럼 "무엇이 참이고 무엇이 개인가"에서 "시대의 변화를 제일 먼저 예고하고 그 기운을 가장 먼저 표현하는 것은 백합이나 장미 같은 소수의 천재들이 아니라 개나리처럼 줄지어 피는 슬기로운 대중들"이라고 말했다. 빨간 사회의 노란 개나리들 덕분에 우리는 지금을 누리고 산다. 2016년 9월 작품인 만큼 의도한 것은 아니겠으나 지난겨울을 밝힌 광장의 촛불들이 생각나는 건 왜일까.

성별 무관! 작가를 찾습니다

촛불들은 봄이 다 가도록 꺼지지 않았고 이름마저 예쁜 장미 대선의 사전 투표율은 사상 최고치를 기록했다. 지독했던 사춘기는 그럼에도 지나갔고 우리는 이만큼이나 성장했다. 여기에서 그치지 않고 〈빨간 선생님〉은 우리가 한 번 더 겪어야 할 사춘기를 알려준다. 소년과 빨간 책의 조합은 어색하지 않다. 2차 성징의 '당연한' 과정이니까 남성이 되기 전 성적 욕망이 폭발하는 '조금 야한 사춘기 에피소드'로 그리기엔 소년의 시선이 제격이다. 빨간 책을 쓰면서 동시에 '한국 사회의 변화'라는 거대한 흐름을 서술하고 있는 시선이 소녀 순덕의 것이라는 점은, 그래서 의미심장하다.

빨간 책의 존재가 세상에 알려졌을 때 순덕 일행을 향해 이웃 어른들과 옆 학교 남학생들이 손가락질 하며 "느그들 시집 다 갔다~ 가스나들이 발랑 까지갖고 우야노~" 하고 비난했다. 미성숙한 어린 여성이 성에 대해 언급하는 것은 금기로 여겨졌기 때문이다. 그리고 30년도 더 넘게 지났건만 여전히 성을 말하는 여자는 '발랑 까진' 문제적 인물로 치부된다. 수많은 시민들의 노력으로 자유로워진 사회건만 '여성'은 아직도 자유롭지 못하다. 지난해 '강남역 살인 사건' 이후로 우리 사회에 '여성 혐오'라는 오래된 문제가 고개를 들었다. 이제 여성들은 남성에게 가려졌던 자신들을 드러내며 목소리를 내기 시작했다. 대한민국이 자유를 얻기까지 과정이 그러했듯 이번에도 순탄치만은 않아 보인다. '당연하지 않은'데 '당연해진' 것을 바꾸는 데엔 인내와 노력이 필요하다는 걸, 우리는 빨간색 속에 살면서 알게 되었다. 이미 이 문제로 여기저기서 크고 작은 싸움들이 벌어지고 있다. 벌써 쿡쿡, 무릎을 찌르는 성장통이 시작됐고 새로운 사춘기가 찾아왔다. 많이 아프고 많이 고민하자. 사춘기는 그래야 한다. 그래야 어른이 된다.

'가스나들이 그래서야 쓰나' 하는 주변의 손가락질에도 꿋꿋이 빨간 책을 완결 지은 순덕을 위해, 다음 얘기는 우리가 쓸 차례다.

입선

아버지가 보여준 우리 사회

SBS 〈귓속말〉

김정세

백수의 왕 사자처럼 날카로운 이빨을 가진 것도, 매처럼 뛰어난 시력을 가진 것도 아닌 인간이 강해질 수 있는 것은 아버지라는 이름 때문은 아닐까.

〈추적자 THE CHASER〉(2012), 〈황금의 제국〉(2013), 〈펀치〉(2015)로 권력 3부작을 완성시키며 매번 시청자들에게 묵직한 울림을 선사하는 박경수 작가가 드라마 〈귓속말〉로 돌아왔다. 권력 3부작에 이은 또 하나의 권력 작이 나왔다며 방송 시작 전부터 많은 사람들로 하여금 기대감을 불러일으킨 〈귓속말〉은 당시 시국과 맞물리며 월화극의 왕좌를 차지하였다. 필자 또한 다른 시청자들과 같은 이유로 〈귓속말〉을 시청하면서 매회 빠른 전개, 등장인물 간의 미묘한 힘 싸움, 이해관계에 따라 동료도 배신자도 될 수 있는 작가의 스타일에 다시 한번 매료되던 중 그동안 몰랐던, 아니 간과했던 한 가지 사실을 발견하였다. 아버지. 네 작품 모두 아버지를 통해서 우리 사회를 보여주고 있다. 〈추적자 THE CHASER〉에선 딸을 잃은 아버지의 분노를 통해, 〈황금의 제국〉에선 아버지를 잃은 아들의 분노를 통해, 〈펀치〉에선 자식에게 물려줄 좋은 사회를 위해, 그리고 이번 〈귓속말〉에선 자식을 위해 부당한 권력을 휘두르는 아버지와 희생하는 아버지까지 작품 저변에 본질적으로 추구하는 건 바로 아버지였다. 그래서 필자는 모두 '권력 4부작'이라고 표현하는 작품들을 '아버지 4부작'이라고 칭하고 싶다.

아버지라는 존재가 주는 무게감은 이번 〈귓속말〉이 이야기를 풀어나가는 데 큰 원동력을 제공한다. 극의 주된 흐름이 되는 억울한 누명을 쓴 퇴직 기자 신창호(강신일 분)의 누명 벗기기 속에서 그의 딸 신영주(이보영 분)가 권력에 대항하고, 누명을 씌운 자들은 자식의 살인을 덮기 위해 권력을 휘두른다. 아버지를 위해, 아버지에 의해서 작품 속 등장인물들은 동료가 되기도, 서로를 겨누는 적이 되기도 하며, 좌절하지 않을 의지를 가지고 극을 활발히 이끌어나간다. 특히 자신의 딸을 위해 하지도 않은 살인을 했다며 거짓 자백을 하고 눈을 감은 신창호의 부성애를 그린 11화의 마지막 장면은 시청자들의 마음 또한 움직이게 하며 〈귓속말〉의 월화극 시청률 1위 재탈환을 돕기도 하였다. 이렇듯 드라마 속 등장인물뿐만 아니라 그 세상 밖의 시청자들도 움직이게 만드는 박경수 작가의 작품 속 아버지란 이름은 결코 가볍지 않다.

드라마를 보는 내내 시청자들은 부당하게 권력을 행사하는 아버지들(최일환, 강유택)을 보면서 욕을 하고, 자식을 위해 죽어간 아버지(신창호)를 보며 마음 아파할 것은 자명한 사실이다. 하지만 조금만 더 유심히 들여다본다면 결국 '아버지니까'라는 말을 떠올릴 것이다. 위험 속에 자기 자식을 내버리는 아버지란 존재하지 않는다. 그렇기에 신창호는 신념을 가졌던 기자라는 명예를 버리고 기꺼이 살인자로서 생을 마감한 것인데 이는, 다른 아버지(최일환, 강유택) 또한 마찬가지인 것이다. 부당하게 자신의 권력을 행사하는 이유는 아버지로서 자신의 자식을 지키기 위함이다. 아무리 살인을 저질렀다고 하여도 감춰주고 싶은 것이 아버지의 마음이기에 부당한 일을 벌여서까지 자식을 지키는 것이다. 물론 필자 또한 자식을 지키기 위해 다른 사람에게 살인 누명을 씌우거나 부당한 권력을 휘두르는 것이 정당하다고 생각하진 않는다. 다만, 아버지니까 할 수 있는, 아버지의 본성이라는 점을 짚고 넘어가고 싶었다.

이처럼 아버지를 통해 사회를 보여주고, 아버지이기에, 아버지 때문에 강해지는 인간의 모습을 보여주는 등 작품 저변에 본질적으로 아버지라는 사람을 이야기하고 싶어 하는 박경수 작가이기에 그의 작품은 '아버지 4부작'이라 칭하는데 이견이 없을 것이라 생각한다. 그렇다면 지금부터는 박경수 작가가 만들어내는 명대사를 통해 드라마 〈귓속말〉을 조금 더 파헤쳐보자.

"다들 마음을 바꾸니까 세상이 안 바뀌는 겁니다."

필자가 꼽은 드라마 〈귓속말〉 최고의 명대사는 이 대사라고 생각한다. 주인공 신념의 판사 이동준(이상윤 분)은 외압을 행사하여 마음을 바꾸길 종용하는 대법관에게 다들 마음을 바꾸니까 세상이 변하지 않는다고 일침을 가한다. 현실, 권력과 타협해 마음을 바꾸는 사람들이 있기에 부당한 권력이 유지되고 있음을 꼬집는 대사다. 대법관의 외압에 굴하지 않고 그의 사위를 구속시키고 중형을 선고한, 우리가 늘 염원하던 법관의 모습을 보여주던 이동준이었지만, 인간은 자신의 안위 앞에선 나약해진다고 했던가, 결국 이동준 그도 인간이었다. 자신에게 위기가 닥치자, 그동안의 신념을 깬 청부 재판을 하게 되고, 결국 자신이 '법비'(법을 이용해서 사욕을 채우는 도적)라 칭했던 법률 회사 태백의 사위로 들어간다. 하지만, 또한 인간의 본성은 바뀌지 않는다고 했던가. 그는 반성하고 뉘우치며 자신의 잘못을 바로잡으려 하는 인간이었다. 청부 재판의 희생자였던 퇴직한 기자 신창호의 누명을 벗기기 위해 고군분투하다가 직업마저 잃게 된 신영주를 알게 되면서 이동준은 그녀와 함께 부와 권력을 가진 자들에 맞서 싸우게 된다. 권력에 맞서는 험난한 과정 속 둘은 신영주의 협박으로 인한 일시적인 동지에서 연민을 느끼는 대상으로, 나아가 서로에게 든든한 조력자가 되는 대상으로 변모하며 로맨스를 형성한다. 이 싸움 속에서 부와 권력을 가진 이들은 끊임없이 자신의 이해관계에 따라 친구도, 연인도 버리면서 자신 앞의 이익만을 추구하는 인간의 치부를 드러내준다. 어쩌면, 그렇게 많이 갖지 않았으면 갖게 되지 않았을 치부를 보여주며 인간의 끝없는 욕망과 이기심에 굵직한 펀치 한 방을 날리는 것이 이 드라마가 의도한 또 다른 면일지도 모른다.

“언제나 그들이 이겼겠죠. 하지만, 가끔은 진실이 이길 때도 있습니다.”

드라마 〈귓속말〉의 시작에는 늘 드라마 속 인물, 단체, 사건들이 창작된 것으로 현실과 무관함을 밝힌다. 하지만 이는 반어법을 쓰는 듯한 느낌을 주며 오히려 시청자들의 공감대를 형성하고 있다. 비서가 핸드폰을 자신의 팔에 닦고 건네주는 국정 농단 사태의 주범들을 연상케 하는 장면, “기다려라, 가만히 있어라, 그 말을 들은 아이들은 아직도 하늘에서 진실이 밝혀지길 기다리고 있겠죠”와 같이 세월호 참사를 언급하는 대사 등 드라마는 현실을 강력하게 반영했다는 느낌을 준다. ‘법비’라 칭할 수 있는 국정 농단 사태의 주범들이 하나둘씩 구속되고 피고인 신분으로 재판을 받는 현재 상황은 이 대사를 통해 우리에게 더 와닿는다. 그렇다. 드라마 속 그들은 늘 이겨왔을 것이다. 돈과 법을 이용해 살인을 저질렀음에도 다른 이에게 누명을 씌우고, 인맥을 동원해 권력을 가진 자들을 움직여 자신의 회사에 이익이 되는 방향으로 모든 것을 좌지우지하며 불법적인 일 또한 합법적으로 처리해버린다. 그들에게 사회는 자신의 입맛대로 움직이는 인형극과도 같았을 것이다. 그래서 늘 그래왔던 것처럼 이동준과 신영주 또한 자신들의 뜻대로 움직이려 했겠지만, 둘은 굴하지 않고 진실을 밝히기 위해 거대한 힘에 맞서 싸운다. 수많은 국민이 촛불을 들고 거리에 나와 권력 앞에 진실을 외쳤고, 그 결과 헌정 역사상 처음으로 탄핵된 대통령이 나온 현시점에서 이 드라마가 우리의 가슴을 뜨겁게 하는 것은 틀림없는 사실이다.

"저는 판사였지만, 판사답게 살지 못했습니다. 평생을 기자답게 살아온 분의 인생을 모독했습니다. 그 대가로 안락한 삶을 살려고까지 했습니다. 변명하지 않겠습니다. 저를 무겁게 벌하셔서 그 누구도 법으로부터 자유로울 수 없음을 보이시고 이 재판을 바라보는 수많은 국민들이 정의의 시대가 시작되었음을, 희망을 갖게 해주십시오."

2016년의 촛불 혁명부터 2017년 장미 대선까지 우리가 염원한 것은 정의의 시대였다.

〈귓속말〉 속 이동준의 마지막 대사는 이러한 우리의 마음을 담은 듯, 우리에게도 정의의 시대가 시작되었음을 시사해주고 있다. 드라마 속 단 한 번의 정의 실현을 위해 신영주는 아버지를 잃고, 여성으로서의 치욕을 감수하고, 이동준은 자신이 가진 모든 것을 던지게 된다. 부당한 권력의 힘으로 누르고, 온갖 유혹으로부터 벗어나야만 도달할 수 있는 정의 구현은 어느새 우리에게 너무 멀어졌고, 정의는 언제나 승리한다는 말은 고전에서나 볼 법한 이야기가 되었던 현실을 살던 우리 국민들은 드디어 드라마 속 주인공들처럼 자신들이 직접 나서게 되었다. 한겨울의 매서운 칼바람에 맞섰고, 작은 촛불은 하나둘씩 모여 어두운 밤을 밝히는 거대한 횃불을 만들어 낸 결과, 마침내 우리에게도 늘 드라마,

영화 속에서만 보던 정의 구현이 실현되는 순간 모두의 마음속에 꺼져 가던 희망의 불씨가 활활 타올랐다. 잘못한 이들이 법의 심판을 받는 순간, 자신 또한 수단이 목적을 정당화할 수 없다는 이동준의 자세는 우리 사회가 본받아야 할, 나아가야 할 모습을 대변하고 있을지도 모른다. 작가는 시청자인 우리에게도 희망이 있음을, 정의의 시대가 다가왔음을 귓속말로 속삭여주고 있다.

박경수 작가의 아버지 4부작 〈귓속말〉은 아버지니까 가질 수 있는, 혹은 자신의 이익을 중시하는, 그리고 반성할 줄 아는 인간의 본성을 이용해 드라마를 스케치해나가며 현실에 기반을 둔 가슴에 와닿는 장면과 대사를 통해 색을 입히는 과정을 거쳐 또 하나의 그림을 완성해 내었다.

입선

끝없이 굴러가는 삶의 무게

KBS 〈순례〉

조예원

1. 영상 미학이 만드는 메시지

〈순례〉 3편 "집으로 가는 길"은 이미지가 말한다. 영상으로 '잘' 표현한다. 구체화할수록 가치가 떨어지는 메시지의 감성을 이미지로 표현해 상상을 유도한다. 후반부로 갈수록 대화와 인터뷰의 비중이 커지긴 하지만, 여전히 다큐멘터리의 굵직한 감정선을 영상이 가져간다는 것은 매우 훌륭한 지점이다. 앵글로 시선을 제시하고, 자연물로 덧칠한다. 시청자는 영상미에 압도당하고, 감정에 단단하게 이입된다.

"집으로 가는 길"은 매우 다양한 앵글을 사용한다. 이는 전하고자 하는 바가 잘 맞아떨어져 시너지 효과를 발산한다. 그중 가장 두드러지게 나타나는 앵글이 버티컬 앵글이다. 특히 위에서 수직으로 보이는 레트바 호수가 인상적이다. 고정된 시야, 아주 넓은 화각은 하늘 혹은 태양의 시점을 느끼게 한다. 레트바 호수를 노 저어 건너는 배, 호수 한가운데 덩그러니 떠 있는 배 한 척. 혹은 마치 시체와 같이 붉은 강 위에 누워 있는 우리쌈바 바의 모습을 버티컬 앵글로 담아내어 모든 고통을 관망하는 듯한 신의 관점을 시청자에게 전달한다. 가까이서 느끼는 노동의 현실은 불편하다. 그러나 버티컬 앵글에서 우리쌈바 바는 성스럽고 아름답기까지 하다. 또한 하이 앵글로 경외감이 들 정도로 커다란 자연을 담아낸다. 자연은 멈춰서 끝없이 걷는 노동자들을 감싸고 있다.

다음으로 사용되는 것은 로우 앵글이다. 소금이나 자연물 사이로 일하거나 지나다니는 사람들의 모습을 올려다본 각도로 담아낸다. 자연의 입장에서 사람들의 모습을 지켜보듯 표현한다. 누군가가 인위적으로 찍어낸 것이 아닌 그들의 있는 그대로를 처음부터 지켜보던 자연물의 시선을 가져온다. 이는 다큐멘터리의 리얼리즘을 고취시킨다.

또한 물 표면에서 아이레벨 숏으로 노 젓는 모습을 담았다. 이에 더해 느린 효과로 호수가 일으키는 파동을 강하게 담는다. 이로써 노동자가 들이는 힘이 효과적으로 전해진다. 또한 피와 같이 붉은 강에 노를 젓는 이주 노동자들의 모습을 비추어 기괴하게 표현한다. 사실적이면서도 아름답다. 불편하고 꺼려지는 진실을 피하지 못하고 빨려 들어가도록 만든다.

"집으로 가는 길"에서는 사람들의 얼굴 표정을 근접 촬영하는 장면이 빈번하다. 고통스러운 표정과 주름, 수염 등 정돈되지 않은 원시적인 겉모습을 가깝게 담아낸다. 이는 작중인물의 삶의 치열함을 더욱 크게 와닿도록 만든다. 상처 또한 가깝고 적나라하게 담아내어 고통을 그대로 전달한다. 우리쌈바 바가 소금물에 의해 아픈 눈을 질끈 감는 모습을 근접 촬영하고 슬로우를 걸었다. 이를 통해 그가 느끼는 감정의 깊이를 심층적으로 표현했다.

2. 영상에 담긴 상징성

“집으로 가는 길”은 복잡한 상징들을 내포한다. 가장 두드러지는 것이 발자국이었다. 3편의 순례자인 이주 노동자들은 육체의 고통을 감내하고 발자국을 남긴다. 모래 바닥 위에 남기고 간 단 한 줄의 발자국. 죽음의 호수 위 고요한 표면에 단 한 줄의 흰색 파장, 배가 남긴 발자국. 아내들이 일을 도우며 찍어내는 소금 바닥 위의 발자국. 이 다큐멘터리는 모든 발자국을 한 걸음 한 걸음 정성스럽게 찍어낸다. 이는 인생이라는 순례에서 한 발자국을 내딛는 것의 의미를 고취시킨다. 그들의 고된 노동을 걸어가고 나아가는 발걸음으로 성스럽게 담아낸다.

그리고 우리쌈바는 딸에게 자기가 가보지 못한 ‘길’을 걷게 해주고 싶다고 말한다. 그리고 갈래가 나뉜 길, 길이 없는 광활한 사막을 부녀가 걷는 것을 보여준다. 우리쌈바의 말을 영상의 상징성으로 강화시킨다. 동이 트고 일을 하러 터벅터벅 걸어가는 발걸음, 둘째 아내가 출산했을 때 소금 길을 뛰던 급박하고 분주한 발걸음, 중간 상인과 담판을 지으러 갈 때 기찻길을 걷던 단호하고 결연한 발걸음을 담아냈다. 이는 모두 발걸음으로 작중인물의 감정을 표현한 세련된 수사라고 할 수 있다. 표정이나, 말없이 개인이 느끼는 감정이 절제되어 표현된다.

또한, 둘째 아내가 출산하는 순간에 우리쌈바의 심리 상태를 표현한 것이 인상적이다. 우리쌈바가 출산을 기다리며 초조한 얼굴로 문 앞을 서성거린다. 출산의 순간과 우리쌈바의 모습, 그리고 한 가지 영상이 교차 편집된다. 그 영상은 물속 깊은 곳에서 우리쌈바가 소금 바구니에 소금 대신 무엇인가를 힘겹게 건져 올리는 모습이다. 아이가 소금으로 상징된 것이다. 이 다큐에서 소금은 많은 의미를 내포한다. 소금은 가족의 유일한 생명줄이면서도, 돌처럼 단단하고 날카로워 노동자에게 상처를 입힌다. 또한 우리쌈바의 눈에 치명상을 입힌 이유이기도 하다. 이처럼 우리쌈바가 부양하는 14명의 아이들은 모두 우리쌈바의 행복에 없어서는 안 되는 존재이다. 하지만 또 현실적으로는 그에게 짐이 되기도 한다. 두 가지 개체는 모순성이라는 속성을 공유한다. 이런 공통점으로 소금을 태어나는 아이에 빗대어 표현한 것은 매우 탁월한 점이라고 생각한다.

영상 전체를 관장하는 색상이 빨간색이라는 것은 모두가 공감할 것이다. 코발트블루색 호수와 농도 짙은 하늘의 파랑, 초록빛 풀밭 등 강렬한 색감을 쓰며 자연을 낭만적으로 묘사하는 다른 편들과는 다르다. 빨간 강과 빨간 노을, 회색빛 사막을 강조한다. 새파란 바다는 노동자들의 일터와 많이 동떨어져 관련이 없어 보인다. 빨간색 강에 비친 노동자의 모습이 영상에 담기기도 하고, 강 안에서 찍어 빨갛고 뿌연 영상이 화면에 가득 차기도 한다.

빨간색은 필연적으로 피에 대한 연상을 하게 한다. 피가 상징하는 것은 무엇일까. 죽음을 연상하기 쉽다. 연쇄적으로 떠오르는 것은 열정이다. 피가 끓는다는 것은 열정에 대한 표현이기도 하다. 즉, 죽음과도 같은 노동의 비극성을 강조하는 한편 그들이 가진 희망에 대한 열정을 강조하는 역할을 동시에 한다고 생각한다.

3. 은유를 통한 메시지 전달

이 다큐멘터리는 자연물을 통한 은유가 두드러진다. 그중 쇠똥구리와 홍학이 대표적이다. 쇠똥구리는 우리쌈바와 비슷한 처지를 표현하고, 홍학은 우리쌈바와 대조된다. 쇠똥구리는 점점 쇠똥을 크게 굴리지만 그럴수록 시야는 좁아져 구덩이에 빠지며 더 큰 고난에 처한다. 이처럼 우리쌈바도 계속 살아가지만 삶의 무게는 점차 감당할 수 없게 된다. 불어나는 자식들과 늙고 지쳐가는 몸. 우리쌈바는 쇠똥구리와 같이 반복적인 노동에 끊임없이 놓여 있지만, 그에게 남는 것은 더 큰 부담감과 책임이다.

쇠똥구리는 다른 쇠똥구리와 경쟁하다가 쇠똥을 빼앗기고 날아간다. 쇠똥구리는 발버둥 치고 운다. 또한, 절벽에서 굴러떨어져 나뭇가지에 찍히고, 염소들에게 짓밟혀 쇠똥이 조각나고 만다. 아무런 희망이 없는 상태이다. 이러한 일련의 장면을 모두 유사성 있는 우리쌈바의 고난과 비교하여 보여준다. 즉 이는 소금을 끝없이 퍼내도 현실에서 벗어나 고향으로 돌아가기 힘든 처절함을 은유를 통해 강조하는 것이다.

이와 반대로 홍학 떼는 우리쌈바의 생과 대비된다. 홍학 떼는 노을이 지고 있는 호수에서 아름다운 자태로 무리지어 자유롭게 비상한다. 그리고 우리쌈바는 그 홍학 무리들과 반대 방향으로 터벅터벅 걸어간다. 어디든 갈 수 있는 홍학들과 다르게, 우리쌈바는 고작 귀향하는 것이 불가능하다. 홍학은 우리쌈바 가족의 노예와도 같은 삶을 더욱 비참하게 만든다. 홍학이 뽐내듯 펼치는 날개는 기어 다니는 쇠똥구리와 대비되기도 하고, 복선처럼 작용하기도 한다. 왜 복선처럼 작용하냐 하면, 영상의 말미에 쇠똥구리는 날개를 펼친다. 부서진 쇠똥이 다시 붙어 있는 형태를 비춘다. 그리고 우리쌈바 가족들이 고향으로 걸어가는 모습을 병렬하여 자유와 희망을 말한다.

4. 다큐멘터리의 사회적 기능

"집으로 가는 길"은 방송의 올바른 사회 규범적 역할을 한다. 첫째로, 영상의 주체는 소외 계층인 이주 노동자이다. 그들의 비극성이 두드러진다. 하루 종일 일해 1만 8000원을 겨우 벌까 말까 한 삶을 담아낸다. 또한 이들을 착취하는 중간 상인들로 고통을 더욱 강조한다. 200만 세파, 400만 원만 있으면 14명의 가족은 행복을 누릴 수 있다. 하지만 온몸을 바쳐 일해도 작은 깡통에 몇 장의 지폐만 모일 뿐이다. 우리쌈바는 삶의 무게를 커다랗게 굴려간다. 점점 느는 자식 수와 반비례하는 육체.

전 지구적 관점에서 이 방송은 상호 연결의 기능을 하고 있다. 행복과 무관하게 노예처럼 사는 삶을 관조하는 입장에 선 시청자는 많은 생각에 잠긴다. 또한 가족이나 사랑과 같은 보편적인 가치를 내세운다. 이를 통해 이주 노동자의 삶에 공감을 이끈다. 시청자는 이주 노동자의 삶에 대한 불편한 진실을 외면하고 싶을 수도 있다. 그들의 삶을 자신의 삶과 완전히 분리할 수도 있다. 하지만 아름다운 영상미로 그들의 이야기에 귀 기울이게 만든다. 그리고 가족과 같은 보편적 가치를 내세우며, 그들도 우리와 다르지 않음을 말한다. 즉, 그들에 대한 고정된 신화를 벗겨내는 역할이다.

둘째로, 결과 제일주의로 나아가려는 사회에 한 발걸음 발걸음을 강조하며 제동을 건다. 인생이 모두 순례이며, 우리 모두가 순례자임을 강조한다. 상상할 수 없는 육신의 고통을 맛본다. 게다가 우기로 인해 노동을 하지 못하게 되기까지 한다. 이런 극한의 상황에 우리쌈바는 가족들과 웃는다. 가족들과의 시간을 천국이라고 표현한다. 이는 시청자들에게 동일시 효과를 준다. 육체의 고통을 이겨내고 쓰디쓴 한 걸음을 내딛으며 인내하는 우리쌈바의 삶과 본인의 삶이 오버랩된다. 그가 힘겹게 젓는 노 한 번 한 번에 본인이 인내하고 견뎌낸 시간을 떠올릴 수 있다. 또한 개인이 어쩔 수 없는 상황에 처했던 경험을 연상하게 한다. 그리고 그곳에서 피어나는 행복감을 함께 느낀다. 즉, 무언가를 성취하기 위해 어려운 삶을 살고 있는 이들에게 노력의 존귀함을 상기시킨다. 그리고 개인이 주체할 수 없는 일에 대해 자연의 권한으로 돌리며 살 만한 삶에 대한 메시지를 준다.

〈순례〉는 영상 미학을 통한 수사로 다큐멘터리의 새로운 영역을 열었다. 다큐멘터리의 질적 향상의 시발점이 되었다. 또한 과정이나 노력과 같은 가치의 온도가 떨어져가는 현대 사회에 올바른 가치의 기준을 제시한다. 앞으로도 더 다양한 방식의 문법들과 올바른 정신적 가치의 제시로 한국 방송 문화를 윤택하게 하길 기원한다.

거울아 거울아, 이 세상에서 누가 제일 행복하니?

2017 좋은 방송을 위한 시민의 비평상 수상집

엮은이 **방송문화진흥회**

펴낸이 **김종수**

펴낸곳 **한울엠플러스(주)**

편집 **조아라·김다정**

초판 1쇄 인쇄 **2017년 12월 4일**

초판 1쇄 발행 **2017년 12월 12일**

주소 **10881 경기도 파주시 광인사길 153 한울시소빌딩 3층**

전화 **031-955-0655**

팩스 **031-955-0656**

홈페이지 **www.hanulmplus.kr**

등록번호 **제406-2015-000143호**

Printed in Korea.

ISBN 978-89-460-6408-9 03070

* 책값은 겉표지에 표시되어 있습니다.